Romance Mediúmnico

LA PULSERA DE CLEOPATRA

Dictado por el Espíritu
CONDE J. W. ROCHESTER

Psicografía de
ARANDI GOMES TEXEIRA

Traducción al Español:
J.Thomas Saldias, MSc.
Trujillo, Perú, Julio 2021

La Pulsera de Cleopatra

© Arandi Gomes Texeira

Traducido de la edición portuguesa 2010

World Spiritist Institute
Houston, Texas, USA
E–mail: contact@worldspiritistinstitute.org

ÍNDICE

PRÓLOGO 9
CAPÍTULO 01 17
CAPÍTULO 02 27
CAPÍTULO 03 38
CAPÍTULO 04 43
CAPÍTULO 05 58
CAPÍTULO 06 67
CAPÍTULO 07 80
CAPÍTULO 08 89
CAPÍTULO 09 101
CAPÍTULO 10 116
CAPÍTULO 11 122
CAPÍTULO 12 137
CAPÍTULO 13 150
CAPÍTULO 14 156
CAPÍTULO 15 177
CAPÍTULO 16 194
CAPÍTULO 17 214
CAPÍTULO 18 230
CAPÍTULO 19 243
CAPÍTULO 20 269
CAPÍTULO 21 281
CAPÍTULO 22 298

CAPÍTULO 23 312
EPÍLOGO 318

Del Autor Espiritual

John Wilmot Rochester nació en 1ro. o el 10 de abril de 1647 (no hay registro de la fecha exacta). Hijo de Henry Wilmot y Anne (viuda de Sir Francis Henry Lee), Rochester se parecía a su padre, en físico y temperamento, dominante y orgulloso. Henry Wilmot había recibido el título de Conde debido a sus esfuerzos por recaudar dinero en Alemania para ayudar al rey Carlos I a recuperar el trono después que se vio obligado a abandonar Inglaterra.

Cuando murió su padre, Rochester tenía 11 años y heredó el título de Conde, poca herencia y honores.

El joven J.W. Rochester creció en Ditchley entre borracheras, intrigas teatrales, amistades artificiales con poetas profesionales, lujuria, burdeles en Whetstone Park y la amistad del rey, a quien despreciaba.

Tenía una vasta cultura, para la época: dominaba el latín y el griego, conocía los clásicos, el francés y el italiano, fue autor de poesía satírica, muy apreciada en su época.

En 1661, a la edad de 14 años, abandonó Wadham College, Oxford, con el título de Master of Arts. Luego partió hacia el continente (Francia e Italia) y se convirtió en una figura interesante: alto, delgado, atractivo, inteligente, encantador, brillante, sutil, educado y modesto, características ideales para conquistar la sociedad frívola de su tiempo.

La Pulsera de Cleopatra

Cuando aún no tenía 20 años, en enero de 1667, se casó con Elizabeth Mallet. Diez meses después, la bebida comienza a afectar su carácter. Tuvo cuatro hijos con Elizabeth y una hija, en 1677, con la actriz Elizabeth Barry.

Viviendo las experiencias más diferentes, desde luchar contra la marina holandesa en alta mar hasta verse envuelto en crímenes de muerte, la vida de Rochester siguió caminos de locura, abusos sexuales, alcohólicos y charlatanería, en un período en el que actuó como "médico".

Cuando Rochester tenía 30 años, le escribe a un antiguo compañero de aventuras que estaba casi ciego, cojo y con pocas posibilidades de volver a ver Londres.

En rápida recuperación, Rochester regresa a Londres. Poco después, en agonía, emprendió su última aventura: llamó al cura Gilbert Burnet y le dictó sus recuerdos. En sus últimas reflexiones, Rochester reconoció haber vivido una vida malvada, cuyo final le llegó lenta y dolorosamente a causa de las enfermedades venéreas que lo dominaban.

Conde de Rochester murió el 26 de julio de 1680. En el estado de espíritu, Rochester recibió la misión de trabajar por la propagación del Espiritismo. Después de 200 años, a través de la médium Vera Kryzhanovskaia, El automatismo que la caracterizaba hacía que su mano trazara palabras con vertiginosa velocidad y total inconsciencia de ideas. Las narraciones que le fueron dictadas denotan un amplio conocimiento de la vida y costumbres ancestrales y aportan en sus detalles un sello tan local y una verdad histórica que al lector le cuesta no reconocer su autenticidad. Rochester demuestra dictar su producción histórico-literaria, testificando que la vida se despliega hasta el infinito en sus marcas indelebles de memoria espiritual, hacia la luz y el camino de Dios. Nos parece imposible que un historiador, por erudito que sea, pueda estudiar, simultáneamente y en profundidad, tiempos y medios tan diferentes como las civilizaciones asiria, egipcia, griega y romana; así como costumbres tan disímiles como las de la Francia de Luis XI a las del Renacimiento.

El tema de la obra de Rochester comienza en el Egipto faraónico, pasa por la antigüedad grecorromana y la Edad Media y continúa hasta el siglo XIX. En sus novelas, la realidad navega en una corriente fantástica, en la que lo imaginario sobrepasa los límites de la verosimilitud, haciendo de los fenómenos naturales que la tradición oral se ha cuidado de perpetuar como sobrenaturales.

El referencial de Rochester está lleno de contenido sobre costumbres, leyes, misterios ancestrales y hechos insondables de la Historia, bajo una capa novelística, donde los aspectos sociales y psicológicos pasan por el filtro sensible de su gran imaginación. La clasificación del género en Rochester se ve obstaculizada por su expansión en varias categorías: terror gótico con romance, sagas familiares, aventuras e incursiones en lo fantástico.

El número de ediciones de las obras de Rochester, repartidas por innumerables países, es tan grande que no es posible tener una idea de su magnitud, sobre todo teniendo en cuenta que, según los investigadores, muchas de estas obras son desconocidas para el gran público.

Varios amantes de las novelas de Rochester llevaron a cabo (y quizás lo hacen) búsquedas en bibliotecas de varios países, especialmente en Rusia, para localizar obras aún desconocidas. Esto se puede ver en los prefacios transcritos en varias obras. Muchas de estas obras están finalmente disponibles en Español gracias al *World Spiritist Institute*.

Del Traductor

Jesus Thomas Saldias, MSc., nació en Trujillo, Perú.

Desde los años 80's conoció la doctrina espírita gracias a su estadía en Brasil donde tuvo oportunidad de interactuar a través de médiums con el Dr. Napoleón Rodriguez Laureano, quien se convirtió en su mentor y guía espiritual.

Posteriormente se mudó al Estado de Texas, en los Estados Unidos y se graduó en la carrera de Zootecnia en la Universidad de Texas A&M. Obtuvo también su Maestría en Ciencias de Fauna Silvestre siguiendo sus estudios de Doctorado en la misma universidad.

Terminada su carrera académica, estableció la empresa *Global Specialized Consultants LLC* a través de la cual promovió el Uso Sostenible de Recursos Naturales a través de Latino América y luego fue partícipe de la formación del **World Spiritist Institute**, registrada en el Estado de Texas como una ONG sin fines de lucro con la finalidad de promover la divulgación de la doctrina espírita.

Actualmente se encuentra trabajando desde Peru en la traducción de libros de varios médiums y espíritus del portugués al español, así como conduciendo el programa "La Hora de los Espíritus."

PRÓLOGO

En un camino lodoso, las ruedas de un carruaje completamente negro marcan fuertemente el suelo. Por ella, un extraño vehículo que parece salir del Infierno, conducido por manos malvadas, corre bajo una aterradora tormenta, que hace temblar los elementos de la Tierra.

Rayos y destellos de luz, a intervalos irregulares, la expresión de pavor estampada en el rostro, demacrado y siniestro, de un hombre que huye. Acorralado, se estremece con cada relámpago y, desesperado, busca esconderse detrás de árboles o matas de vegetación.

Su apariencia es aterradora: casi desnudo, solo viste una especie de taparrabos, blanco, ya muy sucio. Su largo cabello y barba están despeinados; las uñas sucias; los pies, descalzo...

Es obvio que fue agredido y despojado de su ropa y zapatos, ya que su cuerpo presenta numerosas abrasiones, especialmente en el cuello, la cara, las manos, los brazos y el pecho.

En un temblor labial, murmura blasfemias, mientras ensaya súplicas desesperadas.

Sus ojos, hundidos en sus cuencas y rodeados de círculos oscuros bajo sus ojos, brillan y se mueven, alucinados, rápidos, casi sin rumbo, en un intento de posicionarse para defenderse.

Empapado en una lluvia torrencial, aguza el oído para escuchar más allá del retumbar del trueno. En medio de los elementos desequilibrados – aunque purificantes – este ser, completamente desfigurado y deshecho, busca un refugio salvador. El agua se precipita como el tamborileo de tambores sobre el suelo y sobre su cuerpo helado y tembloroso.

Delgado, alto, flexible, ágil como un gato, muestra el poder que lleva y la violencia que lo caracteriza. Sus movimientos son a la vez de ataque y defensa.

Balbucea maldiciones ininteligibles y peticiones absurdas. Presa del pánico, recurre a los poderes que parece conocer muy bien, pero de los que parece disociado.

Se agacha aquí y allá, sospechando que lo están siguiendo. Es difícil saber si sus mejillas están llenas de lágrimas o solo el agua de lluvia empapa sus rasgos. En estos momentos trágicos; sin embargo, cuando los poderes de los cielos gritan a través de los elementos, los propios animales pueden derramar lágrimas, por irracionales que sean...

Mientras tanto, el carruaje sigue patinando o patinándose sobre el barro. Este aguacero monumental nos traslada a otro que se convirtió en un diluvio parcial en la historia de la Tierra...

¿De dónde había venido este hombre? ¿De qué o de quién huye? ¿Cómo explicar su flagrante deterioro físico...?

De repente, como si nos escuchara, su mirada, salvaje y magnética, cae en nuestra dirección y, en tono cavernoso, queridos lectores, nos habla con voz temblorosa y desigual.

Vamos a oírlo:

– ¿Qué viniste a ver? ¿Una caña arrastrada por el viento? ¿Un ser desesperado y sumergido en el remordimiento? ¿Qué viniste a ver de todos modos?

Escudriñándonos, entrecerrando los ojos para ver mejor, concluye con una sonrisa amarga e irónica; sin embargo, amenazante:

La Pulsera de Cleopatra

– *"¡Cuídate! ¡Conozco a todos y cada uno de ellos! ¡Bueno, si lo supiera! ¿Piensas por casualidad que eres superior a mí? ¿Por encima de mis miserias? ¡Estás equivocado! Recorro los caminos que llevan a sus corazones, con cierta tranquilidad, porque conozco sus caminos; ¡y leo, sin mucha dificultad, sus mentes a veces muy torcidas! Recuerda: ¡no debemos juzgar sin autoridad moral!" El que no tiene pecado, que lance la primera piedra."* También vale la pena recordar que, casi siempre, ignoramos las verdaderas razones de tal o cual transgresión contra las leyes de los hombres o las leyes de Dios.

¿Quién puede pretender ser inocente y estar libre de errores? ¡Si fuera así, y no estaríamos en este mundo, tan sufriente y trastornado, que gira, atormentado, en los dolores de un parto extremadamente difícil, para sacar a la luz una Nueva Era!

Entonces, no me juzgues, porque cada uno lleva su propia idiosincrasia de pasados milenarios que ya están vencidos, ¡pero no siempre redimidos! Identifico cada mirada y cada mente... ¡Somos viejos conocidos!

En esta desesperación en la que me encuentro, y cuyas razones de ahora no deberían interesarte, mi visión se ensancha y soy capaz de sondear a quienes conmigo, un día, aquí o allá, vagaron a mi lado... No siempre en lo bueno, debo decir. A menudo pasamos por caminos oscuros...

¡El Creador vela por nosotros estos pasados, confiando en nuestra íntima transformación, que sucederá, tarde o temprano, mediante el ejercicio de nuestro libre albedrío, en las diversas oportunidades de vida que se nos otorgan por la adición de Su misericordia! Al "nacer, vivir, morir y renacer siempre", tantas veces como sea necesario, estaremos cortando la piedra en bruto que aun es nuestra alma imperfecta.

Todo esto lo digo no solo para defenderme, acorralado y en pánico, ¿cómo puedo negarlo? Les digo para recordarles que, por muy complicada que nos parezca la situación del otro, sea quien sea o sea lo que sea, venga de donde venga, siempre será, no sirve de nada negarlo, ¡nuestro hermano en la Humanidad!

La Pulsera de Cleopatra

Aquí y ahora, angustiado, exhausto, en una situación extrema, desencantado y sufriendo, necesito creer que mañana, inspirado por la bendición de una nueva oportunidad, en una situación más cómoda, tal vez en sus hogares o en los hogares de tus parientes, rosado e "inocente", envuelto en tela y esperanzas mil de los que me han estado esperando durante largos meses, recibo acogida, protección, orientación y, sobre todo, ¡amor!

¡Feliz sería! ¡Mi alma dichosa finalmente se abriría a la sensibilidad, la emoción, la delicadeza, la dulzura! Y podría desarrollar, dentro de mi corazón, virtudes que me harían una mejor persona, más esperanzada, más confiada en la vida, mientras me redimía de mis errores pasados, ¡como les pasa a tantos otros!

Aunque desatentos e insensibles, un día escuchamos:

"¡El espíritu sopla donde quiere y no sabes de dónde viene ni a dónde va!"

En estos momentos cruciales puedo pensar con más claridad y, al mismo tiempo, rozar la locura...

Desde una perspectiva muy amplia, reviso el pasado, analizo el presente y predigo el futuro.

¡Miserable como era, desperdiciando tantos talentos!"

Nuestro personaje cae al barro, medio cubierto por alguna vegetación, exhausto.

Al encogerse sobre sí mismo, como un reptil enroscado, se esconde.

En este extraño monólogo, en el que somos su público, se desahoga para sentirse vivo, activo, olvidando por momentos fugaces lo que, lamentablemente, le llegará en unas horas...

(De todos modos, mis queridos lectores, mientras caminamos juntos, ¡trabajemos! ¡Que sea por una buena causa, y esta es una de las mejores!)

La Pulsera de Cleopatra

Él se pasa las manos por la cara en un intento inútil de limpiarse y protegerse los ojos del aguacero, mientras continúa su monólogo:

– *"¡Réprobo, lo soy! ¡Marginado entre los hombres y deshonrado ante la divinidad! ¡¿Qué será de mí?! ¡Me enfrentaré sin preparación, oh terror, la Gran Ley! La incorruptible Némesis ya ha tomado sus notas competentes y justas... Me ha estado observando durante mucho tiempo... ¡Me ha advertido innumerables veces! Yo, sordo y loco, me atreví a ignorarla, y más, ¡tuve la audacia de sonreír, despreciándola! En esos trágicos momentos, escucho su risa cristalina...*

Doblo mi cerviz y me someto a su poder; censor respetable, vigilante, fiel a los poderes celestiales.

¡He agotado imprudentemente los recursos que recibí de la misericordia divina! ¿Pensaste que era inmortal, por casualidad? ¡Mi conocimiento debe, sobre todo, protegerme, hacerme feliz! ¡Realmente feliz! ¡Ah, si no lo supiera! Menos culpable sería... Sin embargo, mi conocimiento intelectual y científico supera al de la mayoría, exigiéndome mayores responsabilidades...

¿Qué me llevó a tomar decisiones tan trágicas? ¡Como si no lo supiera...! ¡Orgullo, vanidad, egoísmo y, sobre todo, ambición desmedida, que encontró, en los otros tres vicios morales, los cómplices más poderosos!

¿Qué deplorar? ¡Mis opciones a lo largo de la cadena de valores, por supuesto! En muchos de ellos, estuvimos envueltos en errores flagrantes, en consonancia con todo lo que hablaba de nuestras imperfecciones, tan bien conservadas en el patente ejercicio de nuestro milenario libre albedrío...

He aquí, mi castillo de arena cae al suelo con estruendo.

No, no me juzgues, no solo tengas lástima de mí, sino de todos nosotros, que desperdiciamos tantas vidas y oportunidades, plantando espinas en lugar de flores en los caminos que nosotros mismos tendríamos que trillar de nuevo.

Sí, sí, escucho tus preguntas... Nuestras almas son viejos conocidos, ¿recuerdas...?

¿Estoy llorando en el desierto? ¡¿Me falta la autoridad para dar consejos?!

¡Soy consciente de esto; sin embargo, que tus ojos de reproche se vuelven, primero, hacia ti!

No, no es predicación, no es vanidad intelectual, créeme, ¡son reflexiones internas y desesperadas!

¿Por qué no cambio? Después de todo, ¿de qué estamos hablando? ¿No ves que este sufrimiento atroz me transforma, me aplasta, me humilla frente a mí y frente a ti? ¿Qué mejor remedio para el orgullo y la vanidad generalizados?

Estoy muy cansado... La fatiga física; sin embargo, no se compara ni remotamente con la lasitud de mi alma...

Ya hemos vagado por mundos mejores, pero fuimos purgados, por no merecerlos, todavía... Un día, llegamos aquí, exiliados, rebeldes y muy avergonzados... El objetivo de la "caída", el reinicio del viaje evolutivo, de este tiempo, en medio de grandes desafíos materiales y espirituales; en un mundo que comenzaba a caminar hacia un futuro de evolución. Nos instalamos en ella, con vigilancia, explotándola, casi siempre, sin piedad, y a los de aquí, utilizando para ello nuestra indiscutible superioridad intelectual, pero, por otro lado, mostrando, sin aspavientos, nuestra incipiente moral...

¡Mi culpa! ¡Necesito redimirme! Mi alma pesa como el plomo...

En sus oraciones, no olviden a los réprobos, como yo, que necesitan buenas vibraciones para deshacerse de la vieja cáscara, que son refractarios a la bondad y al amor verdadero.

Al reconocerlos, les pido perdón por todo, mientras los perdono también. Muchos de ustedes, hoy olvidados, tienen grandes responsabilidades por mi situación espiritual actual...

La Pulsera de Cleopatra

Permítanos ahora ser indulgentes unos con otros. ¡¿Quién puede prescindir de ella?! También necesitamos con urgencia recorrer caminos redentores...

¡Somos hijos del Creador y herederos de esta Tierra, que se encamina hacia tiempos de gloriosa redención!

¡Espero desde el fondo de mi corazón que, habiendo sido obstinado en el mal, así será, en el futuro, así como en el bien!

Que nuestro viejo conocido y respetado Némesis escuche mis nuevos anhelos y crea en ellos... Oh, ella me mira y sonríe complacida... Afable, me dice que el Padre no quiere la muerte del pecador, sino su transformación...

¡Agradecido y fiel servidor de la deidad! ¿Y vosotros, viejos compañeros de viaje? ¿Sospechas de mi sinceridad? Sí, lo sé... Cuántas veces se me han ocurrido estos mismos propósitos, olvidándome, con vigilancia, de llevarlos a cabo después, ¿no? ¡Es verdad!

Yo mismo temo que, una vez superados estos trágicos momentos, de una forma u otra, me olvide de las promesas que hago en esta desafortunada hora. ¿Escucharé la voz de quienes me ayudan, a pesar de mis miserias, o seguiré, una vez más y siempre, mis tendencias inferiores?

¡Oh, tormentos e incertidumbres! ¡Dependeré de tantas cosas, de tantas circunstancias, para redimirme!

¡Espero que encuentres corazones más amables y desinteresados en el camino, porque de lo contrario el viejo espíritu se rebelará y comenzará a atacar, exigiendo silenciosamente el tesoro del amor que te será negado!

¿Qué? ¿Cómo cosechar el amor sin haberlo sembrado?

Hablé con corazones amistosos y desinteresados, ¿recuerdas? En estos, el amor es espontáneo y constante. ¡En estos, cuento, al igual que otros espíritus desorientados!

Además, por encima de la voluntad mía o de cualquier otra persona, estamos sujetos a la ley obligatoria de la reencarnación; que nos aterroriza, pero que nos sirve, de vez en cuando, para obstaculizar acciones en gran parte condicionadas al mal.

Como personaje vivo, que soy, en esta nueva historia del valiente Conde Rochester; viejo conocido de nuestra alma, te saludo, ¡te agradezco tu atención y todo lo que puedes hacer por mí!

¡Ahora déjame, te lo ruego!

¡Aquí me quedaré, por ahora, en esta situación incierta e incierta! ¡Debo ser consciente! ¡¿Dónde esconderse?! ¡¿Qué será de mí?! ¡Oh, qué desgraciado estoy!"

CAPÍTULO 01

Dejemos a nuestro personaje, queridos lectores, como pidió, en su necesidad de escapar para sobrevivir, y conozcamos los hechos que iniciaron todo esto.

Retrocediendo en el tiempo, llegamos a las afueras de Bangkok, Tailandia.

Localizamos y entramos en una antigua casona, maqueta arquitectónica de un templo, hecha de un gran bloque de piedra estratificado en sus superposiciones, filetes amarillentos, con depresiones oscuras, algo en ruinas, testigos de los que allí vivieran o por allí pasaran...

Agudizando nuestros sentidos, escuchamos los retumbos de voces y respiraciones apenas contenidas.

Un grupo de personas, que viven allí, rodean, en patente angustia y ansiedad, a una hermosa morena que, a pesar de su aparente inmovilidad, sufre los dolores de un parto doloroso, sin esperanza de mejora y sin ayuda competente.

Las bayas de sudor producen gotitas que se escurren por su cuerpo de piel bronceada. Los ojos, grandes, vidriosos por el dolor, brillan intensamente. Sus rasgos, a pesar de la extrema palidez, revelan una belleza admirable. La boca hermosa y seductora ya ha fascinado a muchos corazones, pero solo a un hombre, de notable belleza, incomparable elegancia y muchas posesiones, se entregó locamente enamorada.

La Pulsera de Cleopatra

La envolvió con promesas que nunca, en ningún momento, tuvo la intención de cumplir.

La tomó para sí, arrebatándola del hogar y la familia que, a pesar de su pobreza, le brindaba amor, protección y apoyo.

Y ella, como una mariposa revoloteando, se fue, anticipando la felicidad que parecía asomar en el horizonte de su vida tan tímida y sin ningún color, con ese hombre seductor, con la voz encantadora, ojos tan negros como la noche sin Luna y sin estrellas, y que tuvo, por la misericordia de los dioses – ¡cuántas veces les agradeció con reverencia esto! –, su camino.

Se creía amada, apreciada, protegida... ¡Sí! ¡Tendría un futuro lleno de amor y paz!

Cuando lo vio por primera vez, se adornó con las flores más hermosas; adornaba su cabello fragante, sus muñecas y tobillos. Bailó solo para él, quien, extasiado, no había quitado los ojos de su cuerpo balanceándose y las líneas de su singular belleza.

Dhara era, entonces, una fruta sabrosa y tentadora que se ofrecía sin reservas...

No actuó mendigando. Lo aceptó, confesando el mismo nivel de sentimientos y expectativas sobre el futuro. ¡Su familia le había advertido tantas veces! Ella; sin embargo, solo tenía oídos para sus propios deseos...

Su anciano padre enfermó gravemente cuando se le informó de tal relación.

La amada hija tan recientemente jugaba con su hermano y sus amiguitos en una vida salvaje, ingenua y pura... ¡Todo parecía ir tan bien...!

(El tiempo; sin embargo, pasa y los niños crecen... Entonces, se establece el libre albedrío, retratando las decisiones que comienzan a tomar, a pesar de la voluntad de cualquiera).

La Pulsera de Cleopatra

Su padre siempre había temido algo como esto.

Dhara, ingenua por naturaleza, pero ambiciosa; bella para las artes de la vida que la convirtieron en un cuadro de colores admirables, se dejó arrullar por sueños locos, sin cimientos sólidos, sin prudencia...

Haciendo caso omiso de las advertencias de su padre, se puso de pie y se impuso.

La madre celosa le advirtió, en perenne angustia, pero obstinadamente ni siquiera escuchó. En su ingenuidad y falta de experiencia, soñaba con un futuro de riqueza y poder. Arrancaría a su pueblo de la miseria.

Y así, en un día peor que los anteriores para su familia, hizo un bulto con sus pocas pertenencias y se fue, entre lágrimas de despedida y tristeza, declarando que nadie podía entender sus deseos. Los consideraba a todos muy pesimistas; incluyendo a su querido hermano, amigo de todas las horas, compañero de juegos, quien la abrazó, en lágrimas, sin consuelo.

Siguiendo al pie de la letra las pautas de su amor, se fue a vivir, temporalmente, a una pensión.

Allí lo esperaba ansiosa y enamorada todos los días. Cuando podía, liberado de las grandes responsabilidades que cargaba, salía a su encuentro, arrancándole las mejores sensaciones, como quien bebe la linfa, pura, hasta que se le apaga la sed.

Pero... Con el paso del tiempo, sus visitas se hicieron más escasas.

Se utilizaron mil explicaciones para sus ausencias, que se hicieron cada vez más largas...

Un día... Dhara se encontró embarazada. ¡En un susto inconmensurable, se encontró sola, lejos de los suyos y sin la presencia del hombre al que se había entregado!

La Pulsera de Cleopatra

Pasaron algunos meses sin que volviera.

Tenía algunos puntos de referencia en cuanto a su ubicación y proceder, pero nunca se atrevería a buscarlo.

Llegó a la conclusión, demasiado tarde y dolorosamente, que sus padres tenían razón, este hombre, a pesar de amarla, no ocupaba su lugar en su vida. Se sentía, por tanto, olvidada y menospreciada...

Sola, en un embarazo complicado, comenzó a experimentar todo tipo de necesidades; físico, material y, sobre todo, moral.

¡Él necesitaba aparecer! ¡Darle la protección necesaria, especialmente en tales circunstancias...!

La arena fina del reloj de arena del tiempo corre inexorablemente y su embarazo seguía siendo enfermiza.

El diminuto ser que habita su cuerpo se mueve y se altera, reaccionando ante la falta de comida...

A veces, Dhara quiere que muera antes de nacer, tal es su desesperación. Intentando engañarse a sí misma, imagina que su amante se enfrenta a dificultades insuperables.

Mientras pudo, Dhara trabajó. Ella siempre había sido fuerte, trabajadora.

Los insoportables dolores la sacan de sus reflexiones. Le parece que el aliento de vida la dejará para siempre.

~ o0o ~

Hacía unos meses se enteró – ¡oh, infelicidad! – que su anciano padre había muerto de un fuerte dolor en el pecho; ¡ese pecho amistoso, en el que tantas veces se había quedado dormida, acogedor, feliz, apacible...! Se siente culpable...

Su padre soñaba con verla casada en solidaridad con Guillermo, un amigo de toda la vida. ¡Le había pedido tantas veces que se casara con él...! ¡Pobre y querido Guillermo...! ¡Estaba tan decepcionado que se fuera de casa...!

También supo que después de la muerte de su padre, su madre se desequilibró tanto que fue necesario ingresarla en un hospital especializado y distante para recibir tratamiento.

¿Y tu querido hermano? Él también... ¡oh, Dios mío! – si se hubiera ido lejos en busca de trabajo que garantizara el trato de su madre. Se había trasladado a las inmediaciones del hospital, donde aparecía a diario, buscando noticias o incluso para verla, cuando se le permitía.

Cuando Dhara, completamente sola, ya no pudo pagar su pensión, un cuerpo pesado, sin rumbo, llegó a ese viejo edificio, donde comenzó a convivir con los marginados, de las migajas que estos desgraciados, compadeciéndose de su suerte, le regalaron.

(Así son los desafortunados del mundo: en solidaridad unos con otros, conocedores y experimentados en todas las formas de necesidad).

De Guillermo, había perdido deliberadamente su dirección. No quería su compasión. No se la merecía.

Su cuerpo de mujer cuasi madre le trajo todas las advertencias que la Naturaleza prodiga a las mujeres y, esta mañana, los dolores aumentaron y el parto se anuncia inminente.

El ser que habitaba en sus entrañas se agita, se revolvía, se preparaba para nacer...

Los dolores se repetían, a intervalos regulares, en los cuales ella respira, esperando los siguientes.

En una secuencia de fases, su cuerpo expulsará al ser que ya es parte de su existencia y que llegará cargándola de responsabilidades y recursos adecuados para sobrevivir. En medio de sufrimientos físicos y morales prácticamente insuperables, se sorprende con la llegada intempestiva de Guillermo, que finalmente había logrado localizarla.

Él irrumpe en la habitación donde ella está, empujando ansiosamente a los que se interponen en su camino y, perplejo, se enfrenta a su triste situación.

Con profunda emoción, se arrodilla ante la mujer que ama; reverente, con el pecho agitado, lágrimas fluyendo.

Toma sus manos y dice:

– ¡Dhara, querida! ¡Nunca imaginé encontrarte así! ¿Qué puedo hacer por ti? ¡Dime y lo haré, sea lo que sea!

Apretando sus manos, agradecida y avergonzada, ella responde:

– Guillermo, mi querido amigo, ¡gracias por estar aquí! Acepto tu oferta. Realmente necesito algo…

– Entonces dime. ¿Qué quieres que haga?

– ¡Que me concedas la bendición de volver a ver al padre de mi hijo! ¡Ve a buscarlo por mí!

Guillermo palidece mortalmente. Conoce a la persona en cuestión y la aborrece. Su personalidad es ampliamente conocida. Solo Dhara parece ignorar su falta de carácter y sensibilidad; su crueldad, arrogancia y tiranía, criminal.

Mientras él duda, confundido, ella insiste:

– Pídele que venga a verme… Quiero presentarle a su hijo y volver a verlo… Por favor, mi querido Guillermo, haz esto por mí…

Guillermo, que llora sin vergüenza, intuye que esa será la última voluntad de la mujer que ama. Las lágrimas inundan sus hermosos ojos verde esmeralda. Él aprieta sus manos frías y húmedas entre las suyas y deja salir:

– Dhara, querida, ¿cuántas veces te he pedido que te cases conmigo? ¿Por qué lo elegiste a él, que nunca mereció tu amor? ¡Oh Dios, te habría hecho tan feliz!

Ella le toca la cara, secándole las lágrimas con los dedos, mientras responde:

– Gracias, Guillermo. Mil gracias, por tanto amor... Perdóname, no fui yo quien eligió, sino el destino... En estos momentos decisivos de mi existencia, solo cuento contigo... Necesito volver a verte... mi paz dependerá, si no sobrevivo, y tendré la oportunidad de dejarte mi hijo, que sin duda será muy querido...

Guillermo escucha atormentado. Un látigo tensa las fibras más íntimas del corazón.

Él mira lo que siempre ha sido su mayor esperanza de felicidad y decide hacer lo que ella quiere, incluso si eso le molesta visceralmente.

Besa sus manos y promete:

– Tranquiliza este corazoncito, te lo traeré, ¡aunque tenga que arrastrarlo!

Una leve sonrisa recorre los rasgos de Dhara, quien suspira profundamente cuando concluye:

– ¡De todos modos, te veré de nuevo!

Confía plenamente en este amigo que nunca le ha fallado. Sus dolores insoportables aumentan y se da vuelta en la cama dura y mugrienta.

Quienes han aprendido a amarlo se turnan en cuidados precarios, apoyando a la partera que, renunciando a tomar su propio trabajo, declaró que solo Brahma podía decidir allí...

A veces, Dhara se queda dormida, casi sin sangre. Después de un tiempo, comienza a agitarse de nuevo. Besando su frente, entre palabras de consuelo y esperanza, Guillermo se va, pecho oprimido. ¿Volverá a tiempo?

Pasan las horas y la situación de Dhara no cambia; después de gritar mucho, desesperada, sin fuerzas, solo gime a intervalos regulares.

El tiempo parece alargarse. De repente, hay un rugido afuera. Se acercan pasos y rumores, y aparece Guillermo, entrando en la habitación, acompañado de un hombre de admirable belleza, lujosamente vestido y exudando un perfume que en nada se asemeja a la realidad del entorno.

Mientras mira a su alrededor, disgustado, lucha por liberarse de la imposición de Guillermo, que prácticamente lo arrastra. Sorprendentemente enojado, Guillermo le dice algo, mientras unos hombres los rodean, amenazadoramente. Soltándose con violencia, y sin otra opción por el momento, se acerca a Dhara que, dormida, ni siquiera se da cuenta de lo que sucede a su alrededor. Inclinándose, algo incómodo, hace un gran esfuerzo por ser natural:

– ¡Mi hermosa Dhara! ¿Cómo estás mi amor? ¡Mira, estoy aquí!

Desde el margen, observa a Guillermo que tiene la mano en la daga que lleva en la cintura. Sorprendida y profundamente conmovida por la presencia de su amado y por las palabras cariñosas, abre los ojos, respira hondo y agradece interiormente al cielo. Todo habría sido una pesadilla; tomaría las riendas de la situación... Dhara recupera el aliento.

Concluye que todas las mujeres deben pasar por las mismas pruebas físicas. Su debilidad, falta de recursos y tristeza debieron de herirla demasiado... ¡Ahora, con él a su lado, la vida sería diferente! Escucha su querida voz, sus explicaciones... ¡Se siente mejor!

La Pulsera de Cleopatra

Luchando, balbucea:

— ¡De todos modos, mi amor!

Su boca seca casi le impide hablar. Su fuerza está agotada; sus labios están agrietados. Se inclina y le da un beso en la frente empapada de sudor. Le dice algo sobre su ausencia; declara que lleva mucho tiempo en un país lejano, casi incomunicado... Sonríe, consuela... Cree lo que oye... En su mente, los pensamientos se precipitan: se imagina feliz, con su hijo en brazos y el hombre que ama a su lado... ¡Sí! ¡Hará realidad tus sueños de felicidad! ¡Habrá valido la pena el alto precio!

Una vez rica, podrá ofrecer una vida mejor a su madre y su hermano enfermos. Su madre, bien tratada, se curará y vendrá a vivir con ella y su nieto, a quien amará como la amaba, desinteresadamente... ¡Su padre, esté donde esté, con Brahma, la bendecirá!

Dhara respira hondo, se relaja... ¡Espero que tu hijo esté naciendo bajo el signo de la dicha! Ella sonríe, esperanzada, recompensada... En un último esfuerzo, expulsa, dolorosamente, al ser que anhela la vida y éste, emitiendo un débil gemido, cumple, una vez más, el divino ritual de pasar por la "puerta estrecha" en una nueva oportunidad de vida. La comadrona limpia al recién nacido e inmediatamente dice que es un niño. Lo envuelve en los harapos que había traído y se lo muestra a su madre, que todavía está acunada en sueños... Dhara abre los ojos y mira a este ser tan sufriente como ella. Él será el vínculo fuerte que la unirá definitivamente con el hombre que ama. Pero mientras divaga, se sorprende con cambios sorprendentes en sí misma:

"¿Que pasa conmigo? ¿Por qué mis pies se congelan y se quedan dormidos? Mis brazos también; ¡Se están enfriando y volviéndose pesadas...! ¡Mi cuerpo se está inmovilizando! ¡Brahma! ¡Quiero hablar, pero no puedo mover un músculo! ¡Oh, no! ¡Esto no puede ser la muerte! ¡No puedo morir ahora! ¡Mi amor! ¡Mi hijo!

¡No...! ¡Dioses, no me lleven! ¡Devuélveme mi vida! ¡Necesito vivir...!"

Todo su cuerpo se convulsiona y no puede evitarlo... Entonces, una extraña quietud, una alienación nunca antes sentida... Ahora, su mente explota en miles de partículas y, en un movimiento brusco, se encuentra afuera, sorprendida con los seres que la rodean, luminosos, con rostros amorosos, ojos llenos de amor y compasión. Su padre se acerca, sonríe y la abraza contra su corazón, como en los viejos tiempos. Entiende, finalmente que está en el otro lado de la vida; nada más se puede hacer con lo que queda atrás...

Como si hubieran estado de acuerdo, el pequeño se calla y exhibe una inmovilidad que no deja lugar a dudas: él también está muerto...

CAPÍTULO 02

El padre intenta huir, pero es retenido por las mismas manos fuertes que lo trajeron.

Guillermo, disgustado, incapaz de expresarse, tal es su desesperación, comprende que todo ha terminado. Dhara y su hijo están muertos...

En una fracción de segundo, arrebata el feto de las manos de la partera y lo empuja contra el pecho de su padre, con ojos amenazadores. En la locura en la que se encuentra, nadie en su sano juicio podría detenerlo.

Sin alternativa, el padre sostiene la pequeña carga, desconcertado, ansioso por salir de allí lo más rápido posible, imaginándose a sí mismo en una terrible pesadilla.

Perplejo, mira a su alrededor. Ver a Dhara sin vida; baja los ojos y mira al pequeño ser en sus brazos... Fuera de control, estalla en sollozos. Causa y consecuencia de todo, tembloroso, poco impresionado y supersticioso, con ese ser en sus brazos que no se mueve ni respira, decide y sale apresurado, casi corriendo, a pesar de la dificultad, porque sus piernas están débiles. Afuera, se detiene y descubre que nadie lo ha seguido. Evalúa dónde está y se aleja, listo, manteniendo a su hijo pegado a su cuerpo. Más rápido, cada vez más, acelera el ritmo.

Minutos después, cae sobre ellos un fuerte aguacero. Empapando a los dos, sigue caminando, sin detenerse, sin tiempo para pensar... Después de un tiempo que no podía necesitar, dado su estado alterado por la emoción y la revuelta, se detiene, mira a su alrededor y distingue una pequeña subida de tierra, oscura y desierta, junto a un árbol. Se acerca, se inclina y se acuesta, allí, aliviado, el cuerpecito inmóvil. Respira hondo y se marcha sin mirar atrás, mientras los relámpagos y los truenos le hacen temblar.

El agua cae a un volumen espantoso. De repente, el pequeño ser, aparentemente muerto y abandonado allí, recibe en su pecho la chispa de un rayo que se estrella contra el árbol, y la descarga eléctrica reactiva los vínculos de este espíritu con la materia. El recién nacido emite entonces un grito desgarrador, y comienza a llorar estridentemente, casi asfixiado por el agua que, fuerte, le vierte sobre ojos, nariz, boca... Temblando, desesperado, estira y encoge brazos y piernas, a un ritmo acelerado, luchando instintivamente por sobrevivir.

A pesar del caos que domina todo a su alrededor, el padre escucha y se detiene, vacilando entre seguir adelante o regresar y controlar el fenómeno. Sin comprender, vuelve sobre sus pasos, lo alcanza y se inclina sobre él. En un impulso, íntimo e inesperado, deshace el acto anterior – aunque, seamos justos, antes el niño parecía muerto – levanta al niño, lo sostiene en sus brazos y lo lleva consigo. En la noche tormentosa, lleva al pequeño ser, ahora renacido, y reflexiona sobre qué hacer. No lo quiere, nunca lo quiso. Ignoró incluso el embarazo de Dhara, que abandonó para que ella se olvidara de él. Su vida – y sus intenciones – nunca involucrarían el acto imprudente de llevarlo a su casa, a su palacio... ¿Cómo solucionar este dilema?

Reconoce los lugares donde está, piensa en alguien y, decididamente, se dirige a una determinada dirección. Llama a la puerta y espera, cansado, impaciente e intensamente nervioso. Dentro de la casa, un hombre alto, corpulento, vestido de manera rústica, se levanta, balanceándose con movimientos similares a los de un oso y, frotándose los ojos, lucha por despertar de una vez.

La Pulsera de Cleopatra

Responder a la puerta. Cuando lo abre, asombrado, habla en voz alta, casi gritando:

– ¡Por todos los dioses! ¡¿Estás aquí...?! ¿Bajo este aguacero?

No pasa mucho tiempo para ver al niño que no deja de llorar en los brazos del recién llegado.

– ¿Qué es eso? – Pregunta.

– ¡Ayúdame, hombre, y deja de hacer preguntas!

– ¡Sí, sí! ¡Entra, por favor!

Mientras habla así, curioso, no quita los ojos de la pequeña carga, cuando escucha:

– ¡Encontré a este niño, cerca, abandonado! ¿Quién hubiera hecho esto? ¿Tiene alguna sospecha? ¿Te imaginas de dónde podría haber venido? ¡Habla, hombre! ¿Perdiste tu lengua?

Con los ojos muy abiertos, tartamudeando, responde:

– ¿Quien yo? ¡No...! ¡No, señor! ¡No sé nada de este niño! – declara.

– Bueno, vine a pie y exhausto, bajo esta tormenta, desde que mi caballo se rompió la pierna y tuve que sacrificarlo, ¡cuando escuché el grito estridente de este infeliz que gemía!

– ¿Y dónde está su séquito, mi señor? ¡¿Cómo puedes viajar así, solo, y bajo este aguacero...?!

– ¿Desde cuándo te di el derecho de hacerme preguntas, idiota? Avergonzado, el otro calla y espera.

– ¡Mira!

Abre los brazos y muestra, mejor, al niño que llora y tiembla de frío, morado, mientras ordena con autoridad:

– ¡Vamos, muévete! ¡Hacer algo! ¡Haz que la víbora de tu esposa se encargue del niño!

Boris, moviéndose, obedece, sin responder:

– Marfa, ven aquí. ¡Tenemos visitantes! ¡Rápido, mujer! – Volteándose hacia su señor, le pregunta:

– ¡Deme al pequeño! ¡Mi señor debe estar cansado! Ven, ven, Marfa te cuidará...

– ¿Dónde está la tonta de tu mujer que se tarda tanto? ¿Está en casa o no?

– ¡Sí, sí, está!

Volteándose hacia el interior de la casa, se queja:

– Oh, mujer, ¿por qué la demora? ¡Ven más rápido, sirvamos a nuestro señor que nos honra con su presencia!

Mientras esperan, el señor saca de su bolso, atado a la cintura, una buena cantidad de monedas de oro y las coloca en la mano grande de Boris, mientras advierte:

– ¡Tómalo y no me vuelvas a hablar de este niño y de esta noche infeliz! Por pura generosidad lo salvé de la muerte, pero no quiero complicaciones. Lo encontraste tú mismo, ¿recuerdas? – Pregunta, con los ojos encendidos, haciéndose entender.

– ¡Sí, sí, por supuesto, mi señor! ¡Lo salvé! Pero... no sé nada de él, no señor, ¡nada, nada! ¡Nada más que encontrarla bajo ese aguacero, arrojado por alguien muy insensible! Sí, es eso. ¡Está seguro!

– ¡Y ni siquiera estuve aquí esta noche, Boris! ¡No olvides eso!

– ¡No lo olvidaré, no lo olvidaré!

– ¡Muy bien! ¡Estamos en lo correcto!

Aparece la mujer, alisándose la ropa y la gorra con volantes. Boris explota de disgusto:

– ¿A dónde crees que vas, tonta? ¿A un baile? ¡Oriéntate! ¡Toma, toma a este pequeño y llévalo adentro! Necesita cuidados, como puedes ver.

La Pulsera de Cleopatra

Desde el margen, escanea el rostro, roto, de quien los aplasta, con su poder, en su habitual injusticia. Ensayando una alegría y una relajación que está lejos de sentir, declara:

– Sí, sí, dámelo, ¡vamos! ¡Ay, pobrecito, está todo mojado y tiritando de frío! ¡Ven, pequeño, tu Marfa te cuidará!

Ante el silencio de ambos, ella comprende que hay demasiado ahí y entra a la casa, llevando en sus brazos, grande y gordo, al pequeño que llora sin cesar. Astutamente, ella había escuchado y visto todo detrás de la vieja, oscura y grasienta cortina que divide las dos habitaciones, cuando su esposo recibió la recompensa por su "comprensión." Por eso se había tomado su tiempo.

Astuta, aprendió desde el principio a defenderse. Además de ser codicioso, Boris tiene la costumbre de maltratarla. Una vez en el dormitorio, deposita al niño en una plataforma de madera, sobre la que se ve un montón de paja cubierto con una colcha vieja y raída, donde comienza a frotar vigorosamente el cuerpecito helado.

Envolviéndolo en una manta vieja, regresa a la habitación para observar, nuevamente, mostrándole al niño:

– ¡Mira, se calma, poco a poco, calentado y bien cuidado!

La mirada dura de reproche de su marido le hace comprender lo que el jefe traduce en palabras:

– ¡Boris, dile que se controle, porque no tendrá ninguna ventaja con estas exageraciones! ¡Que ella cuide bien de este niño o no, eso no me interesa en absoluto!

Mirándola, Boris demuestra lo innecesario de repetirse, porque ella tiene buenos oídos, bueno, ¡y mira si los tiene! Antes de irse, Marfa también escucha:

La Pulsera de Cleopatra

– ¡No se olvide! No me vuelvas a hablar de este niño; ¡viva el tiempo que viva! Si lo hacen, lo lamentarán amargamente. ¿Estoy claro?

– ¡Sí, descanse mi señor, nunca más volverá a escuchar los ecos de esta noche oscura, cuando deja que su generoso corazón hable en voz alta!

Sonriendo, sarcástico, ante lo que oye y lo que sabe es pura hipocresía, analiza con vergüenza el miserable entorno y decide marcharse cuanto antes. Borrará esta noche de su memoria. De repente, escucha:

– ¿Qué más quiere, mi señor? ¡Estoy a su servicio! ¡Su consuelo es mi consuelo!

Seguro que el que le habla lo apuñalaría por la espalda, a la primera oportunidad, lo mira en silencio:

– ¡Eres fuerte y trabajador, pero muy traicionero, viejo oso! ¡Nunca confiaría en ti, ruso rudo y cruel! ¡Y tu esposa tampoco es la mejor...!

Dejando sus reflexiones, finalmente ordena:

– ¡Tráeme un buen caballo! ¡El mejor que tengas! La generosa cantidad que te di también cubrirá este gasto.

Servil, Boris corta, listo:

– Ahora, mi señor, ¿por quien eres? ¡Nunca cobraría por el animal, incluso si no hubiera dado una suma tan hermosa!

Con un enorme deseo de echarse a reír, ante tal descaro, espera a que Boris se vaya para arreglar su montura. Al salir; sin embargo, Boris duda, se da la vuelta y plantea la hipótesis:

– ¡Podría dormir aquí y viajar mañana, mi señor! ¡La tormenta aun no ha amainado!

La Pulsera de Cleopatra

– ¡¿Dormir aquí...?! ¿Has perdido la cabeza, por casualidad? ¡Se vería mejor en los establos, con los animales y en medio de sus excrementos! – Declara, exasperado.

Agachando la cabeza, ofendido, confundido y avergonzado, Boris suplica:

– ¡Perdone mi osadía, se lo ruego! Tiene razón... Cualquier lugar es mejor que esta miseria...

Su interlocutor concluye, rápidamente, en pensamiento:

"¡Lo peor de todo es esta asquerosa suciedad...!"

Inclinándose, respetuoso y servil, Boris se va y, en pocos minutos, regresa, empapado, tirando de un caballo ensillado y listo para ir de las riendas.

Sin más preámbulos, el jefe monta y pronto galopa a toda velocidad hacia su casa... Considera esta noche como una gran pesadilla, de la que finalmente está despertando. Desesperadamente quiere olvidar, pero los recuerdos lo asaltan, de prisa... Recuerda a Dhara en los buenos tiempos y trata de compararla con el sufrimiento y la imagen terminal que encontró... Su cuerpo convulsionando, inmóvil, muriendo... El hijo de ambos en sus brazos, muerto... El fenómeno, inesperado, devolviéndolo a la existencia, como en un hechizo. Sus rugidos desesperados bajo el fuerte aguacero.

Se ve inclinado sobre el pequeño, suspendiéndolo y liberándolo de su inminente muerte... ¿Por qué había hecho eso? ¿Qué impulso más inesperado lo había impulsado a sacarlo de allí, donde seguramente debía haber perecido, por el bien de todos? ¡Qué tonto era! Conocía a Boris y Marfa lo suficientemente bien como para saber que eran peligrosos, astutos y poco fiables. Sobrevivió a la furia de Guillermo y temió que lo mataran allí mismo, junto a Dhara. Sintió los impulsos de venganza que le alcanzó en una hora tan trágica... Ese hombre de carácter nunca tuvo instintos asesinos, pero estaba desequilibrado por el dolor extremo de la pérdida. Quienes lo acompañaban mostraban claramente en sus expresiones la determinación de no dejarlo salir con vida.

Digno de lo que es y siempre ha representado en la vida, Guillermo se controló y lo salvó, empujando a su hijo hacia él, en una estrategia dramática. El niño había sido una armadura y un escudo para él; paso libre de cualquier acción criminal, vehículo de escape y rescate. Guillermo y él fueron, un día, amigos, hasta que sus vidas tomaron diferentes direcciones. Cuando sus caminos se cruzan, en la actualidad, hay un gran impacto, en ambos lados, así como el Bien y el Mal cuando se enfrentan, en silencio y conscientes, cada uno, de lo que son y de que representan en su conjunto. El día que lleguen a un acuerdo final, solo uno sobrevivirá. Recuerda, rebelde, apretando los puños, cómo lo había arrastrado hasta Dhara, audaz, siempre, y valiente como pocos. Le resulta extraño que ambos amaran a la misma mujer. Aunque solo Guillermo la había amado de verdad.

Conociendo sus hábitos y costumbres, Guillermo supo sorprenderlo, como lo hizo, llevándolo al drama instalado en esa vieja mansión y que les concierne a los dos. Dhara... Una hija del pueblo, solo que más hermosa que la mayoría... Bien servido, culto, educado y poderoso, nunca tuvo la intención de elevarla a su nivel de vida. E incluso si quisiera, no podría, estaba casado y muy felizmente casado. ¡Pobre Dhara, qué ingenua! ¿Cómo podía soñar con ser su esposa? ¿Nunca se dio cuenta de la distancia que los separaba? ¡Oh, tonta!

Mirtes, su esposa, la Marani de su pueblo, era inglesa y muy hermosa; todo lo que admiras y anhelas para ti y para tu vida. A lo largo de los años han ido sucediendo cosas locas, pero su esposa, práctica y celosa de todo lo que es y tiene, se hace de la vista gorda ante sus excesos, mientras defiende vigorosamente su espacio.

La Pulsera de Cleopatra

Podría matar para defender lo que considera suyo. Lástima que Dhara hubiera alimentado sueños imposibles...

Mientras cabalga, respira, aliviado de poder deshacerse de ella y de su hijo. Minuto a minuto, su ira crece:

"¿Cómo se atrevió tanto Guillermo? ¡Como si no lo conociera! ¡Forzarme en tal situación fue imperdonable! ¡Todavía le cobraré con mucha precisión por los momentos desafortunados que me proporcionó en su manera *sui generis* de resolver los problemas que encuentres en el camino!"

Sin embargo, este le habló directamente a su alma. Recuerda, punto por punto, la imprudente acción de Guillermo: había irrumpido en sus habitaciones privadas con la ayuda competente de los amigos que tiene en el palacio real, para prácticamente secuestrarlo. Lo conoce desde niño: ingeniero de profesión, el padre de Guillermo llegó a Bangkok para trabajar en el palacio, bajo las órdenes de su padre, el Maharajá. Allí había una necesidad urgente de reforma. Al brindar vivienda a su familia, cercana al trabajo, se facilitó la convivencia de sus hijos, de la misma edad. Él y Guillermo crecieron juntos, y juntos recorrieron los caminos de las aventuras fáciles y las travesuras consideradas normales para los jóvenes ricos e inmaduros.

Todo se hizo de común acuerdo, hasta que se instalaron sus verdaderas inclinaciones, separándolos, naturalmente. Guillermo mostró un comportamiento correcto, bañado en la nobleza de los sentimientos, a diferencia de él, quien desplegó, sin vergüenza, su tiranía, iniquidad y orgullo inconmensurable. Sin embargo, es imposible negar los sentimientos de verdadera amistad que se fueron forjando a lo largo del tiempo. Al verse rara vez; sin embargo, sabían sobre la vida del otro. Debido a Dhara, se estableció una rivalidad mayor entre ellos. Guillermo estaba enamorado de ella, su amiga de la infancia. Celoso y disgustado, le exigió que se alejase. Conocía su condición social y, sobre todo, su condición de hombre casado e infiel. Se pelearon, llegaron a los golpes cuando, atacándose con cuchillos afilados, fueron heridos y más separados. Guillermo debió de advertirle a Dhara, pero ella, ingenua y enamorada, prefería soñar en grande...

Pasándose las manos por el rostro empapado, en un intento por ver mejor, recuerda ahora cómo ella le había preguntado por su situación conyugal, exigiéndole entre lágrimas, desesperada:

– ¡¿Estás casado, Hamendra?! ¿Qué será de mí? ¡Tienes hijos, responsabilidades!

– Bueno, palomita mía, ¡no es la primera vez que alguien se casa sin amor! ¡Me casé por necesidad de una alianza política! Aun no sé cómo, pero resolveré la situación a mi satisfacción y te daré el puesto que te mereces a mi lado. Espera, ¿sí? ¡Tú eres mi único amor! ¡Sin ti nunca seré feliz!

Terminando el altercado, la había envuelto, seductor, besándola, en apasionados transportes, silenciando su hermosa boca que lo volvía loco de deseo. Ella, resignada y confiada, se sometió, esperando que algún día estuviera a su lado, como su mujer. Sacudiendo su hermosa cabeza, explota ante sus propios pensamientos:

– Bueno, ¡qué tonto soy! ¿Qué tipo de recuerdos son estos que me menosprecian tan imprudentemente? ¡Soy como quiero ser y estoy orgulloso de ello! ¡Suficiente! ¡Aborrezco los recuerdos tristes y odio a los fantasmas! Mi vida seguirá como siempre: buena y cómoda, ¡a pesar de todo y de todos!

El caballero da mayor velocidad a su montura, luchando por desviar los pensamientos que lo asaltan, inexorables... Hijos, ya tiene dos, en vísperas del tercero. Herederos de su amor y su fortuna. Piensa en la alegría de volver a casa y ser recibido con todos los halagos que se le deben; con el cariño y la dedicación extrema de Mirtes, que no pide nada, simplemente lo acoge, lo

La Pulsera de Cleopatra

calienta en su corazón, le dice lo mucho que lo extraña y lo prodiga con todas las comodidades imaginables. La llegada del tercer hijo ya está en gestación avanzada. Enfurecido, descubre que el caballo ya está cansado y con las piernas temblorosas. Al desafortunado no le gustan los viajes largos; parece un pangaré tirando de un carro...

Por dentro, maldice: "¡Ah, Boris! ¡Viejo oso avaro! ¡No pierdes por esperar...!"

Finalmente, distinguiendo su palacio, observa su ropa, arrugada y mojada... Decide que las echará al fuego a la primera oportunidad... No, Mirtes lo hará él mismo, bastará pedirle con ojos lánguidos, reflexivos... ¡Ella es tu hada madrina! Respira, aliviado, presagiando los mimos y comodidades que le esperan. Después de todo, ¡es el señor de todo y de todos!

CAPÍTULO 03

En casa, Boris y Marfa hablan:

– ¡Este pequeño retoño aun puede servirnos, Boris!

Haciéndose el desentendido, pregunta de muy mal humor:

– ¿Por qué?

– ¿Cómo por qué? Sabes tanto como yo, ¡por qué! ¡Piénsalo, hombre! – Avanzando hacia ella y agarrándola por el cabello, los tira con fuerza y advierte:

– Que nadie sepa, nunca, lo que pasó aquí esta noche, ¿entiendes? Ella gime de dolor y lucha con sus manos mientras él continúa:

– ¡Escucha bien, idiota! ¡No sabemos quién es este chico ni de dónde viene! Oímos su grito agudo, abrimos la puerta y lo encontramos tirado en el suelo, pateando locamente, todo mojado por la lluvia, ¿"te acuerdas", Marfa?

– Sí, cómo pude "olvidar", ¿verdad? ¡Suéltame! ¡Me estás arrancando el pelo!

– ¡Lo haré mucho peor, si no me obedeces, mujer de los demonios! ¡No me repudies, te arrepentirás amargamente!

Dejándola caer, con algunos mechones sueltos de cabello entre los dedos, aun refuerza:

La Pulsera de Cleopatra

– ¡Guarda esta historia firmemente en tu cabeza, porque eso es lo que le diremos a todos sobre la presencia, entre nosotros, de este niño! ¡Y ten cuidado con tu lengua suelta!

Apresurada, sin decir nada más, Marfa sale pisando fuerte y arrastra sus viejas y perforadas sandalias, antes que su marido decida ser más "convincente." Incluso llega al pequeño que, entre paños secos y suaves, muestra cierta comodidad. Decide darle de comer.

– En el pecho de tu madre, mi pequeño bastardo, la leche se secará.

Se va y regresa con un cuenco de leche en la mano. Mezclar agua en una pequeña cantidad y con una cuchara verter el líquido en la boquita sedienta y hambrienta. Chupa la comida, desesperado, hasta el punto que pierde el aliento y se atraganta varias veces. Es la vida imponiéndose y exigiendo supervivencia... Boris, en la sala de estar, camina, pesado y mugriento, su ropa raída y sucia. De sus ojos grises salen chispas, concluyendo:

– "Lo encontré por el camino, ¿eh? ¡En este aguacero! ¡Fui un idiota al creer lo de las viejas! ¡Ah, que en este salvado hay mucho maíz, bien que lo hay! ¿Deseas salvar a un niño desconocido, exponiéndote como lo hiciste? ¡Este comportamiento no está de acuerdo con este abominable caballero que nos masacra a todos! ¿Por qué no lo llevaste a las aldeas pobres de tu reinado? Para ocultarlo... ¿Por qué tanta revuelta? ¿Por qué no quieres saber más de él? ¡Cuánto misterio! Bueno, haré mi parte... Siempre me puede ayudar en el futuro. En esto, Marfa tiene razón."

Mientras alimenta al niño, Marfa analiza sus rasgos y confirma sus primeras impresiones; el niño se parece notablemente al jefe:

– "Especialmente los ojos" – susurra.

~ oOo ~

Al día siguiente, lejos de allí, sigue un cortejo fúnebre, a paso lento y cadenciado, entre cánticos y mantras, llevando el cuerpo sin vida de la hermosa Dhara para ser incinerado sobre un lecho de ramas secas y cubierto de fragantes flores. Sosteniéndola sobre su hombro derecho, al frente, Guillermo, inconsolable, llora las lágrimas de los desilusionados. En sus pensamientos, solo tristeza:

"¿Cuántas veces he rogado tu amor, mujer idolatrada? ¡Te habría hecho feliz! Mi amor, mi compañera de infancia, vendría por los dos, ¡pero tú preferías al que acabó destrozándote...! ¡Ay, a tantas otras hizo lo mismo! Te lo advertí, pero elegiste no creerlo.

¡Oh, los misterios del alma femenina! Conforme a tu elección, tenía la intención de apoyarte, pero desapareciste... Cuando finalmente descubrí tu paradero era demasiado tarde, la muerte ya había decidido tu futuro... ¡El fruto del amor maldito te tomó y te destruyó a ti misma! Logré, con gran dificultad, traerte ese ser ingrato e insensible. Moriste resignada y esperanzada... En paz, me parece que, por fin, vislumbraste el mundo de luz en el que ahora debes estar... Mientras armonizabas, seguro que eras amada, tus lazos terrenales se aflojaron, liberándote de esta vida que te trajo tanta infelicidad... En otra situación, nunca hubiera hecho lo que hice, pero tu oración se volvió sagrada para mí de cara a sus últimos momentos de vida. ¡Cómo sufrí! ¡Verte volverte tan dulcemente hacia ese Judas! ¿Cómo puede ser tan tonto el corazón de una mujer?

Al buscarlo, en respuesta a su pedido, me midió de arriba abajo y me preguntó con mucha arrogancia:

La Pulsera de Cleopatra

— ¿Qué haces aquí? ¿No tienes amor por la vida? ¿Quién te dio la entrada? ¡Ah, que le arrancaré el hígado al idiota que se atrevió a permitirte acceder a mi persona!

— ¡Porque nadie tendrá que castigar! — Respondí —. Salté las paredes, como tantas veces, y los caminos que conducen a ti, los conozco bien, ¿recuerdas?

— ¡Tu temeridad raya con la locura! ¡Con una simple llamada mía, serás despedazado! ¡Invadiste mis dominios como un ladrón!

— ¡Cállate la lengua sucia! ¡Ladrón eres tú! ¡Ladrón del honor ajeno!

— ¡No me atormentes, me acuses, ni me retes en exceso! ¿Qué sigue, de todos modos?

— ¡Vengo a contarte sobre Dhara!

— ¿Bueno otra vez?

— Hoy es diferente, te lo aseguro... ¡Desde ayer lucha con el dolor de un parto difícil, casi sola y abandonada!

— Entonces ¿qué estás haciendo aquí? ¡Ve a ayudarla y déjame en paz! ¡No te pedí información que no me interese en absoluto!

Controlándome, preocupado por el tiempo que se estaba acabando, insistí:

— ¡Está dando a luz a tu hijo, que no puedes ignorar!

— ¡Sí, no lo hago! ¡Además, mis hijos son los que nacen bajo mi techo y del vientre de mi esposa!

Mirándome con una leve sonrisa en los labios, Hamendra sospechó, indiferente e irrespetuosa:

— ¿Quién me asegura que este niño no es tuyo? ¡Estás tan unido! ¡Ha pasado tanto tiempo desde que la dejé...!

— ¡El momento exacto de su embarazo infeliz e insalubre, bastardo!

Lleno de odio, saqué la afilada daga de mi cintura y la coloqué en su garganta, intimidándolo.

La Pulsera de Cleopatra

– Nos conocemos demasiado para saber que no nos engañamos.

¡Lo confieso, oh Dios! ¡Me sentí mareado por la necesidad de sacarlo del mundo! Luché en medio de conflictos casi insuperables; temía llegar tarde y no cumplir la promesa que te hice... Finalmente me controlé, a pesar de todo. ¡Nunca he sido y nunca seré un asesino!

Amenazando ordené:

– ¡Ven conmigo ahora! ¡Dhara, en sus delirios, clama por ti! ¡Tráele el consuelo que necesita, ya que el parto puede acabar con su vida! ¡Es lo mínimo que puedes hacer por alguien que te dio todo, sin reservas!

Sin otro recurso, se fue conmigo. Una vez allí, a tu lado, bajo la regla del miedo, porque en mi desesperación como un hombre que ama hasta el punto de la locura, podría negarme a mí mismo, y destruirlo, desempeñó su papel. Finalmente, mi amor eterno, pudiste volver a verlo y hablarle en su momento *in extremis*... Ahora, en estos momentos dolorosos, cargando tus restos mortales, reflexiono, más que nunca, sobre mi vida. A partir de este desafortunado día, cambiaré radicalmente mi existencia, que sin ti fue sin color, sin esperanza, sin perspectivas... Te moriste al mundo y yo haré lo mismo...

¡Sigan en paz con sus dioses y especialmente con Brahma, que ya debe haberlos abrazado y recibido con amor! ¡Que las aguas del río reciban tus cenizas bendiciéndolas, y que tus pies caminen hoy en el Nirvana con los elegidos...! ¡Siempre serás, mi único amor verdadero...!"

El rostro de Guillermo estaba bañado en lágrimas. Su pecho rugía de dolor y anhelo anticipado... Quebrado, inconsolable, apoya, dedicado, la ceremonia de cremación y suma sus oraciones a los que rezan allí por todos los que han dejado el mundo de *maya*...

CAPÍTULO 04

Han pasado algunos años y Maharajá Hamendra Sudre, en su buena y plena vida, parece haber olvidado esa noche. Mejoró el salario de Boris y Marfa y, de vez en cuando, les ofrecía bonificaciones, ni siquiera está seguro de por qué. Nunca más quiso saber sobre el niño, pero una pregunta constante habitaba en su cerebro:

"¿Habrá sobrevivido...?"

Aclarando; sin embargo, tales pensamientos, concluye muy práctico: "¿Qué me importa...?"

Me gustaría ser informado de su muerte; así enterraría para siempre al peligroso tema. Pero a pesar de todo y, sobre todo, algo le dice que aun enfrentará los ecos de esa noche y que no serán tan dulces como Dhara. Un ligero remordimiento a veces parece tocar sus fibras más íntimas. En ese momento, Mirtes, muy de cerca, observa su interiorización mientras organiza febrilmente un cóctel para altos dignatarios.

Embajadas de India e Inglaterra. Atenta al más mínimo detalle, ya ha consultado en varias ocasiones la opinión de su marido.

Muy elegante, con un vestido melocotón fluido, forrado con seda blanca; cabello arreglado en la parte superior de su cabeza y decorado con pequeñas perlas rosadas; zapatos altos a la última moda en Europa; emana un perfume que habla de su buen gusto y de su poder adquisitivo. Admirando sus rasgos fuertes, angulosos pero armoniosos, los contornos de su hermoso cuerpo y sus delicados gestos, Hamendra se enorgullece de la mujer que tiene. También sirve como adorno para su palacio y una elegante tarjeta de visita. Su suegro, un noble inglés, dio la bienvenida a la alianza que se hizo a través del matrimonio; bueno para su hija, bueno para su negocio en Tailandia.

Una sonrisa en sus labios, extasiado, recuerda cuándo y cómo la conoció en un baile de la embajada, y lo fascinado que había estado por ella. Mirtes respondió en igual medida a su interés y, al final del feliz acontecimiento, ya se habían comprometido el uno con el otro. Ambos se esforzaron, a partir de entonces, por representar, muy bien, su papel en este mundo de vanidad, disputas y poder.

Sus hijos salieron a los ingleses, en cuanto a tipos raciales: inteligentes y dominantes, el orgullo de los padres y la familia. Mirtes es moderna y muy práctica. No le importan en absoluto los marginados que pululan por las calles y muestran sus miserias, resultado del sistema de castas. Ella preserva a los niños, manteniéndolos alejados de todo lo que no es parte de sus realidades. Al vivir en el lujo y la riqueza, considera que su posición social y financiera es justa, con respecto a las prerrogativas de su esposo. Su hijo mayor, Patrick, pronto irá a la Universidad de Inglaterra. Para su hija Selene, talentosa y hermosa, espera un gran matrimonio. Su menor, Richard Arjuna, guapo como un querubín, mimado e irascible, no piensa en el futuro; todo lo que tiene que hacer es soportar los mimos que todo el mundo le hace, desde el más humilde al más poderoso. Comportamiento colectivo, resultado de una devoción supersticiosa a que "naciera, muriera y reviviera" milagrosamente.

En un día, en el que los elementos de la Tierra parecían no estar en armonía con los hombres y con la Naturaleza misma, acortando el tiempo de gestación, vino al mundo. Su padre, lamentablemente, estaba lejos y en un lugar desconocido. Mirtes había estado bien todo el día, pero de repente comenzó a sentir un dolor que se volvió intenso. El hijo se anunció a sí mismo, con una ansiedad inesperada. Ella estaba llorando desesperada por su esposo, pero él se había ido sin previo aviso y no había forma de encontrarlo. Cuando regresó, muchas horas después – recuerda muy bien, a pesar del drama que vivió en un parto difícil – estaba exhausto, deshecho, con la ropa arrugada y empapada, mientras sin escolta y sin su séquito habitual, había cabalgado solo, inexplicablemente.

Ella había dejado de preguntarle sobre eso, porque cada vez que lo hacía, él se ponía furioso y distante. Afortunadamente, esa noche había llegado su hijo menor; Telémaco, su eficiente administrador y amigo querido por todos, tomó la iniciativa en las decisiones que demandaba el caso. Este buen hombre, competente y fiel, los apoyaba en todas las tareas del palacio. Los dolores eran tan fuertes y diferentes que, si hubieran durado más, Mirtes habría sucumbido, a pesar del aparato médico y terapéutico, con los cuales contaba. Cuando por fin su hijo menor le gritó al mundo, el corazón de su madre se apretó, inexplicablemente. Después de todo, lo peor había pasado y se veía bien. Sin embargo, media hora después, entre lágrimas rotas por sollozos convulsivos, su hijo dejó de llorar y se quedó paralizado, había muerto. Desesperada, llamó a gritos a los médicos, invocó a todos los dioses indios en nombre de Brahma, le suplicó a su Dios y a los poderes celestiales que le devolvieran a su hijo. Después de un tiempo que parecía eterno, en medio de innumerables procedimientos médicos, ese pequeño ser soltó un grito estridente, volviendo a llorar. Una vez superadas las primeras dificultades y miedos, cuidó con atención al feto, con la ayuda de quienes se turnaban con las mismas intenciones.

Corazón abrumado temía: "¿Y si vuelve a pasar?"

Cuando su esposo regresó, estaba lleno de arrepentimientos, cansancio físico y espiritual, suplicando su presencia y cariño. Al enfrentarse con su hijo, que nació antes de su tiempo, y con el relato de los hechos, que aun causaba asombro e inseguridad sobre el futuro del niño, experimentó tal estremecimiento que los médicos tuvieron que dejar momentáneamente al pequeño para ayudarlo, antes que sucumbiera a un mal repentino. Habiendo ingerido un narcótico fuerte, se había despertado al día siguiente con un comentario extraño:

– ¡Arre, los dioses están furiosos! ¡Que Brahma elimine la oscuridad que parece querer morar entre nosotros! ¡Que mi hijo menor sobreviva y esté muy sano! ¡Qué venganza ser felices y alegrar nuestros corazones!

Sin embargo, a pesar de tales presagios, permaneció taciturno durante muchos días.

~ oOo ~

El tiempo, inexorable, pasa para todo y para todos, y ese pequeño ser que un día entró en la vida de Boris y Marfa, creció y se convirtió en un chico rudo, sobre todo con los demás niños. Estupefacto por la falta de amor y educación que había recibido, no siempre reflejada en la bondad y la honestidad, y sin ningún obstáculo, se volvió astuto e irascible.

Defender y atacar eran parte de sus hábitos, para lograr lo que quería.

Inmerso en todo tipo de necesidades, buscó sus intereses con los que sobrevivieron gracias a los recursos. Mientras tanto, muestra sus malas tendencias e insensibilidad hacia sus padres adoptivos, a quienes habitualmente les falta el respeto. Involucrado en disturbios, que casi siempre culminan en peleas físicas, derrota a sus oponentes con la fuerza física que lo caracteriza.

La Pulsera de Cleopatra

Alto, esbelto, delgado y ágil, parece un felino. Cuando fija sus pupilas en algún ser, instantáneamente se siente resentido. Utiliza este poder natural para defenderse e imponerse. Habla consigo mismo y recita fórmulas extrañas, que crea en sus horas vacías.

Este es Thilbor, llamado así por un pariente lejano.

~ o0o ~

En conversación, Hamendra le habla a la mujer:

– ¿Por qué las mujeres procrean, arriesgan su vida? – Asombrada, ella responde:

– Ahora, esposo mío, ¿piensas modificar las leyes naturales que se cumplen automáticamente, desde que el mundo es el mundo? Si nada más, nosotros en particular: ¿Cómo tendríamos los queridos hijos y quién heredaría nuestro nombre y riqueza?

– Sí, lo sé, pero cuando una mujer concibe, vive en la cuerda floja; antes, durante y después del parto. ¡Cuántas mueren en el sagrado momento de poner a su hijo en el mundo...!

– Corrí este riesgo, querido, cuando nació nuestro menor... Somos conscientes del peligro, pero la fuerza del amor maternal supera cualquier dificultad o posible fracaso...

– Sin embargo, Mirtes, muchos niños se quedan solos o son adoptados desastrosamente por personas que nunca los amarán realmente. Nadie puede reemplazar a la verdadera madre, sea quien sea. Un niño nunca debería sobrevivirle.

Mirándolo intrigada, Mirtes quiere saber:

– ¿Qué pasa querido? Todo es parte de la vida. ¡tu expresión está a la vista! ¿Por qué luchar en conflictos como estos?

Mirándolo con recelo, agrega, muy intrigada:

– ¡Mi marido pareces sumergido en extraños recuerdos...!

La Pulsera de Cleopatra

Hamendra se da cuenta que ha dicho demasiado. A veces se olvida de la brillante inteligencia de Mirtes. En la comodidad conyugal, casi siempre libera las compuertas del alma.

Se endereza incómodo y se defiende:

– ¿Recuerdos? ¡Mira, qué tontería! ¡Recuerdos...! ¡Qué idea más absurda, Mirtes! ¡No tengo nada que ocultar!

– ¿Y quién dijo que sí? – responde ella, mirada irónica, sonrisa de satisfacción. Saltando sobre ambos pies, enderezándose, explota agresivamente:

– ¿Quieres que me rasgue el pecho de arriba a abajo, exponiendo completamente mi corazón, mujer? ¡Dioses! ¡Incluso cuando filosofamos somos 'pesados, medidos y vendidos'!

Herida, ella responde:

– ¿Qué es esto, Hamendra? Después de todo, ¡no es para tanto! ¿Por qué te exasperas de esta manera?

– ¡Por nada y sin motivo! ¡Mira! ¡Me ofendes con tus sospechas y te asombra mi indignación! Si ni siquiera te puedo abrir mi corazón, ¿qué me queda, Mirtes? ¿Desde cuándo es ilegal para mí analizar el mundo en sus complicaciones, justicia e injusticia? ¡¿Desde cuándo no puedo yo, sin temer un juicio falso, hablar con mi esposa...?! ¡Qué desgracia...!

Sin más preámbulos, Hamendra se va, precipitadamente, sin mirar atrás, como si huyera. Mirtes, perpleja, se siente anclada al suelo. Tocó, sin querer, una herida muy dolorosa. A pesar de los intereses económicos y políticos que motivaron su matrimonio, ama, de hecho, a su marido. La conquistó definitivamente y para siempre, desde el primer momento en que lo vio. Sospechas, ¡oh, cielos! Que viva muchas historias paralelas. En él todo es inseguro, incierto, misterioso... Se le escapa como arena fina entre los dedos. Lo atormentan lo que ignora y lo que no debe indagar, a riesgo de perder su razón de vivir. Este diálogo fue significativo. Por más tolerante y comprensiva que sea, está enojada. Se estremece, con razón, al imaginar que sus hijos deben tener hermanos espurios. Salió prematuramente y debió haberse alejado de casa para disfrutar de la plena libertad que ejerce, imponente. Cuando regrese, ya más en sintonía, la mimará, como siempre lo hace. Esta es tu forma de disculparse.

Silenciosa, resignada, aceptará sus caricias y cuidados excesivos y seguirá así, siempre. Esta es su forma de vida. Dadas las circunstancias, aprendió muy bien la lección que le trajo la vida, en un cambio de hábitos y costumbres, derivado de su asociación.

Disfruta pasando sus dedos afilados a través de los mechones de su cabello lacio, hasta las puntas, con amor; para decirle cosas suaves, como su alegría de ser su esposa y madre para sus hijos; de su felicidad e inmensa gratitud por todo lo que él le concede.

Por lo general, en medio de estas dulces tertulias, lo ve dormirse en sus brazos, como un niño en los brazos protectores de su madre. ¡Sí! ¡Siempre tendrás a su esposo, a su señor, a su rey en sus brazos! ¡Serás feliz a pesar de todo, incluso si se produce el caos a su alrededor! Es la felicidad que construyó, día a día, palabra a palabra, gesto a gesto, entre sudor y muchas lágrimas. Este tesoro le pertenece y ante él está de guardia, celosa, capaz de todo. Mientras piensa esto, el hijo menor entra a sus habitaciones, en su agitación natural, exigiendo, pidiendo, imponiendo, suplicando, confiando; y ella, ya ajena a su propia tristeza, besa sus mejillas rosadas como alfeñique, mientras le acaricia la dorada cabeza. Es su pequeño ídolo, es el ídolo de todos. Sin fallar en su amor por los otros niños, Mirtes vislumbra un futuro diferente para éste, pero ante este pensamiento, un temblor de nervios la alcanza. Mientras tanto, el Maharajá cabalga rápido.

La Pulsera de Cleopatra

¿Por qué le había dicho tantas cosas desagradables a Mirtes? ¡Casi se traicionó a sí mismo! ¡Qué tonto era! Es inteligente, culta, intuitiva. Adivina sus pensamientos e intenciones con facilidad.

Conoce su filosofía de vida, dejándolo libre, sin trabas; de lo contrario, lo habría perdido hace mucho tiempo. ¡Intenta retenerlo y reaccionará violentamente! Desde hace algún tiempo, la imagen de Dhara se ha instalado poderosamente en sus pensamientos, por defecto. ¿Por qué? ¿Para qué? Después de todo, ¡tantos otras han pasado por su vida en igualdad de condiciones y fueron olvidadas! Pero esta vez fue diferente, no se puede negar. Siente remordimiento. Nunca volvió a ver a Guillermo, pero siente que sus caminos aun se cruzarán. Recuerda la infancia, las travesuras naturales de la edad, los flirteos... Él y su amigo solían pelearse por las mismas chicas. Un día, se enamoraron de la misma mujer, pero para Guillermo, ¡Dhara era la única!

¡Te habría matado, Guillermo, en caso fuera conmigo! ¡Tú; sin embargo, siempre fuiste bueno!

¡Dhara, Dhara! ¿Por qué nace una hija del pueblo tan hermosa como tú...? ¡Para encantar a hombres poderosos como yo, y tontos como Guillermo! De todos modos, querida, te has ido y yo estoy vivo, ¡muy vivo! ¡Que te quedes donde estás y me dejes en paz!

A las pocas horas de cabalgar, mientras digiere sus propios pensamientos, se da cuenta que está cerca, sin darse cuenta, de la casa de Boris. ¿Qué extraño hechizo lo había llevado a allí? Ralentiza su galope y, al trote, pasa de aquí para allá, en medio de la pobreza patente, en la que vive el pueblo, en general.

"¡Cuando se les suelta el cabestro, se vuelven perezosos e insolentes! ¡Deben ser sometidos a gritos y látigos!" – Piensa, enojado.

La Pulsera de Cleopatra

Cerca, un caballo come su ración, cuidado por un niño que le resulta familiar. Algo distraído, sentado en una roca, hace su trabajo. Detiene al animal, magnetizado. Su corazón se acelera. ¿Qué sucedió? ¡Está frente a sí mismo! A excepción de la flagrante delgadez y la pobre ropa del niño, es su pasado el que vuelve como es, en las nuevas formas que la vida ha copiado, tan fielmente... Perplejo, se demora, en silencio, ante el extraño cliché. Como atraído por su observación, el niño se vuelve y encuentra su intensa mirada negra. Un momento extraño para ambos; se miden electrizados y confundidos. Me viene a la mente una sola pregunta:

– ¿Quién es tu padre, muchacho?

Fijando sus poderosas pupilas en él, Thilbor responde con una voz fuerte y metálica:

– ¡Si lo supiera, señor, lo mataría con mis propias manos! – Temblando, supersticioso, pregunta, temeroso de la respuesta:

– ¿Al servicio de quién está aquí?

– Al principio, de mi padre adoptivo Boris Sarasate, y por extensión, al servicio del señor de estas tierras y de todo lo que se puede ver más allá, ¡el Maharajá Hamendra! ¡Este señor injusto y cruel nos explota y sacrifica, orgulloso y ambicioso, todos los días de su miserable vida!

El Maharajá lo mira con desprecio, a pesar que, en una rápida evaluación, se da cuenta que sería su digno heredero en todos los sentidos, incluso en sus características raciales. Sus hijos con Mirtes son indiscutiblemente poco ingleses. Ha lamentado esto, muchas veces. Molesto con las declaraciones del pequeño, piensa:

"¿Por qué no te moriste, bastardo? ¡Tú y tu imprudente madre deberían estar juntos!

¿Para qué te salvé? ¡E incluso te di padres adoptivos y el refugio de un hogar! ¡Y ahí lo tienes! ¡Correspondiendo, en igual medida, a mi odio...!"

La Pulsera de Cleopatra

De repente, declara:

– ¡Tu padre te dio la vida!

Rápido y agresivo, Thilbor pregunta:

– ¿De qué vida está hablando? ¿Esto es lo que ve...?! ¿Quiere cambiar de lugar conmigo? Bueno, bueno, ¡nunca lo haría! Bien tratado y bien servido, como resulta, ¡en el lujo que muestra! ¡Su caballo ciertamente tiene una vida mejor que la mía!

Silencioso, lo había escuchado todo. Cada palabra está martillada en su cerebro. Aquí está el hijo enojado que odia la vida que lleva. Si supiera quién es realmente y cuánto podría tener. Una vez más, se reconoce en él... Este hombrecito es una espina en su búsqueda de justicia, que ansía, en la ambición que demuestra, y en su inútil orgullo, por el lugar que la vida le ha dado. Sí, ve un orgullo desmesurado, en la mirada de un felino en posición de ataque y defensa. ¿Qué pensaría Mirtes si lo viera? ¡Oh, sería un verdadero desastre! Tienes que llevarlo lejos... lejos...

Sin entender, sigue hablando con él:

– ¡Pudo haber sido peor! No te arrepientas de tu situación y trata de vivirla lo mejor que puedas. ¡La revuelta no te llevará a ninguna parte!

Intrigado, Thilbor quiere saber:

– ¿Qué sabe de mí y de mi vida? ¿Por qué me habla como si me conociera?

Hamendra se estremece. Actuó con él, como lo hizo con Mirtes, exponiéndose demasiado. Necesitaba cuidarse a sí mismo... Controlar su lengua que se suelta...

Haciendo gestos perentorios, responde:

– ¡No, absolutamente, no! ¡Nunca te vi! ¿Por qué tanto énfasis? ¡Acabo de filosofar! ¡Cuida tu servicio!

La Pulsera de Cleopatra

– ¡Eso es lo que estoy haciendo! Odio lo que hago, pero por ahora, ¡me someto en nombre de un futuro mejor!

– ¿Tienes esperanza, entonces?

– ¡Sí, en mí mismo! ¡Cambiaré mi vida! ¡Y pasaré, sin piedad, por aquellos que me deben o que me han maltratado a lo largo de su vida!

– ¡Principalmente de tu padre!

– ¡Sí, sobre todo! ¡Esperaré ese momento, ansiosamente, todos los días de mi vida!

Los ojos de Thilbor adquirieron un color extraño y brillante.

Hamendra se estremeció. Sorprendió, en esa mirada, una amenaza fatal. Sin embargo, se controla y prosigue:

– ¿Cómo te llamas?

– ¡Thilbor Sarasate!

– "Extraño nombre, ese" – piensa. Y decide irse, antes que alguien más lo pille allí. Primero; sin embargo, aconseja:

– ¡Perdona y comprende a tu padre, muchacho! ¡La vida está llena de misterios! No siempre hacemos lo que queremos, sino lo que tenemos que hacer, ¡por encima de todas las demás circunstancias!

Con paso firme, sin apartar la mirada de él, Thilbor le pregunta de frente:

– ¿Por qué intercedes por él? ¿Lo conoce? ¿Quién es usted, después de todo, para hablarme así?

Hamendra se estremece y evalúa lo imprudente que había sido una vez más. Mostrando exención de espíritu, se explica, sin saber por qué:

– ¡Hablo porque conozco la vida mejor que tú, muchacho! – ¡¿Por qué no pude llamarlo por su nombre...?! – ¡Ten cuidado y no guardes tanto odio en tu joven corazón! ¡Con el tiempo aprenderás a actuar con más prudencia y más comprensión!

Thilbor fija sus poderosas pupilas en él y, de manera incisiva, termina:

– ¡Nada de lo que pueda decirme, usted o cualquier otra persona, disminuirá el odio que siento por él! ¡Malgasta su tiempo! ¡Nunca me entenderá, y lo que piensa no me interesa en absoluto! Si no tiene nada más que decir y si por aquí no tiene intereses que justifiquen su presencia, ¡adelante y cuide de su vida! O, mejor dicho, vívala, generosamente, ¡como salta a los ojos de cualquiera!

Thilbor le da la espalda, termina la conversación y comienza a cepillar al animal. Si Hamendra pudiera leer sus pensamientos...

– "¿De dónde vino éste, con aspecto de demonio y dando lecciones morales? ¡Su presencia es abominable...! ¡Arre!"

Perplejo por tal audacia y, más aun, por el hecho de haberlo escuchado sin interrumpirlo, ni siquiera castigarlo, ejemplarmente, como se merece; identificándose sin por ello amenazar su propia identidad y parentesco, Hamendra aprieta los puños, poseído. Siente deseos de atacarlo. De destruirlo para siempre y deshacerse de ese "talón de Aquiles", peor y más pesado que todos los que ya carga, debido a las circunstancias naturales de su vida soberana. Hamendra luego anima al caballo y se aleja, en silencio, mientras sorprende a Marfa cuando sale de la humilde casa. En su corazón, caos. Más que el conflicto existencial con ese hijo, tan parecido a él, físicamente, tan fiel a su raza y, moralmente, tan heredero de sus "predicados", estaba el odio que sentía por la forma irrespetuosa en que lo habían tratado. Nadie se atrevería jamás a comportarse así si supiera con quién está hablando.

Él, de hecho, ignoró su importancia real y su poder. ¡¿Cómo reaccionaría si lo supiera...?! ¡Difícil de imaginar! ¡Hay alguien que, como él, no para antes nada, nadie! ¡Quién no respeta conceptos, leyes, opiniones, posiciones, lo que sea, venga de donde venga! ¡Quién hace y hará siempre sus propias leyes! Ante este pensamiento, Hamendra se estremece, supersticioso, pero reconoce en él, una vez más, a su digno heredero. Marfa decidió irse por el extraño diálogo que la había sorprendido, escondida:

– "¡Ahora, ahora, padre e hijo se enfrentan! ¡Ah, si supieras, Thilbor, quienquiera que te hable! ¡La divina providencia tiene caminos extraños...! ¡Tengo la sensación; sin embargo, que este encuentro cambiará nuestras vidas...!"

Al verla, Thilbor quiere saber:

– ¿Conoces a ese hombre, Marfa?

– ¡Sí, lo conozco, es nuestro señor!

– ¡¿Es él?!

– Sí, él es el señor de todo lo que puedes ver o tocar y, en cierto modo, ¡nuestro dueño también!

– De ti puede ser... Mío, ¡nunca! Nadie será más grande o mejor que yo, ¡ni siquiera él!

Reflexivo, comenta:

– ¿Has notado lo parecidos que somos, Marfa? Extraño, ¿no crees...? – Marfa admira la perspicacia de Thilbor y responde:

– No, sinceramente. Simplemente revela el mismo tipo racial, eso es todo – Dudando, agrega:

– No... Hay algo más...

Thilbor habla mientras mira al señor que se aleja rápidamente. Silenciosa Marfa se dirige a la casa, antes que le empiece a picar la lengua. Boris la mataría...

Sin embargo, antes de entrar se detiene, vuelve sobre sus propios pasos y, sentado afuera, se lamenta con pesar:

La Pulsera de Cleopatra

– ¡Extraño mucho Rusia! Esta vida aquí es pequeña, mezquina. Todo lo que pudimos hacer, ya lo hemos hecho estos largos años.

– Sí tienes razón. ¡Mi vida es realmente mala!

– Sin embargo, te concedimos todo lo que nos fue posible. ¡Te amamos y educamos!

– ¡Puedo decirte, sin miedo a ser injusto, que tú no hiciste ninguna de las dos!

Marfa se calla. De nada sirve debatir con Thilbor. Siempre tiene grandes argumentos para probar sus ideas y esta vez tiene razón. Ella y Boris son conscientes de su culpa en relación con el niño adoptado que les ha impuesto la vida. Mira a lo lejos, melancólica, cuando oye:

– ¡Alégrate! ¡Volverás a tu tierra y a tu gente muy pronto!

– Bueno, ¿de qué manera? ¡Esta vez te equivocas, Thilbor!

– ¡No, ya verás, espera!

Dicho esto, se distancia. No se complace en la compañía de esta mujer ni en hablar con ella. Independientemente de lo que pueda hacer, Marfa sueña:

– ¿Quizás el rechazadito tiene razón? ¡Me encantaría volver a ver a los míos! ¡Cuántos años llevamos aquí! Cuando llegó Boris, se emocionó y decidió quedarse. Sé muy bien que unos ojos muy negros y lánguidos lo retuvieron más de lo esperado. Más tarde, cuando su hermosa Flor de Loto murió en una epidemia, temiendo muchos cambios en la vida, él decidió quedarse aquí sin planes de regresar.

Somos amigos y enemigos; unidos y desunidos; cómplices y rivales... Extraña relación con la nuestra. De hecho, nunca fuimos una pareja como los demás.

La Pulsera de Cleopatra

Siempre he estado sola. Ni siquiera podía encariñarme con este chico enojado.

La vida desde temprana edad me cubrió de golpes y me enseñó a no amar; sin embargo, a defenderme y a ser más inteligente. Aunque, contra Boris, ni siquiera mi astucia habitual funciona.

Unidos por la supervivencia, estamos desunidos en la intimidad.

Quizás volviendo a Rusia, ¿me sentiré mejor? ¡Bah...! ¡Qué tontería estar soñando con quimeras!

Se levanta bruscamente y mira dentro de la casa. Queda mucho por hacer y Boris no tarda en llegar; hambriento e irascible, como siempre...

CAPÍTULO 05

El tiempo pasa, querido lector, ajeno a nuestros deseos o preferencias, en los años que se nos conceden, una vez más. Nuestros personajes, en sus "nuevas" historias, canjean sus deudas, punto por punto, y más hoy, más mañana, serán redimidos. Los más dispuestos y conscientes caminarán más rápido, subiendo y arrastrando a los que quedaron atrás. Cuando nos enfrentamos, imaginamos que solo estamos frente a personalidades actuales, olvidando que cada reencuentro se resume en muchos otros. Que nos conocemos bastante bien, a pesar de los nuevos "vestidos" y del sagrado olvido con el que la vida nos premia, para el resto del alma y la justa y necesaria imparcialidad en las nuevas relaciones, que en realidad son muy antiguas.

¡Alabado sea el cielo, aprovechemos cada vez más las múltiples oportunidades recibidas desde Arriba!

~ o0o ~

El Maharajá regresó a casa peor de lo que se fue. Muy nervioso, se distanció de todos y se dirigió a su oficina, donde tiene, para su comodidad e intimidad, una gran extensión de espacios, donde puede disfrutar de todo lo que necesita e intereses, sin salir. Con puertas que conducen al exterior del palacio, solo verá a aquellos que desee y podrá "desaparecer" indefinidamente, aunque esté en casa. Este, el procedimiento que adoptó a su llegada de su paseo, que debería haber restablecido su equilibrio emocional.

Informada por Telémaco que su marido se había encerrado en la oficina, Mirtes, herida, confirma que esconde un secreto atroz.

Está dedicada a sus hijos y su hogar. Ella esperará a que él la busque, y luego lo acariciará en sus brazos, sin pedir nada, como siempre. Decidido a alejar a Thilbor, Hamendra convoca a Boris para conversar.

Cuando este último está presente, ordena, sin más preámbulos:

– ¡Dejen mis tierras y mi proximidad, para siempre!

Cogido por sorpresa, poniéndose pálido, Boris asume que Marfa ha dicho demasiado.

Temblando, viéndose en la calle de la amargura, como un paria, infeliz, sin rumbo, pregunta:

– ¡Piedad, mi señor, con nosotros! ¿Cómo viviremos sin nuestro trabajo?

– Puedes hacerlo lejos de aquí.

– ¿A mi edad? ¡No lo lograré!

– ¡Boris, sigues siendo un hombre fuerte! ¡Las mujeres enamoradas del "oso viejo" lo dicen!

Boris no comprende las bromas del jefe, que parecen fuera de lugar. Arrugas en la frente, espera los próximos pronunciamientos.

– ¡Cálmate! ¡No tengo nada qué culparte!

Dejando escapar un suspiro, aclara, aliviado:

– ¡Eso, lo sé! Sigo fielmente sus órdenes, ¡incluso aquellas que no tienen nada que ver con mi trabajo!

Entendiendo, Hamendra declara:

– Sí, lo sé...

– Entonces, ¿por qué me despide?

– No te voy a despedir.

– ¡¿...?!

– Quiero que vuelvas a Rusia y trabajes para mí allí. Te estoy transfiriendo allí.

Sonriendo ampliamente, Boris exclama:

– ¡Oh, gracias a Dios! ¡Por un momento, pensé en perderlo todo! ¡Regresar a mi tierra es un viejo sueño, mi señor! Volviendo a ver a los míos, retomando los hábitos y costumbres rusas, esto me hará feliz si no me quedo sin trabajo, claro.

– ¡Muy bien! Organízate y vuelve lo antes posible. ¡En el próximo correo postal, te enviaré un aviso de tu llegada a su nuevo lugar de trabajo!

Boris, confuso y tímido, quiere preguntar algo, pero no se atreve. Hamendra se acerca a su pregunta silenciosa y ordena:

– ¡Sácalo de aquí! ¡Ésta es la verdadera razón de mi decisión!

– ¡Sí señor! ¡Menos mal! ¡Ya nos hemos encariñado con él! – Riendo sarcásticamente, el Maharajá piensa:

– "¿Desde cuándo te encariñas con alguien?" – Usando las mismas medidas para sí mismo, reflexiona:

– "Y yo, ¿podré amar? ¿Realmente tendré un corazón? A veces lo dudo..." – Desconcertado, Boris espera sus próximas acciones.

El Maharajá abre un cajón, toma algo de dinero y se lo da a Boris: – ¡Cógelo y arregla todo lo más rápido que puedas!

– ¡Sí, mi señor!

Boris se fue. Camino a casa, hace planes que tiene la intención de compartir con Marfa.

Días después, en medio de muchas dificultades, mientras Boris hacía todos los ahorros posibles e imaginables, para que el dinero no se alejara demasiado de su bolsillo, los tres partieron

La Pulsera de Cleopatra

hacia Moscú. Al llegar allí, buscan familiares. Algunos ya murieron y otros que, aparte, crecieron, sin haberlos visto ni escuchado nunca de ellos, no les prestaron mucha atención. Un hermano de Boris; sin embargo, los asila en su casa, hasta que se instala en las tierras donde su jefe tiene intereses. Thilbor, dejando la vida que nunca disfrutó, lucha por adaptarse al nuevo entorno, ajeno a él, especialmente en lo que respecta al idioma. Unos días después, Boris, Marfa y Thilbor se instalan en un complejo de tierras en Smolenski que pertenecen a Maharajá Hamendra Sudre. Pasan los años y hoy, ya joven, Thilbor ha asimilado admirablemente el idioma ruso, integrándose finalmente en las costumbres y hábitos regionales. Ha hecho muchos amigos y casi siempre está ausente, forjándose la vida que desea para sí mismo.

Buscando socios y afinidades, se sumergió en el mundo marginal. Ilustrándose con libros, que adquiere con el pago de su trabajo, se sumerge en las ciencias ocultas y prácticas de magia negra, siguiendo sus inclinaciones naturales. En poco tiempo, trae a su favor los dones y las fortalezas que ha llevado desde su nacimiento. En el entorno en el que vive, se ha vuelto temido y respetado. Ha armonizado tanto con Rusia que a menudo se le toma por un nativo de las estepas, mongol o tártaro... Aprendiendo a vestirse con cuidado, ahora tiene ropa lujosa y muchos sombreros de piel. ¿De dónde provienen los recursos? Sus padres adoptivos lo ignoran porque hace tiempo que no trabaja para Hamendra. Día a día se aleja de ellos, hasta dejarlos definitivamente. De vez en cuando, Boris o Marfa se cruzan con él y los trata con indiferencia. A veces pasa fingiendo no verlos. Escuchan los ecos de sus prácticas que consideran diabólicas. El hijo adoptivo se convirtió en un hechicero de renombre.

Ya envejecidos, Boris y Marfa se quedan ahí esperando el momento final. Thilbor, a su vez, después de años de trabajo en la zona elegida, vive rodeado de clientes: personalidades públicas y

La Pulsera de Cleopatra

notorias; mujeres de todas las edades que buscan la conservación de la belleza o filtros de amor; gente maliciosa que paga cualquier precio por algo que destruye o paraliza a quienes los molestan; rivales que usan poderes malignos para derrotar a sus oponentes, etc. Para todo y para todos, Thilbor posee y negocia la solución. Dominante y competente, decide la vida de los demás a través de las fuerzas espirituales y físicas que ha aprendido a utilizar, manipulándolas para desgracia de este o aquel. Adquirió un viejo castillo abandonado, casi en ruinas; lo reformó pacientemente e hizo su nido allí. Situado en lo alto de una montaña escarpada, que domina un abismo circular, salvo por un lado que lo conecta con el resto del mundo, como un archipiélago, custodiado día y noche, como si de una fortaleza temible se tratara.

En ciertas noches se le podía ver en la roca, desafiando a los elementos, vestido con ropas negras sueltas; pelo largo, liso y muy negro; barba semi larga y bien arreglada; alto, de gran ancho; y ojos terribles, difíciles de mirar. Sus manos grandes y fuertes hacen gestos de desafío que en realidad tienen la intención de absorber las fuerzas telúricas y disipar las que lo molestan. A intervalos emite gritos que suenan como canciones tristes, como pájaros siniestros, y otras veces recita, alto y claro, fórmulas extrañas. Erguido, concentrado, recita con convicción los extraños sermones que ha creado desde niño, en lenguajes desconocidos y recordados, en una situación meditativa y atávica. La gente del lugar, aunque hace uso de sus "servicios", cuando se les ayuda en sus dolencias físicas y espirituales, se santigua, supersticiosa y asustada, cuando la ve allí, sobre todo cuando los vientos traen su voz a ellos, en canciones sencillas que son de dar escalofríos. La furia de los elementos que rugen a su alrededor, parece armonizar con este hombre tan extraño, del que conocemos el origen.

La Pulsera de Cleopatra

En Bangkok, Hamendra, elegantemente vestido, se balancea cómodamente sobre un elefante. A su servicio, siervos diligentes y temerosos; a su alrededor, la gente circula como una bandada de moscas atraídas por la miel. Los marginados, a quienes finge no ver, le ruegan, lo que él finge no escuchar. A alguien más imprudente, le ordena que lo azoten y lo saquen del camino. Entonces, orgulloso, soñador, sin interés por lo que pasa al nivel del piso, mira el cielo azulado, en el que se deshilachan unas nubes muy blancas, aquí y allá.

"¡Dhara! ¿Por qué no puedo olvidarme de ella? ¿Qué extraño poder tienes sobre mi alma? Si pertenecieras a mi linaje, te habría amado tanto como a Mirtes... ¡Tu hijo, Dhara, es hoy un famoso hechicero! ¡Imagina! ¡Pobre infeliz sobrevive y se hace rico engañando a los que lo buscan! Los padres adoptivos, despreciados por él, ya son viejos. ¿Qué extraños caminos llevaron a tu hijo a ser lo que es?

¡Dhara, Dhara! ¡Solo después de perderte me di cuenta del gran afecto que te tenía!

¡Esa noche fue demasiado para mis nervios! ¡Qué horror viví! Su fantasma nunca deja de perseguirme... Si hubiera sido un hombre del pueblo, ¿habríamos tenido mejor suerte? Mi vida sigue el rumbo que ha determinado el destino; antes que yo mi padre y antes que él, mi abuelo...

Si nací en la realeza es porque me deben las gracias celestiales... Somos diferentes a la escoria que nos rodea. ¡Estamos hechos del mismo barro que moldea a los dioses!"

Así, involucrado consigo mismo, se pasea bajo el baldaquín y se sienta cómodamente sobre cojines. Mira a su alrededor y, desde arriba, todo parece minúsculo, sin importancia. Aburrido, por fin, hace un gesto para regresar. El sirviente que controla al animal toca sus enormes patas con un palo, indicando otra dirección. Fuertemente, el paquidermo gira y se ubica en el rumbo indicado. Hamendra suspira y bosteza.

Le espera una piscina llena de pétalos de rosa y de agua tibia. Siente su cuerpo cansado del balanceo del animal. Anhela llegar y beneficiarse de todas las comodidades que le corresponden. Piensa en su hijo mayor que, una vez graduado, decidió quedarse en Inglaterra. Sabía cómo correr este riesgo enviándolo allí. Al principio había estado en contra, pero ¿cómo podía ignorar los deseos de Mirtes? Ella insistió, decidida como está, y Patrick se fue a estudiar a Inglaterra. Su hija, educada y hermosa, sus rasgos faciales se parecen a los de la madre: ella acepta, feliz y en vano, la corte que le hace un alto dignatario de la embajada de la India. Pronto se casará. La extrañará cuando se vaya a su nueva vida. Incluso sin ser cariñosa, es una compañera y amiga de la familia. ¿Y tu Adonis...? Hermoso como un ángel del cielo, ¡pero cuánto trabajo criarlo! Mirtes está nerviosa por el extraño comportamiento de Richard Arjuna. Vive más entre la gente que en el palacio; se mezcla con la chusma más baja que existe y absorbe sus hábitos y costumbres, pero sobre todo sus vicios. ¡Oh, qué desgracia...!

Demasiado rebelde, no son pocas las veces que hace llorar a Mirtes. Un hijo que cae en desgracia. Desaparece durante días y, cuando regresa, no responde a nadie. ¡Cuántas veces le he pegado! ¿Y de qué sirvió? Se enfrenta a mí, en silencio, y repite todo lo que había hecho, sin molestarse con las consecuencias. ¡Más de una vez me amenazó y, por los dioses, no estaba jugando! Una vez dijo con los dientes apretados que me aplastaría, como un mosquito, si quisiera... ¡Hijo audaz, ingrato, antinatural!

Mientras reflexiona sobre esto, Maharajá Hamendra aprieta las manos con enojo.

~ o0o ~

En su humilde isba, Marfa sufre dolores que la atormentan, impidiéndole caminar.

Rodillas extremadamente hinchadas y dolorosas. Gime y llora a intervalos, luego se queda dormida durante unos minutos fugaces. Una manta de lana gruesa descansa sobre sus pies.

Al observar sus sufrimientos, Boris dice:

– Marfa, si nuestro hijo sana y hace "milagros", ¿por qué no apelar a él, ya que lo criamos con tanta entrega?

Censura en sus ojos, comenta sinceramente:

– ¡No te excedas, Boris! Lo habríamos hecho y podría haber sido una mejor persona. ¡Quizás hubiera seguido otros caminos!

Aclarándose la garganta, comenta:

– ¡Bueno, nunca lo fue, mujer! ¡Siempre lúgubre, temperamental y violento!

– ¡Nosotros también, Boris!

– ¡Desde la primera vez que lo vi, noté una extraña maldición en su cabeza!

– ¡Cielos de misericordia, Boris! ¡Qué manera de hablar! Pero... – Baja la voz y concluye: – Siendo de quién es hijo... ¿Podría ser diferente?

– ¡Podría, y tenemos innumerables ejemplos de esto! ¡Los padres malos o degenerados a menudo producen hijos muy diferentes a ellos!

– Tienes razón, Boris, pero Thilbor nunca ha mostrado sensibilidad alguna. ¿Es capaz de amar?

– ¿Como saberlo? ¡Lo que sí sabemos es que nunca fue amado, pobre infeliz!

La Pulsera de Cleopatra

Marfa concluye que su marido tiene razón. Thilbor no encontró almas desinteresadas que pudieran aliviar su dureza de corazón...

Suspira y decide:

– ¡Vamos a llamarlo, Boris! ¡Estos dolores me están matando!

– Sí, le enviaré un mensaje y vendrá, espero.

– Tal vez, finja no haberlo recibido...

Boris ensancha los ojos y estalla:

– ¿Qué sugieres, mujer? ¿Que me suba a ese nido de buitres? ¿Para enfrentar el silbido del viento y las tormentas que parecen rugir allí todos los días...?! ¡Olvídalo! ¡Nunca haré esto!

– Entonces, llámalo... Quizás venga...

– Sí, lo haré.

Gimiendo, susurra algo abatida:

– Ojalá, en nombre del cielo, nos responda...

CAPÍTULO 06

Emparejando su carruaje con otro del mismo aspecto, rico y lujoso, en un tramo de carretera más difícil, que obliga a los cocheros a demostrar sus habilidades, el Conde Danilo de Abruzzos se arriesgó a echar un vistazo a su interior antes de pasarlo. Sorprendido y muy impresionado, distinguió en el interior a una mujer vestida de terciopelo azul marino; sombrero de ala pequeña, del mismo color, decorado con una delicada pluma blanca. Hermosa, sonriente, hablando con los demás pasajeros, sus ojos azules traslúcidos se encontraron con los de él, haciéndolo temblar, electrizado. ¡¿Dónde ha visto esa mirada...?! No recuerda haberla visto antes...

En una fracción de segundo, el tiempo pareció estático. El brillo y la intensidad de su mirada, que le fue devuelta, despertó en él un deseo irresistible de saber quién era, dónde vivía... Aun podía ver, a su lado, un hombre de cabellos grises; con ropa inspirada en las últimas tendencias europeas, y una chica guapa que sonreía con complicidad y picardía.

"¿Quién será el hombre? ¿Su marido? ¿Su padre...?"

Juntos, se da cuenta del escándalo que causa, mirándolos tan abiertamente. Sabes que estás siendo un inconveniente. Se controla, asoma la cabeza y ordena al cochero:

– ¡Pásalo, Ivan!

La Pulsera de Cleopatra

Mientras se aleja, intercambia miradas con la hermosa pasajera, quien le envía una sonrisa encantadora. Tomando diferentes direcciones, los dos vehículos siguen cada uno el camino. Danilo, picado por la curiosidad, le pide a Iván que se detenga. Baja, salta al lado del cochero y, mientras se retoma el camino, inicia una conversación:

– ¿Conoces a esos pasajeros, Ivan?

– ¡Sí señor! ¡Los conozco!

– ¡Me sorprendería si no fuera así! ¡Eres la criatura con más conocimientos que he visto en mi vida! Pero dime, ¿quiénes son?

– Son el barón Mateus de Monlevade y Balantine y sus hijas; Astrid, la mayor, e Ingrid, la más joven. Llegados de Austria hace unos meses, se establecieron aquí en Smolenski.

Danilo respiró aliviado:

– "¿Quizás esos ojos de zafiro aun no tienen dueño...? ¿Dejaron a alguien en Austria?"

No se resistió y preguntó, haciendo sonreír al cochero:

– ¿Lleva sombrero la señorita Astrid?

– ¡Sí, mi señor! No su hermana.

– Hum... ¿Sabrías cómo informarme si la Srta. Astrid está casada?

– Oh, mi señor, su corazón latía con fuerza, ¿no es así? ¡Es muy comprensible!

– ¡No te pedí tu opinión, Ivan! ¡Solo responde si estás informado, por supuesto!

Riendo, incapaz de controlarse, molestando a Danilo que lo mira severamente, Iván responde:

– ¿Casada? Todavía no, ¡pero tiene más admiradores a su alrededor que moscas en la miel! Apenas puede seguir el ritmo de los pretendientes que acuden a ella, ¡de veras interesados! ¡Quien

La Pulsera de Cleopatra

pudiera! Además de su belleza, que mi señor puede ver, es muy culta, conocida por ser amable y... ¡muy rica! ¡Oh, oh, oh...! ¡Hasta yo, pobre diablo, quisiera conquistarla...!

Con ojos centelleantes, Danilo regaña al sirviente:

– Bueno, mira, ¡qué pretensión! ¡Oriéntate Ivan...! Hum... ¿Más admiradores que moscas en la miel? ¿Es cierto?

Su última frase fue ahogada por la risa estruendosa de Iván, que sorprendió a los celos nacientes y no disimulados en el jefe.

Bajo la mirada de reproche de Danilo, se controla y continúa:

– Algunos, más testarudos, están pisando brasas, porque la bella dama no está apegada a nadie. ¡Hay quienes se han convertido en sus perseguidores, exasperados, buscando no solo sus dones físicos e intelectuales, sino también la rica fortuna del señor Barón! ¡Es la representación del vicio que persigue la virtud para resolver sus propios problemas e iluminarse con las luces de otras personas! ¡Conozco casos así! Si quiere escuchar, ¡le cuento algunos!

– ¡No, no lo sé, Ivan! Estás dando vueltas y vueltas a la misma información. ¡Maldita sea! Busca en tu memoria algún hecho más interesante y esclarecedor, ¡sé más objetivo, hombre! ¡Y deja de filosofar, por favor!

– ¡Está bien! Es solo que... Aprendiendo tantas cosas conmigo mismo, ¡me gusta hacer uso de ellas cuando puedo! ¡¿Quién mejor que usted para entenderme cuando explico sus propias enseñanzas...?! ¡Me encanta sonar sabio! ¡Creo que es elegante, importante! Y mire, he conquistado a muchas mujeres de esa manera. ¡Aman a los sabios! ¡Ah, las mujeres, mi señor Danilo! ¡Son tan hermosas, tan elegantes! ¡Me dejan pasmado, sometido a sus encantos y caprichos! ¡Son mi perdición...!

– Iván, deja de cosquillear y, como sabes tanto de todo lo que nos rodea, ¡cuéntame de ella, cuéntame de su vida!

– Bueno, sé que es muy amable, por cortesía y etiqueta. Mi querida Carlota trabaja en su casa y la ha oído decir que está esperando a su "príncipe encantado", ¡su verdadero amor! ¡Debe ser una soñadora! – Concluye sonriendo, divertido.

Danilo entra...

Iván interrumpe su abstracción:

– ¿Tiene la intención de acercarse a la señorita Astrid?

– Aun no lo sé, necesito pensar...

Algo susurra en los oídos de Danilo que, frente a esta mujer, su corazón capitulará...

Que su alma se entregue sin reservas... Que corre un riesgo serio, como nunca antes...

Mientras está absorto en reflexiones, escucha la voz retumbante de Iván:

– ¡Puede verla, si quiere, pronto!

– ¿Ah sí? ¿En dónde? – Pregunta ansioso.

– En el baile de la Embajada de Austria. Su padre es uno de los agregados y organizó un gran evento para presentar a la familia y celebrar el cumpleaños de la más joven, Ingrid, ¡que rivaliza con su hermana en belleza!

– ¡Sal al campo y tráeme la mejor información, Iván! ¡Sé rápido!

– ¡Así seré, mi señor, espere!

– ¡Oh! Y déjame decirte que no debería parecer prudente, ¡pero debería serlo!

– ¡Oh, mi señor Danilo! ¡Dulce ilusión! ¡Esto es para mi señor y sus iguales! ¡Solo recojo las migajas que se caen de su mesa!

– ¡Te equivocas! Esto es para quienes apuestan por el conocimiento y luchan por él, sea cual sea la situación social que tengan. Sin duda, cuando tienes un estilo muy simple y desprovisto de todo, el conocimiento está en un segundo plano, pero esto sucede para las almas incipientes, ¡porque quienes realmente valoran la sabiduría luchan y enfrentan todos los contratiempos para llegar al final colimado! ¡Tenemos muchos ejemplos de eso, Iván!

– ¡Sí, señor, sí, señor! – Responde Iván para ser considerado. No tiene intención de ser de los que se niegan a sí mismos, a favor de una evolución intelectual. Le gusta la vida y disfrutarla. ¡Oh, si le gusta!

Danilo casi puede leer sus pensamientos cuando concluye:

– ¡Qué buen aprendiz serías, Iván! Sin embargo, eres un hombre de mundo, completamente del mundo, materialista y sensual, ¡a pesar de tus filosofías y tu inteligencia!

El carruaje frena y se adentra en senderos floridos y sombreados, desde los que se divisa una sólida y amplia construcción. Es la casa del Conde Danilo, donde vive y trabaja en medio de la parafernalia que necesita para sus experimentos científicos y su alquimia.

Quedándose en casa, recuerda los maravillosos ojos y la incomparable sonrisa de la bella Astrid...

~ o0o ~

Mientras tanto, otro carruaje, todo negro, encerrado por gruesas cortinas, en cuyo exterior se distinguen pequeños detalles cabalísticos que lo identifican, desciende velozmente las montañas. Saltando rocas, guiada por manos competentes y fuertes, se desliza por los senderos que conducen a la humilde isba de Boris y Marfa.

Boris, fuera de la casa, se tapa los ojos con las manos y ve el vehículo negro que se acerca, como en una pesadilla. Siente una gran vergüenza por hacer uso de recursos condenados por la Iglesia

La Pulsera de Cleopatra

Ortodoxa Rusa y, al mismo tiempo, por la inminencia de volver a visitar a quienes, durante mucho tiempo, parecen haberlos olvidado. El vehículo llega y corre por el patio de la casa, asustando a algunas mascotas que se encuentran allí. El cochero, de rostro patibular, tiene una gran cicatriz que va desde el mentón hasta la oreja izquierda; ojos fijos y duros, gestos pesados y desagradables. De su persona, no sé qué nauseabundo emana... Por fin detiene a la pareja de hermosos corceles, negros y relucientes, que relinchan y muestran fatiga en su respiración jadeante. Una vez detenidos, los animales se entierran con impaciencia en el suelo mientras Thilbor sale del vehículo y mira a su alrededor.

Su apariencia es intimidante: ropa negra, fluida y superpuesta, aparece bajo una larga capa negra de astracán; gorro de piel; botas nuevas, largas, negras, bien arregladas. En el rostro, la expresión enigmática, de quienes desafían las fuerzas del Bien y del Mal, en el constante esfuerzo por someterlas a su voluntad.

Se acerca a Boris, que parece derribado al suelo y dice irónicamente:

– ¡Bueno, puedes ver que nada ha cambiado por aquí! ¡La misma pobreza y la misma timidez! ¡Aquí hay olor a ruina e inercia! Y tú, Boris, ¿cómo estás? – se dirige a su padre adoptivo con autoridad y descuido.

– ¿Quien yo? ¡Yo estoy muy bien! – Tartamudea, tímido, y ya se arrepiente de haberlo llamado.

Dudando de lo que escucha, Thilbor lo enfrenta de frente y declara:

– Bueno, ya que estoy aquí, ¡veamos qué puedo hacer por la vieja Marfa! ¡No, no me iré, como tú deseas, hasta que la vea!

Boris baja la cabeza. Había olvidado que, para él, los pensamientos de los demás parecen no tener secretos...

– ¡Entremos entonces! ¡Conoces el camino!

La Pulsera de Cleopatra

Al cruzar el umbral, Thilbor declara:

– ¡Nunca me arrepentí de haberlo cruzado, un día, para nunca regresar!

– ¿Estás feliz, Thilbor? – Boris arriesga.

Mirándolo con extrañeza, responde con otras preguntas:

– ¿Feliz? ¿Quién es? ¿Desde cuando estas interesado en mi?

Ante el silencio de Boris, aclara en vano:

– ¡Con estas manos hago mi propia buena fortuna y la de muchos otros!

Muestra manos grandes, bien cuidadas, delgadas como un noble. Boris no se contiene:

– Pero haces, en cambio, la desdicha y la desgracia de muchos otros, ¿no?

– ¡No! ¡Como siempre, te equivocas! ¡No hago nada más que entregarles los frutos de sus torpes siembras en una bandeja! "¡A cada uno según sus obras!", ¿Recuerdas?

Boris se santiguó y respondió:

– ¡El que dijo esa frase y muchas otras similares, no castigó, sino que perdonó e indicó el camino correcto!

– ¡Si, lo sé! Sin embargo, como cualquier otro hombre imperfecto, hago uso de todo lo que encuentro, adaptándome a mis necesidades y mi voluntad; dar ropa nueva a los llamados sacramentos, como hacen los "religiosos" de todos los tiempos. ¿Puedes negarlo?

Con los ojos encendidos, desafía a Boris, que permanece en silencio.

Frente a su vacilación natural, continúa:

– ¡Dado que el mundo es el mundo, el Mal desafía al Bien y pocos logran liberarse de las consecuencias de esta lucha, a veces sin gloria, pero presente, comenzando en el corazón de los hombres, casi siempre, muy vigilantes!

Volviendo al cargo, Boris quiere saber:

– ¡¿Pretendes castigar o premiar a estos o aquellos, Thilbor, como si fueras un mensajero de Dios...?!

– De Dios o del diablo, ¿qué me importa, Boris? ¡Y no te escandalices tanto, porque muchos hombres lo hacen, aquí o en otros lugares! Piensa: ¡cuántas lenguas de oro que hablan bien son traicionadas por corazones malvados que vibran y se imponen, a pesar de los que dicen ser justos y servidores del cielo...! ¿Cuántos males sufre esta Humanidad que, hablando, en amor, vive el odio; predica la paz y vive la guerra; diciendo que se difunda la luz, se difunda la oscuridad, involucrando a los incautos y fanáticos? No, no soy un predicador ni un justiciero; ¡Solo soy alguien que ha aprendido o "ya sabía" cómo manipular las fuerzas y los elementos de la Tierra a su favor!

– ¿Y así es como sobrevives?

– ¡No! ¡Quien "sobrevive" eres tú, en tu insensatez e hipocresía, indiscutible! ¡Vivo muy bien! ¡Tengo todo lo que quiero y hago lo que quiero sin obstáculos!

– Lo lamento...

– Un poco tarde, ¿no crees? ¿Cuándo me diste las lecciones morales que colgaban de esos labios que nunca me concedieron un beso paterno? ¿Cuántos malos ejemplos se hicieron de mi infancia y mi juventud? ¡Muchos! ¡Será apropiado! Y, lo que es más, ¿qué fuerza maligna les cerró los labios para que nunca señalaran la identidad del padre insensible que me trajo al mundo? ¿Puedes responder estas preguntas, Boris? ¿O contradecirlos?

La Pulsera de Cleopatra

Enrojecido por la vergüenza y la ira, Boris le pregunta, a su vez:

– ¿Pretendes dar cuenta de nuestros errores en la oscura vida que has elegido, Thilbor?

– Puede que tenebrosa lo sea, pero puedo ayudarlos cuando lo necesiten, ¡como ahora!

– Como concluiste, ¡ya me había arrepentido de haberlo llamado! En lo que a mí respecta, ¡ni siquiera cruzarías los umbrales de esta casa en la que viviste una vez!

– ¡Fiel a ti mismo, das rienda suelta a tu arraigado egoísmo! Después de todo, no eres tú quien está sufriendo, es Marfa, ¿no? ¿Qué te preocupan sus dolores? ¿Desde cuándo te preocupas por ella o por cualquier otra persona? Tu alma, Boris, no es menos negra que la mía; sin embargo, descansa, no te culpo por lo que ya tenías dentro de tu alma cuando naciste. A pesar de mi corta edad, a tu lado, ¡siempre fui más consciente de lo que los quería a ustedes dos! Cerca de mí y de mis inclinaciones; de mi fuerza mental y mi conocimiento infundido; ¡siempre me parecieron dos niños maleducados! ¡Sean lo que sean, yo sería lo que soy! Quizás mejor de corazón, más sensible, si le hubieran dado el amor y la guía adecuados. Si ejercito el lado oscuro de las fuerzas ocultas, ¡podría, lo sé, ejercitar la misma fuerza en la luz! Soy consciente de esto; sin embargo, hice mi elección... Al menos por ahora...

– ¿No le temes al futuro, Thilbor? Muerte, ¿cuándo llega?

– ¡Por ahora no! Yo pago y pagaré todos los precios por todo lo que hago y doy causa para que se haga o suceda. Cuando esas mismas fuerzas se vuelvan contra mí, sufriré los dolores que hice sufrir, esta es la Ley, ¡y no la ignoro!

– ¡Dios de misericordia! Thilbor, ¿qué podría entonces redimirlo?

– Un amor verdadero, ¿quién sabe? ¡Un mayor estímulo que me llevaría a una transformación íntima!

– ¿Quieres que eso pase?

– ¡No! Mi corazón está aprisionado en mi pecho endurecido y enojado. No sé amar y eso me protege.

Ambos guardan silencio. Thilbor parece haberse abstraído...

De repente niega con la cabeza y comenta:

– ¡Pero mira, estamos perdiendo un tiempo precioso en filosofías! ¿Dónde está? Debo apresurarme; dejé asuntos pendientes.

Ante esta declaración, escucha un sollozo proveniente de la habitación contigua. Levantando la rústica y sucia cortina que esconde la habitación, encuentra a Marfa llorando.

– ¿Por qué lloras? ¿El dolor es tanto?

– Sí, pero no lloro por él, sino por ti... Envuelta en mil pensamientos estoy aquí, escuchando tu conversación que realmente me asusta...

Con una mirada siniestra, profundamente molesta, Thilbor aconseja:

– ¡Guarda para ti, y para tu marido, la lástima que muestras demasiado tarde, porque no la necesito! Lo que hiciste por mí, salvándome de morir, me trajo a ti para ayudarte en tus dolores. ¡No llores ni me atormentes con tus pensamientos derrotistas!

Thilbor mira alrededor de la habitación... En sus recuerdos, tanta tristeza, tantos dolores... Él aborrece esos muebles y objetos estrechos de miras; testigos mudos de sus horas de sufrimiento y frustración... Recuerda haber llorado, escondido, mordiendo las sábanas andrajosas; el hambre insoportable, el frío penetrante que le impedía dormir... Los golpes, el miedo a sucumbir al salvajismo de Boris... La promesa hecha, a sí mismo, con un crujir de dientes, de ser lo que es hoy, el cualquier precio y a pesar de todo y de todos...

"¿Cómo sería yo si hubiera recibido un mejor trato? Y, si por una feliz casualidad hubiera crecido con mis padres legítimos, ¿cuál sería mi personalidad? ¡Nunca lo sabré! De todos modos, ¡ya es demasiado tarde para cambiar! ¡Me gusta lo que soy y lo que hago! No sabría vivir de otra manera, ¡ni ahora, ya no...!"

Involucrado en sentimientos extraños, algo emocionales, Thilbor niega con la cabeza para aclarar sus pensamientos y le declara a Marfa:

– Traje medicinas que te ayudarán, créeme.

– Perdóname... – murmura consternada.

Haciendo caso omiso de su petición y tocándola con el talento de un médico, Thilbor la examina a fondo.

Se dirige a la puerta y llama al cochero, que le trae una gran maleta llena de medicinas. Destacando tal o cual botella, hace compresas que calienta a la llama del fuego de la estufa y envuelve sus articulaciones hinchadas con vendas empapadas en un líquido de olor penetrante.

Después de unos momentos, Marfa muestra alivio. Respira hondo y agradece:

– ¡Gracias, Thilbor, y perdóname por todo lo que no hice por ti! De todos modos, hijo mío, ¿qué tenía para darte? Justo lo que me dieron mis groseros padres, se sumó a la vida que tenía y al bagaje que me dio, por cruel que fuera para mí... Los sufrimientos me adormecieron y me hicieron como un árbol seco, sin fruto... nunca Tuve hijos y las circunstancias me obligaron a criar a un preterido como tú...

Algo impaciente, Thilbor responde, aunque comprensivo:

– Entiendo, creo.

Además de ser rechazado, difícil de manejar, rebelde por naturaleza. ¡Que nos perdonemos, porque no los volveré a ver! Usa la medicina como yo y no morirás por ella, sino por una enfermedad inesperada.

– ¿Cuándo? – Pregunta, apenas impresionada.

– No puedo decirlo, no debería… Cuida tu alma mientras puedas – Boris, que ha entrado en la habitación y observa y escucha todo, a pesar de lo que acaba de decirle a su hijo adoptivo y de lo que ha escuchado de él, pregunta tímidamente:

– ¿Y yo…? ¿Sobreviviré a ella?

– ¡Sí, pero por un rato! ¡Sus vidas se acercan al final! El elemento vital que los anima se está agotando rápidamente.

– ¿Cómo puedes saber tanto? ¡Nos asustas! – Responde Boris.

– En sabiduría, guie mi existencia; con ella cumplo mis deseos, intelectuales y materiales. Así que me hice rico y poderoso. Bueno, me voy. ¡Que los días que les quedan les sean favorables!

– ¿También es un buen augurio? – Dijo Boris asombrado.

– ¡Sí, y con la misma intensidad! ¡Además de curar varias enfermedades, Boris! ¡No soy del todo malo, como te imaginas!

En las últimas palabras, ya se apresura y, a grandes zancadas, supera la distancia que lo separa del vehículo, debido a su robusta complexión. Salta sobre el estribo, entra y cierra la puerta del carruaje, mientras ordena con autoridad:

– ¡Vamos, rápido!

Momentos después, el vehículo desaparece en la curva del camino, llevando en su estela al extraño hombre que una vez había sido entregado a esa pareja, sin interés ni responsabilidad, a una vida incierta y desorientada… Estático, Boris salió afuera, a meditar sobre todo lo vivido en tan pocos minutos… Se pregunta si el verdadero padre de Thilbor lo habría criado mejor y concluye, muy sabiamente, que lo haría. Solo vea cuán amados, educados y bien instruidos son sus hijos legítimos. Pero el Maharajá y su familia no mezclan las variedades, las conservan. Este es un factor de defensa para su clase privilegiada...

Pasándose las manos por la cara empapada de sudor, Boris maldice:

– Ah, que después de haber vivido tan mal, en todos los sentidos, mi existencia terminará... ¡Desgracia...! ¡La única alegría que me di fue el amor dulce e inolvidable de mi querida Flor de Loto...! ¡Te extraño...! ¡¿Dónde estará ella, en este mundo de sombras al que también iré muy pronto...?! ¿Nos reuniremos? ¡Diablos, qué pensamientos morbosos! ¡Todo es culpa de Thilbor, maldito seas...! ¡También te llegará tu turno, tarde o temprano! ¡Nadie queda impune! ¡Un día, la justicia de Dios también te alcanzará...!

CAPÍTULO 07

Hoy Danilo se despertó muy soñador... La imagen armoniosa de Astrid, sus rasgos de perfecta belleza y sus ojos luminosos no se desvanecieron después de una noche de sueño, al contrario, se hicieron más fuertes y definidos. Últimamente ha salido poco. Esta vez, irá al baile de la embajada. Ha exagerado sus hábitos de preferencia por el trabajo duro y la soledad. Desde el verde de los años, se ha dedicado a los estudios metafísicos; su alma cuestiona lo desconocido y su cerebro privilegiado busca los destinos, el origen y los objetivos reales de esta humanidad a la que pertenece. Celeste, su secretaria, ha sido su cómplice en el trabajo y en el amor.

Danilo acepta y se amolda a este cariño sencillo y sin complicaciones, ya que nunca creyó en el amor verdadero; tan promocionado por los grandes literatos y vates de todos los tiempos. Duda este sentimiento que, dicen, arrebata los cielos en un carro de fuego o arroja al ser a los Infiernos de Dante cuando sufre y desilusiona, que saben a hiel... Menospreciando tal sentimiento; no obstante, el dolor o la delicia que el mismo pueda permitir, cómo no confesar que tantas veces quiso amar. y ser amado de esa manera...? Con el tiempo, se volvió incrédulo, concluyendo que nunca se realizaría en ese sentido. Danilo es un gran ganador: licenciado con honores, ha recibido los laureles de los premios por sus brillantes tesis, probadas y ofrecidas a los jueces y a los hombres más eminentes de la época. Su gabinete–laboratorio ha sido su mundo, su alegría, su mayor logro... Hoy; sin embargo, después de encontrarse con esa hada, hermosa y etérea, se encontró profundamente interesado. En estos pensamientos, no se dio cuenta que Celeste había llegado para apoyarlo en sus diversos emprendimientos.

Distante y desinteresado, rechaza su oferta y se aleja. Ni siquiera acepta sus habituales caricias. Conformada, Celeste se va, sin preguntas. Danilo va al jardín y allí disfruta de sus delicias mientras recuerda, punto por punto, su maravillosa experiencia del encuentro insólito y el consiguiente encantamiento. Iván se acerca y le pregunta si piensa irse. Responde que no. Había traído un libro del estudio, pero vestido con su cómoda y elegante bata de cámara, indiferente a cualquier cosa, sueña...

"¿Su vida se detuvo o fue realmente el tiempo? El Sr. Kronos me advierte que mi tiempo para amar de verdad se me está escapando de los dedos; como la fina arena de su reloj de arena... ¿Me he convertido, tan de repente, en un soñador? Racional y práctico, ¿cómo puedo cambiar? ¡Prefiero lo que puedo ver y tocar!"

Una vocecita muy astuta parece preguntarle: "¡¿Y quién dijo que lo que viste no se puede tocar...?!"

Sonriendo levemente, juzga: "¿Y si me lanzo a este juego con todas mis cartas? ¡Será todo o nada! ¡No nací para perder, nunca...!"

Mira fijamente al cielo, azul y claro, absorto. No puede pensar en nada más que en los fascinantes ojos de esa hermosa mujer...

"Barón de Monlevade y Balantine, Astrid... Me acercaré a ellos... Sí, debo poner a prueba ese corazón que, como el Fénix, parece haber resucitado de las cenizas de mi indiferencia..."

De repente, escucha la voz de Iván:

– ¡Tienes una visita!

Molesto, pregunta, muy desinteresado:

– Bueno, ¿quién es? ¡No estoy dispuesto a recibir a nadie!

– ¡Mire su tarjeta de visita y sorpréndase, señor!

– ¿Por qué me sorprendería?

Danilo recibe la tarjeta que, en letras doradas muy bien diseñadas, lleva el nombre de su visitante: "Barón Mateus de Monlevade y Balantine"

De un salto, muy agitado, exclama:

– ¡Bueno, bueno, pídele que me espere! ¡Iván, llama a mi mayordomo!

– ¡No es necesario, señor! Vine a traerle la tarjeta, ¡porque Demóstenes estaba visiblemente ocupado en sus habitaciones privadas! ¡Lo encontrará allí!

Unos minutos después, Danilo baja y se dirige al salón, donde el Barón lo espera con impaciencia.

Cuando lo ve, se levanta. Danilo se adelanta amablemente:

– ¡Buenos días, señor!

– ¡Buenos días, señor Conde!

Indicándole, con un gesto, el asiento del que se había levantado, Danilo le dice:

– ¡Bienvenido! ¿A qué debo el placer de su visita?

– Bueno, en primera instancia, la curiosidad y las ganas de conocerlo, como un hombre sabio y destacado, que se encuentra en esta ciudad. Hace unos meses llegué de Austria con mis dos hijas: Astrid e Ingrid. Hoy vengo personalmente a traerle una invitación a un baile en el que las presentaré a la sociedad local. En la misma ocasión celebraremos el cumpleaños de la más joven, Ingrid, que acaba de cumplir diecisiete años.

La Pulsera de Cleopatra

Danilo concluye que las cosas van mejor de lo que esperaba...

– ¡Gracias por la nobleza y prometo asistir con mucho gusto!

– ¡Le estoy muy agradecido! ¡Entonces nos vemos allí!

– ¡Definitivamente!

– ¡Que la pase bien!

– ¡Igualmente!

A medida que el Barón se va, Danilo ya está planeando, en detalle, el atuendo que lucirá en el baile que le vendrá bien, dadas sus aspiraciones y anhelos más recientes...

"Necesito impresionarla" – habla para sí mismo.

Al enterarse del evento, Celeste se insinuó, pero se encontró rechazada. Por nada en este mundo ni en ningún otro, Danilo la querría a su alrededor, cariñosa y solícita, como un gato ronroneando. Es y quiere seguir siendo libre. Nunca le dio a Celeste ni a nadie más esperanzas. Su notable belleza, elegancia y riqueza han torcido la cabeza de muchas mujeres, pero su corazón nunca se ha entregado a ninguna de ellas. A pesar de tantos afectos espontáneos y las pasiones que despierta, parece incapaz de arder en el fuego que arde sin ser visto, y eso trae tanto fortunas como tormentos... Ansioso, comenzó a vivir en función del evento esperado.

~ o0o ~

Tumbada en un diván, vestida con un *negligé*, Astrid sostiene en sus manos un collar de perlas, con el que juega, haciéndolo girar entre sus pequeños y ágiles dedos, mientras recuerda a ese apuesto hombre que clavó en ella sus negras pupilas tan poderosas que parecía desnudarla, desde el alma... ¿Quién sería? ¿Lo volverá a ver?

La Pulsera de Cleopatra

Su cabello castaño dorado, abundante y largo, se derrama sobre el diván. Los pies pequeños, descalzos, parecen los de los ángeles de las iglesias, diminutos, bien hechos, blancos como la nieve... El cuerpo, lánguido, arrojado de mala gana, exhibe formas exquisitas, dignas de una estatua de Fidias. La piel, rosada y suave, como una fruta madura, haría las delicias de los pintores más exigentes. La boca, roja y voluntariosa, parece hecha para besos apasionados. ¡Y los ojos de esta diosa, donde reside su mayor poder son dos zafiros, muy azules y brillantes, como estrellas de primera magnitud! Oh, ¿qué mortal conquistará y dominará tal belleza? Pero ¿qué pasa con su alma? ¿Cómo será? Indagaremos sin duda alguna.

Baste decirles que no se desvanece ni palidece ante la belleza física, todo lo contrario. Llega su hermana Ingrid y, muy intrigada, quiere saber:

– ¿Qué pasa, querida hermana? ¿Qué te pone tan triste y, al mismo tiempo, tan soñadora? ¿Qué preocupación hay con tanta fuerza en esta hermosa frente?

Astrid fija su mirada en su hermana y considera qué decir y qué no decir. Ella sonríe con cariño, suspira y permanece en silencio.

Sin embargo, astutamente, Ingrid especula:

– Bueno, bueno, veamos... ¿No habrá sido una mirada que te hace verte así? – Riendo, Astrid le arroja un brazalete de oro que está a su alcance, mientras le reprocha – ¿Cómo te atreves a invadir los recovecos de mi ser, espía?

Riendo también, Ingrid confirma:

– ¡Lo hice bien, lo sabía! Desde ese momento, ¡ya no eres la misma, hermana mía! ¡Nunca la había visto así!

Mostrando el fino brazalete entre sus dedos y cerrándolo en su manita, Ingrid advierte, desafiante:

La Pulsera de Cleopatra

– ¡Gracias! ¡Siempre me gustó este accesorio!

Abre la mano, mira con reverencia la joya y hace una pregunta que no tiene nada que ver con sus primeros intereses:

– Dime, Astrid, ¿es cierto que esta preciosa pulsera perteneció a la famosa Cleopatra, reina de Egipto?

– ¡Si es verdad! Papá se lo compró a un joyero de confianza. También hay documentos de respaldo. ¿Te gusta tanto?

– ¡Sí! Tengo una verdadera fascinación por todo lo relacionado con Egipto y, en particular, por esta famosa reina, ¡ya sabes!

– Si, lo sé. También amo la Tierra de Kemi, ¡pero tú te desvías de esa manera!

– ¿Y entonces? – Pregunta, abotonándose con cuidado el brazalete en su propio brazo.

– ¡Está bien, quédate con él! ¡Es tuyo! Y no te entrometas más en mis ensoñaciones, ¿entiendes, ligerita?

– Lo intentaré, lo prometo, ¡pero no sé si lo lograré! – Declara, en una risa cristalina, divertida.

Inmediatamente, llega hasta su hermana y comienza a hacerle cosquillas en los pies. Astrid se encoge y se ríe, incapaz de deshacerse de su acción juguetona hasta que, cansada de reír, toma las manos de su hermanita y la mira directamente a los ojos, aparentemente entristecida.

Ingrid aconseja con cariño:

– ¡Anímate, Astrid! ¡No me gusta verte así!

Astrid intenta sonreír para complacerla y habla con un toque de ternura en su voz:

– Te quiero mucho, hermana mía... No son simples ensueños... Algunos presentimientos me llegan hoy, sin que yo pueda identificarlos. ¡Que Dios te guarde! ¡Si te pasa algo, seré muy,

muy infeliz...! ¡Separarme de ti sería un golpe mortal para mi alma, Ingrid!

De repente, comienza a llorar mientras sostiene a su hermana contra su corazón.

Sorprendida, Ingrid responde con ternura. Igualmente emocionada, le pregunta, muy intrigada:

– ¿Qué pasa, Astrid?

Astrid se aparta, acaricia el rostro de su hermana y responde, haciendo un esfuerzo por lucir natural.

– ¡No te dejes impresionar por mis exageraciones, querida! ¡Sabes lo emotiva que soy!

– Sí, lo sé, ¡pero dijiste que no era solo soñar despierta! ¡Consideraste la posibilidad de separarnos! ¿Por qué?

Enjugándose los ojos y recomponiéndose, tranquiliza a su hermana:

– ¡Hablé de suposición, Ingrid! ¡Te quiero tanto a ti y a papá que veo fantasmas donde no existen! Perdóname, ¿no?

– ¡No hay nada que perdonar, querida! ¡Estoy agradecida todos los días por haber nacido en una familia tan amorosa y buena! ¡Eres pura emoción, hermana mía, y me temo que aun sufrirás por eso! ¡Tu cielo puede oscurecerse y convertirse en una tormenta íntima en solo segundos! ¡Los extremos de tu alma muy sensible son visibles! ¡Eres transparente como el aire!

– Así soy yo, hermana. Cada una es lo que es, ¡y listo! ¡Soy intensa en la vida y le exijo una perfección razonable!

– Y no siempre obtenemos lo que queremos a cambio, ¿verdad?

– ¡Lo sé, descansa querida! Mientras mi alma alcanza las estrellas, en cambio, pongo mis pies firmemente en el suelo y mi cabeza bien plantada en mi cuello.

La Pulsera de Cleopatra

– Estos son los extremos de los que te hablé antes, Astrid. ¡Contigo es todo o nada! Es necesario ejercitar un mayor equilibrio en la visión de la vida y sus circunstancias, tan variada y, a veces, ¡sorprendente! Recorro estos caminos, en todas sus direcciones; experimento todos los matices de mi existencia; en lo que puedo absorber, comprender, utilizar, explorar, actuar; de esta o aquella manera; a mi favor, o a favor de otros. Por eso, a veces me expongo y expongo a otros, igualmente, porque habitualmente preveo las sutilezas de las acciones de estos o aquellos, y las consecuencias, mostrándolas o cortándolas, según alguna necesidad más urgente. ¡Y no olvidemos, también, los dones que ambas tenemos para alcanzar niveles de comprensión mayores que la mayoría, en los fenómenos que nos permiten volar mucho más alto que la generalidad!

– Si, lo sé. ¡Eres inteligente y astuta; prudente e imprudente; respetuosa y manipuladora; impulsiva y comedida; audaz y conciliadora! Nos amamos mucho, ¡pero somos tan diferentes!

– ¡Me gusta mucho esta diversidad de personajes! Nos hace personas únicas, diferentes, como dijiste.

Intentando sonreír, más relajada, Astrid plantea un desafío, divertida:

– ¡Vive las diferencias...!

Ingrid mira sus hermosos ojos y exclama con reverencia:

– ¡Esta es mi querida hermana!

– ¡Nosotros también te queremos mucho, Astrid! ¡Está todo bien! De todos modos, sabemos que las distancias, "para nosotras", no existen, ¿verdad?

– ¡Verdad! ¡Esto siempre nos ayudará, en cualquier situación! ¡La vida está llena de sorpresas, lo sabemos! ¡Que Dios nos guarde a todos!

– ¡Que así sea...!

La Pulsera de Cleopatra

Astrid acaricia el sedoso cabello rojo de su hermana menor y siente una extraña opresión en su pecho...

Ingrid suelta a su hermana y, antes de irse, se da la vuelta y dice:

– ¡Siento que en unos días tendrás una maravillosa sorpresa que cambiará tu vida!

Sonriendo, Astrid dice:

– ¡Guárdala! ¡Habló nuestro oráculo oficial!

– ¡Puedes reírte, pero ten cuidado! Sabes que no estoy hablando por nada.

– Si, lo sé...

Ingrid se va, rebotando, con la pulsera en el brazo, olvidándose ya de los miedos de la hermana. Piensa en la famosa reina mientras acaricia el rico adorno. Nunca más se separará de él. Ama profundamente a Egipto y todo lo relacionado con ese luminoso país. Y sigue tarareando a sus habitaciones. El Barón, que llega, se conmueve con la alegría de su hija menor. La besa y se dirige a su oficina. Hay mucho que hacer antes del gran baile.

CAPÍTULO 08

Siguiendo fielmente las prescripciones de Thilbor, Marfa mejora gradualmente y, algo emocionada, habla con su esposo:

— Boris, en esta acción caritativa de Thilbor, veo el cariño que él insiste en negar. Fueron tantos años de convivencia... Tan malos como fueron...

Contrario a sus ilusiones, Boris responde con rudeza:

— Demasiados años, para él y para nosotros.

Nunca nos sintonizamos y nunca lo vimos como un hijo. Cuando habla de un linaje que nunca existió, sus palabras suenan huecas. La verdad es que hay en ti cierto orgullo por el poder de Thilbor, adquirido de forma misteriosa, por cierto.

— ¿Y qué gran ejemplo de dignidad eres, Boris? ¿Cómo no admirar el nivel que ha alcanzado Thilbor? Cuando lo censura, solo disfraza la certeza de que, si pudiera, haría lo mismo, ¡a pesar de la "forma misteriosa" de la que habla! No podemos negarlo, ¡este hijo adoptivo nuestro siempre ha estado muy necesitado de amor!

— ¿Amor, Marfa? ¡Extraña palabra, en tu idioma y, más aun, en tu duro corazón de piedra! ¡Oh, mujer insensata! ¿No ves que Thilbor es contrario a los principios de nuestra religión? ¡Tiene un pacto con el diablo! ¿No te das cuenta de eso?

Marfa no responde, simplemente se encoge de hombros con indiferencia. No le importa lo que diga o piense su marido. Sus dolores van pasando y, poco a poco, vuelve a caminar, como si nunca hubiera padecido ninguna enfermedad. ¡¿Qué le importa de dónde vinieron la medicina y la cura...?!

Cerrando los ojos, finge dormir mientras piensa: "¡Eres supersticioso en exceso y también muy temeroso, Boris!"

Boris se va. Si fuera necesario acusar a Thilbor, según la ley y la religión, ¡lo haría sin pestañear! En su orgullo, pisoteado por la vida, aborrece ver al "rechazadito" que surge en la vida de una manera escandalosa, mientras él trabaja como un caballo de batalla y no tiene nada suyo...

Mientras él y Marfa siguen con sus rutinas de vida, Thilbor en su nido de águila, bulle con sus habituales procedimientos de magia oscura. Arruga la frente, manipula esto o aquello, en siniestras órdenes que le hacen ganar valiosos honorarios. A su alrededor, pequeños animales enjaulados; reptiles disecados y empaquetados en cajas herméticamente cerradas; vasos de todas las formas y tamaños, alineados y seleccionados por especificidad, en varios contenedores. En una sala siniestra encontramos velas, encendidas, de colores muy fuertes y formas extrañas, alrededor de un ídolo extraño y tenebroso con cuernos y cola, ojos malévolos y una sonrisa burlona en sus labios gruesos. Frente a la extraña figura, un enano, encorvado y retorcido, realiza un ritual, haciendo gestos cabalísticos. Balbucea fórmulas extrañas, recitándolas, una y otra vez, mientras balancea su cuerpo como un péndulo, golpeando sus pies descalzos una y otra vez de manera rítmica.

Horas después, cansado, regresa en su camino torcido y pesado, buscando a su amo.

Al verlo, Thilbor pregunta:

– ¿Has terminado los distintos procedimientos, Buffone?

– ¡Sí señor!

– Tendremos otros, pronto, ¡espera!

La Pulsera de Cleopatra

– ¡Sí señor!

– Algunos, solo yo podré realizar... – dice, casi para sí mismo, pero los agudos oídos del enano lo registran.

Y, sin más preámbulos, accedió de buena gana:

– ¡Sí, sí, mi señor!

Mientras asiente amablemente, se aleja y se dirige a una gran canasta en la que entra, se acuesta y se acurruca. Allí parece dormir, pero en realidad no lo hace. Está atento. De vez en cuando abre los ojos, fijándolos en Thilbor quien, sintiendo sus vibraciones, amenaza:

– Si no me apartas esos ojos traicioneros de serpiente, los cerraré para siempre, ¡aborto de la naturaleza! ¡A diferencia de la bestia, eres capaz de morder la mano que te alimenta! ¡Basura!

Girando el cuerpo deforme, con dificultad, hacia el otro lado, Buffone lucha por no exacerbar la furia de su amo. Sin embargo, rumiando su odio en su dirección, elemento precioso para las obras de Thilbor, se duerme como un bebé, chupándose el pulgar derecho corto, nudoso, áspero y sucio... Ignorando su presencia, Thilbor intensifica sus actividades y, después A las pocas horas, sudando profusamente, se despoja de su túnica negra con dibujos cabalísticos de los cuatro elementos de la Tierra, se quita su sombrero cónico, también negro, mostrando su pelo negro azabache, liso, abundante, brillante y lloroso. Se va y, cuando regresa, está vestido con ropa diferente, con un manto gris negruzco sobre los hombros, hecho de tela brillante, similar a la piel de algunas serpientes. Sus ojos, brillantes y aterradores, están abatidos. Cuando habla, su voz es apagada, ronca, a veces arrastrada. Sus gestos son rápidos, nerviosos, impacientes, imponentes.

Su asistente, Olga, hermosa y exótica, lleva un elegante vestido rojo mate y tiene el cabello arreglado en la parte superior de la cabeza. Pulseras en abundancia y collares pesados resuenan con sus movimientos más pequeños. Zapatos rojos hechos de tela gruesa, similar al cuero suave al revés. Abre las puertas a un gran salón. Allí, el lujo y el refinamiento de todo lo más moderno. Cruzando, llega a una habitación reservada para clientes. En el lugar, un pequeño grupo de personas espera en silencio. Al pasarlos, se dirige al entorno contiguo, donde se prestará el servicio, y cierra la puerta. Las luces pequeñas y opacas se iluminan tenuemente. Las fragancias permanecen en el aire, con aromas vertiginosos.

Algunos braseros crepitan sobre trípodes humeantes. Olga les vierte pequeñas gotas de un líquido de olor penetrante y algo irritante. Regresa y pasa por los clientes. Algunos llevan máscaras, que se les ofrecen en la entrada, para que se las quiten en el momento de la consulta. Thilbor exige hablar con ellos de frente.

Poco a poco, Olga los convoca, por una orden que solo ella y Thilbor conocen. Cuando se van, la mayoría parece aliviada; ojos brillantes, una sonrisa de victoria, un corazón que presagia los placeres y la felicidad tan esperados. Se informa ampliamente que este maestro de la magia puede cumplir todos los deseos. Su fama ya ha llegado a otros países, recibiendo los consultores de todo el mundo. Un día se le acercó un extraño visitante.

Altura considerable, mucho más allá de lo normal, tez blanca transparente, ojos negros intensamente brillantes, manos con dedos largos y delgados, postura erguida, sonrisa enigmática, malicia e irreverencia, indiscutible... En sus movimientos, vibraciones extrañas, vertiginosas como el perfume que lleva... Elegante, lujoso, elegantemente vestido, todo de negro; sombrero, guantes de cuero, zapatos nuevos y bien lustrados, bastón engastado en plata, sobre el que se apoya posando. Al entrar, mira a su alrededor, escaneando todo. En silencio, fija sus pupilas, que parecen pertenecer a algún felino, en Thilbor. Cara a cara, se miden y se analizan, como dos machos que luchan por el territorio, solemnes...

Rompiendo el incómodo silencio y haciendo su parte, Thilbor habla:

– ¡Salve! ¡Sea bienvenido!

– ¡Agradecido por el saludo, Sr. Thilbor Sarasate! Estoy muy feliz de conocerte en persona, ¡porque tu fama nos ha alcanzado hace mucho tiempo! ¡Soy el Conde Luigi Faredoh, de Bucovina, Moldavia!

Indicando su asiento, Thilbor pregunta:

– ¿A qué debo el honor?

– ¡Solo por curiosidad! ¡Quería conocerte!

Thilbor declara incisivamente:

– ¡Sin embargo, percibo alguna intención de ti!

Sonriendo, el Conde acepta:

– ¡Sí, tienes razón! ¡No debo olvidar con quién estoy hablando!

A la espera de sus próximos pronunciamientos, Thilbor no responde. Entendido, el otro se aclara la garganta y declara:

– Al principio, solo quería conocerte, como dije. ¡Pero en el viaje, viniendo aquí, se agregó otra idea a la primera!

– ¿Puedes ser más objetivo, por favor?

– ¡Por supuesto! Sentí un impulso abrumador de ver sus prácticas mágicas – Thilbor lo interrumpe bruscamente:

– ¡Imposible servirte en ese sentido, querido señor!

– ¡Oh lo siento mucho! ¡Tendría mucho que aprender de ti!

– ¡No me interesa enseñarle a nadie! ¡Cada uno lo hace por sí mismo, como yo lo hice!

– ¡Sí, sí, lo entiendo! No quiero molestarlo en absoluto, ¡descanse!

– ¿Podría, Conde Luigi, ser más breve? ¡Tengo mucho que hacer y mucha gente me está esperando!

– Sí lo haré. Aprovechando la oportunidad de conocerte, finalmente quiero invitarte a mi castillo en Moldavia, donde también practico magia.

– ¿Ah sí? ¿Entonces tú también "trabajas"? – Con una risa, el Conde exclama:

– ¡Por quién eres! ¿De dónde obtendría mi sustento?

– ¡Vives de tantas formas y profesiones! ¡Podría haber una que no incluya estas prácticas!

– Sin embargo, somos co–idealistas en lo que hacemos. En mi incuestionable curiosidad y admiración basé esta visita que, por cierto, me está agradando mucho.

Dudando mucho de todo lo que escucha, porque puede ver que tiene un charlatán frente a él, Thilbor reflexiona; sin embargo, sobre la oportunidad de aprovechar su invitación para hacer realidad un viejo sueño... Frotándose la barba arreglada, piensa, sonríe con éxtasis en los labios:

– ¡Moldavia! ¡Mi tierra prometida! ¡Los dioses infernales te han enviado, Conde Luigi, y tú me servirás, de una forma u otra!

De repente, como si todas las ventanas estuvieran abiertas, un viento fuerte y helado barre la habitación azotándola. En el aire, voces extrañas y roncas emiten sonidos, ahogados, aquí y allá; en el techo, en las paredes, en el suelo, en el aire... Se escuchan pasos y estalla una risa siniestra, algo amortiguada... Un olor fuertemente desagradable se esparce por la habitación.

Con los ojos brillantes de voluptuosidad, el Conde exclama con un grito ahogado:

– ¡Las Furias están presentes! ¡Participan en nuestra conversación y nuestro encuentro!

Sin prestarle atención, Thilbor piensa: "¡Sí! ¡Me dejaron saber que ha llegado el momento de los cambios!"

Thilbor da unos pasos, levanta los brazos y ordena:

– ¡Alto! ¡Suficiente! ¡He escuchado y entendido! ¡Vamos, necesito trabajar! ¡Fuera!

Como por arte de magia, los vientos cesan y los rumores se callan. Teatral, Thilbor regresa a su punto de partida y toca una campana en su escritorio. Al tocarlo continuamente, aparece Buffone, somnoliento y de mal humor.

– ¡Tráenos el mejor vino! ¡Vamos, estúpido enano, adelante!

Sin responder, el enano desaparece detrás de la puerta que se le ha abierto para entrar y cuya existencia nadie sospecharía. Minutos después, reaparece llevando una bandeja de plata con dos copas talladas en oro y una botella de forma extraña que contiene el líquido precioso y requerido. Esperando, primero, la salida del enano, Thilbor guarda silencio.

Buffone sale, discretamente, del mismo lugar por el que entró. Thilbor sirve al Conde y, sirviéndose a sí mismo, también hace un brindis:

– ¡Por nosotros y por la agradable Moldavia! ¡Un generoso nido de inconmensurable misterio y poder!

– ¡Sí! ¡Y también a este país que lo alberga actualmente! Yendo a los orígenes, señor, alabado sea Bangkok también, que lo vio nacer, morir y revivir, ¡para ejercer el poder espiritual que lleva!

– ¡Sí! ¡Nací, morí y reviví! La propia naturaleza reactivó los lazos que aun no se habían roto definitivamente. ¡Y aquí estoy, para alegría de muchos y desesperación de otros!

La Pulsera de Cleopatra

Con una risa suelta y divertida, coincidiendo con lo que acaba de escuchar, el Conde muestra unos extraños dientes blancos, como los de los animales carnívoros...

Después de los presagios, suspenden los cálices y beben hasta la última gota del espeso líquido rojo que lleva en su esencia un fuego que devora las entrañas, promoviendo una alegría exacerbada. Otro apretón de manos y se despiden, prometiendo un reencuentro lo antes posible. Midiéndolo de la cabeza a los pies, analizándolo, Olga conduce al visitante hasta la salida. Él, a su vez, no se hizo de rogar y coqueteó con ella, salvajemente, con la esperanza de volver a verla en una mejor oportunidad. Después de unos minutos de éxtasis, ensueño, Thilbor reanuda su trabajo y comienza a recibir y despedir, uno tras otro...

De vez en cuando, frente al que se va, murmura:

– ¡Si supieras, tonto, el precio que tendrás que pagar por tus deseos cumplidos! ¡Temerario, quien piensa que transgrede las Leyes Mayores! ¡Tarde o temprano llegará el día del juicio final!

Entonces, después de otro día de "trabajo", los bolsillos de Thilbor están llenos de oro, joyas, documentos valiosos y muchos, muchos rublos, además de muchas otras monedas extranjeras. Solo él mide los valores reales y los guarda, celoso y avaro, en las bóvedas de las que lleva las llaves. Su poder crece a medida que crece su fama, aumentando dramáticamente su clientela. Sonriendo, afablemente, se enorgullece de lo que es y de lo que todavía pretende ser. Además de Olga y el enano, Thilbor tiene muchos otros sirvientes, que se deslizan silenciosamente, cada uno cumpliendo con su deber. El jefe, además de ser muy exigente, a veces es muy cruel...

~ o0o ~

Mientras tanto, el Conde Danilo, en su laboratorio, trabaja entre réplicas, probetas, folios. En los estantes: hierbas, venenos, minerales, plantas, flores y esencias. Vestido con una tosca túnica blanca, su ayudante, Hassan, diligente, se mueve, arreglando esto o aquello, aquí y allá, organizando y etiquetando. Silencioso, respeta la concentración de Danilo que, inclinado sobre un gran libro de Alquimia, lee y pasa las páginas con atención.

Horas después, cansado, Danilo ordena:

– ¡Dejemos esto por ahora, tengo hambre!

– ¡Yo también! – responde el criado, pensando en las carnes asadas que tanto le gustan, el vino y las frutas sabrosas, recogidas en el huerto de la finca.

Satisfecho, va a la cocina, mientras Danilo va a sus habitaciones privadas y se sumerge en un baño de mármol blanco, lleno de agua tibia y perfumada. Allí comienza a soñar con ojos del color del cielo; casi olvidado del hambre. Mientras se relaja antes de la comida que se servirá en unos minutos, sueña... Nunca había sido un soñador, pero después de ver a Astrid, sueña más que un poeta... Recuerda, con una sonrisa de satisfacción, que ella también lo había observado. Estremecido se movió, frente a esos ojos maravillosos que, rápidos y percusivos, se hundieron en su alma, sin barreras.

Ojalá que el rápido análisis le haya sido favorable. Sabe de sí mismo. Como hombre, tiende a complacer a las mujeres, pero ante una tan especial, ¿cómo saberlo? Anhela volver a verla. Sus ojos le recuerdan a su hermoso mar Mediterráneo. Danilo es de Italia, más precisamente de Roma. Llegó a Rusia hace una década, trabaja duro durante ciertas estaciones del año, pero cuando llega el invierno eslavo, huye con equipaje a su tierra natal. Allí también se involucra en proyectos científicos estacionales. Nunca se apegó demasiado a nada ni a nadie. Es libre como un pájaro. Vive de los ingresos; es muy rico, pero se esfuerza por tener una razón mayor para vivir y sentirse útil. Deplora la fatuidad de muchos y la ligereza que les lleva a vivir como si fueran eternos, a disfrutar sin límites y sin restricciones la vida que exige, en el día a día, actitudes responsables y mayores metas de todos y cada uno. Imagina, entre escalofríos, la vejez de tales gozadores cuando ésta llegue y los sorprenda en medio de dolores y molestias, físicamente incapacitados.

Finalmente llega el gran día. Elegantemente vestido, se encamina hacia el esperado evento. Al descender de su carruaje, blasonado, hace que las mujeres se muevan para admirarlo y hacerse notar. Acostumbrado a ello, ignora su propio éxito y también las miradas de envidia y odio de otros hombres que lo alcanzan en contrapartida. En su tranquilo paseo, se acerca a la entrada cuando percibe la llegada de otro carruaje, en el que distingue al barón Mateus y sus hijas. Se detiene y espera. Si Astrid es bonita, su hermana menor no le debe nada. Los dos son iguales, ambas representan bellezas admirables. Al aceptar la ayuda de su padre, Astrid desciende y se enfrenta a Danilo. Se estremece vivamente. Electrificados, se miran el uno al otro, en silencio. Con una sonrisa seductora, Danilo se adelanta para saludarlos. El Barón lo reconoce y extiende su mano, que aprieta suave y cortésmente. Inmediatamente después, presenta a sus hijas.

La llegada de las niñas había provocado un murmullo justificable. Ingrid reconoce a Danilo y concluye que un hombre así interesaría a cualquier mujer inteligente con gusto refinado. El Barón se aleja para saludar a sus compañeros y Danilo se interpone entre las dos hermanas.

Volteándose a Astrid, comenta, divertido, mostrando unos perfectos dientes blancos:

– Ya que tengo la honorable tarea de acompañarlas, enfrentaré valientemente los murmullos de celos, despecho y, tal vez, los ojos malvados de los jettatori![1] ¡Santo cielo, no caigo aquí fulminado, a los pies de mujeres tan hermosas!

Se ríen, relajados, mientras caminan hacia los salones de hadas donde ya se escucha la música. Constelaciones en sus ojos, Astrid está íntimamente agradecida con la vida por sentirse aprobada y por estar al lado de este hombre que parece invadir, sin reservas, todos los recovecos de su ser. Ella lo mira, estudiando sus caminos, muy interesada.

Ingrid no está suplicando: ágil y práctica, le hace preguntas a Danilo, mientras que, mirando, Astrid escribe sus respuestas, alabando la osadía de su hermana. Finalmente, entregándoselos a su padre, quien las muestra con orgullo, se mantiene cerca y atento a cada movimiento de Astrid. Atraída por el magnetismo de su mirada, de vez en cuando, se vuelve a verlo. Involucrada con familiares y amigos, espera ansiosa el momento del gran paseo. Cortés y amable, la joven ya ha prescindido de varias compañías masculinas, que, al verla llegar, se apresuraron a entrar como si las estuvieran esperando. Molestos y desilusionados, se dispersan y merodean estudiándolas, esperando una buena oportunidad. Como Danilo, ella de ninguna manera quiere ser monopolizada por nadie. Su padre ya ha notado su inquietud ante la presencia del ilustre invitado. Sin interferir, él observa, dejándola tranquila. Desde que murió su madre, él ha sido responsable de su crianza, educación y defensa. Mientras escucha y atiende a quienes lo acosan por su conocimiento y ciencia, Danilo piensa:

"¡Como moscas en la miel...! ¡Iván tenía mucha razón con la analogía!"

---

[1] N.T. Jettatori y Jettatrici, palabras de origen itálico se refiere a personas que son siempre de la clase burguesa, intelectuales, abogados, médicos, etc.

Al mismo tiempo, el Barón reflexiona sobre sus queridas hijas. Ingrid exige mayor cuidado y, no pocas veces, amonestaciones. Ignorando descaradamente las convenciones naturales, a veces lo ha puesto en situaciones difíciles. Unidas; sin embargo, Ingrid y Astrid siguen siendo cómplices en los compromisos más pequeños. A pesar de ser más cuidadosa que su hermana, Astrid no rehúye aprovechar los innegables dones de Ingrid, quien supera con facilidad los mayores obstáculos, dejando, casi siempre, ilesa y libre de mayores preocupaciones, porque sabe detenerse ante lo inevitable, o retroceder, cuando sea necesario; diría un gran estratega. Sonriendo complacientemente, concluye que su hija menor ha heredado sus atributos. General retirado, tuvo una brillante vida militar, lo que le hace ostentar numerosas medallas de honor.

"Si Ingrid fuera un hombre, seguiría mis pasos" – piensa inflando pecho, dentro de su elegante y lujoso atuendo.

Astrid, por otro lado, se parecía a su madre: delicada, sensible y reservada; soñadora, pero inquieto a pesar de las apariencias. Desde su círculo de amigos, observa a Danilo quien, a pesar de ser solicitado y admirado por sus dotes físicas, intelectuales y morales, y por su vida de sabio, muestra cierta impaciencia en el intento de desenredarse, mientras mantiene su atención en Astrid quien, a su vez, de forma encubierta, lo pone bajo su mira.

"¡Nunca había pillado a Astrid tan interesada en nadie! Después de esta noche, tengo la sensación que nuestras vidas cambiarán" – piensa, mirándolos a todos.

CAPÍTULO 09

Thilbor tiene la intención de trasladarse lo antes posible a la tierra que le fascina. Su extraño visitante solo había venido a reforzar ese viejo deseo. De repente, recuerda que en la Embajada de Austria habrá un acto estruendoso, al que asistirán innumerables conocidos y clientes. Muchos de los que estarán allí suelen utilizar sus servicios, a pesar de considerarlo misterioso, excéntrico y peligroso. Aborrecen su proximidad y convivencia, pero no se atreven a desafiarlo, ¡pues tiene en sus manos el destino de muchos! Una hora después, su lúgubre carro desciende por la roca en busca de los mortales que, abajo, viven vidas tan mezquinas... Los desprecia, dedicándoles una gran indiferencia o un odio concentrado. Mientras los negros corceles resoplan y su cuerpo ágil, delgado y flexible se balancea por todas partes, él anticipa las alegrías que encontrará en el entrelazamiento de algunas "amistades" que le interesan; en los deslumbrantes bailes de esos lujosos salones donde, abrazado a la cintura de hermosas mujeres, olvidará por unas horas su oscura vida.

Se emborrachará con los licores sutiles y los perfumes de las damas; acaso, terminar la noche en brazos de alguna mujer seductora y sabia en los placeres de la cama... Entrecerrando los ojos, como si avistara algo a lo lejos, se acaricia la bien arreglada barba y sonríe enigmáticamente. Acaba de ver a una hermosa joven bailando un vals en el salón. Sus ojos tienen el resplandor de las estrellas y su apariencia es completamente armoniosa, muy femenina, muy deseable... Concentrado, queda embelesado por la imagen que baila en su pantalla mental. A pesar de la figura exótica, que para muchos es otro motivo de atracción, Thilbor es indudablemente un hombre guapo, con ojos oscuros como la noche, cabello negro y brillantes como alas de cuervo.

    Boca desdeñosa pero bien hecha, porte elegante y modales educados. La voz es melodiosa y metálica. Tiene un andar elegante y gestos refinados. La sociedad, y sobre todo algunas mujeres, saben valorar así a los hombres. Vestido con un traje completamente negro, muestra el brillo de las sedas y los terciopelos más lujosos. Los accesorios hablan de su calidad, a la última moda europea.

    Con las cortinas corridas, se echa hacia atrás, abstraído y, al cabo de un rato, vuelve a la planta baja cuando el carruaje llega a su destino. Pomposo, baja y se dirige a la entrada, presentándose con gestos estudiados. De todos modos, entra a los pasillos. Allí las parejas se deslizan al son de valses y mazurcas. Camina, lentamente, entre los espectadores, observando, como un felino, dejando a su alrededor una extraña fascinación, de la que es dueño y consciente. Nunca pasará desapercibido, vaya donde vaya. Observa las miradas provocativas de algunas mujeres. Algunos saben más de lo que les gustaría. Ignorándolos, saluda a algunos de los invitados. Sobre todo, su presencia es desagradable. Se integra con los bailes y lo hace con maestría. Es un bailarín refinado, disputado por cuántos hay a su alrededor. Cambiando de pareja, incansablemente, trabaja con los caprichos de cada ritmo de baile, pero mientras lo hace, busca ansiosamente a alguien. Finalmente, en uno de los pasillos, su mirada desprende destellos fantásticos cuando la atrapa dando vueltas, ligera como una mariposa de colores, sonriendo como el sol de la mañana, feliz y relajado, el que ya había avistado en su camino. Él fija su mirada en ella y ella se vuelve, como si respondiera a su llamada. La saluda con un leve asentimiento, elegante, seductor, y le sonríe. Ingrid se balancea sobre sus pies y casi se desmaya, si no hubiera sido porque su compañero la sostuvo. Había sentido una presión fuerte y dolorosa en el pecho; su cabeza comenzó a palpitar y sus piernas se debilitaron. El pasillo dio vueltas y sus ojos en sus órbitas se negaron a fijarse en nada. Sin embargo, fueron momentos fugaces.

– ¡Debo haberme excedido en los vaivenes del baile! ¡Tengo que parar, lo siento!

Elegante y educado, su pareja la llevó al lugar donde estaban su padre y sus amigos.

Al notar su palidez, el Barón quiere saber:

– ¿Qué pasó, querida? ¿No estás bien?

– No, no estoy. ¡Me excedí en los bailes y veo el resultado! ¡Necesito refrescarme y descansar!

– ¡Ven, hija, te llevaré al baño!

– ¡Sí, vamos! – responde ella, aun sintiendo los efectos de una mirada tan seria y pesada.

Busca al que parece haberle causado malestar, pero se ha eclipsado a sí mismo. Respira hondo y comienza a dudar de lo que vio. Mejor callar, pensarán que delira...

Dejándola en manos de una tía, el padre regresa al salón y encuentra a Astrid buscándola:

– ¿Dónde está mi hermana? ¡Estaba bailando un vals hace un rato y ahora no la veo!

– Ingrid se cansó demasiado y está descansando.

– ¡Voy a verla, padre!

– No es necesario, está al cuidado de nuestra querida Débora, hija. Vuelve al salón y diviértete. ¡En un rato, Ingrid estará bien!

Convencida, se distancia, dejando al Barón sumido en sus pensamientos. El comportamiento de Astrid no deja lugar a dudas. Ella y Danilo están fascinados el uno por el otro… Miedo de verla casada, en otra realidad…

"Peor para mi corazón…" susurra.

Astrid va a buscar a Danilo, todavía rodeado de admiradores de su trabajo. Delicado, los atiende, pero anhela ser libre para estar con ella. Mientras espera, para no tener que rechazar la invitación de otro caballero, Astrid decide refrescarse. Sale al pasillo donde corre una agradable brisa. Inhala el perfume de las flores que sale del jardín, caminando despacio. De repente, casi emite un grito: la sombra oscura de un gran pájaro pasa por encima de su cabeza en el aleteo de sus enormes alas… Oye un silbido que suena como un pío y, al mismo tiempo, el sonido natural de las serpientes… Un malestar inexplicable la afecta. ¡Se siente como una pesadilla, pero está despierta…!

Se pasa las manos por los ojos y vuelve a enderezar los ojos, pero ya no ve ni oye.

"Era la sombra de un pájaro grande, pero ¿cómo llegó aquí? ¿De dónde vino y a dónde se fue? ¿Me equivoco el reflejo de algo así? ¡No, sé lo que vi…!"

Al ver la inutilidad de seguir allí para analizar lo que vio, Astrid decide volver a buscar a Danilo.

~ o0o ~

Siguiendo los aromas del alma de Ingrid, Thilbor aterriza en las afueras, recupera su forma humana y se dirige en cierta dirección. Con la excepción de Astrid, nadie más lo había sorprendido. Mirando sin obstáculos a través de las puertas, descubre a Ingrid, quien, aparentemente inmóvil, descansa al

La Pulsera de Cleopatra

cuidado de una bella dama, inclinada sobre la lectura de una novela de moda. Abre la puerta con cuidado y se acerca, sigilosamente.

Levanta tu mano derecha hacia la mujer. Ella suelta el libro, se recuesta en su silla y se duerme profundamente.

En otro gesto, hace que Ingrid se levante, sonámbula, y toma su pequeña mano de satén, llevándola a una de las habitaciones, donde se escucha música vibrante. Envolviendo su elegante y esbelta cintura, comenzó a guiarla en un vertiginoso vals. De vez en cuando, la abraza contra su pecho, estremeciéndose de lujuria y placer. Ingrid intenta escanear el rostro de su pareja, sin recordar cómo llegó allí y sin entender por qué está bailando con un hombre tan extraño. De hecho, flota, ya que el suelo parece haber desaparecido bajo sus pies. Sentimientos contradictorios la alcanzan, inexplicables... Impresionantes vibraciones la envuelven, poderosas. En estos embriagadores giros, la dudosa sensación de atracción y rechazo de este hombre que la arrastra por la habitación, con energía y vivacidad. Sonríe mostrando unos bonitos dientes. Sus ojos brillan, pareciendo desnudarla por completo. Su mano ardiente tocando su cuerpo se siente febril.

Suavizada en voluntad y acción, se deja llevar... Consigue valorar la carga sensual que este hombre lleva y derrama intencionadamente sobre su persona. Mientras tanto, en otra habitación, finalmente libre, Danilo se vuelve hacia Astrid, invitándola a bailar. Con una sonrisa brillante, aceptó y salió a bailar con él, su alma en celebración. Juntos, entrelazados, con los corazones acelerados, ambos parecen haberse encontrado finalmente en el espacio y el tiempo.

Hablan de trivialidades y de todo, especialmente de ellos mismos. En pocas horas se reconocen íntimos, como si nunca hubieran vivido separados el uno del otro. En uno de los valses, acercándola a su corazón, Danilo le habla al oído:

La Pulsera de Cleopatra

– ¡Pareces una estrella, querida! ¿Cómo pude vivir tanto tiempo sin tu belleza y tu luz? ¿Dónde he estado que nunca te he visto?

– Bueno, de hecho, ¡nos hemos visto, querido Conde!

– ¿En esa circunstancia, cuando se acercaron nuestros vehículos?

– ¡Sí!

– ¡Sin embargo, antes de eso, no nos conocíamos!

– ¡De hecho!

– ¿Podemos prescindir de los tratamientos ceremoniales?

– ¡Sin duda, Danilo!

– ¡Gracias, Astrid! – Completa, con una mirada que no deja dudas sobre su interés.

Astrid está encantada. La voz de este hombre le hablaba a su alma. Su porte gracioso, sus gestos delicados y, al mismo tiempo, tan viril, tan fuerte, le hacen recordar algo de felicidad... Sí, lo había estado esperando durante mucho tiempo... Sus ojos, cuando se encuentran, no necesitan palabras... Profundamente conmovidos, hablan o se callan, disfrutando, felices, de la apasionada cercanía. Sus cuerpos parecen reconocerse, fusionándose, en una sensación insuperable cuando los giros y vueltas... Astrid no quiere, absolutamente, separarse de él, ¡nunca más! ¡Por fin ha llegado y la domina total y absolutamente...! Así, atrapada, ya no veía a su hermana, imaginando que estaba descansando, bien protegida.

Thilbor; sin embargo, tras bailar como un loco con Ingrid, buscando espacios alejados de la mirada de sus familiares y conocidos, decide realizar una salida estratégica. Para ello, elige una puerta lateral que no sea muy popular. Haciendo un notable esfuerzo por comprender lo que está pasando, Ingrid intenta reaccionar, pero la mirada negra y magnética cae sobre ella nublando su razón para bien. Impotente, en un gemido bajo, se desmaya en los fuertes brazos de su compañero. Thilbor sonríe siniestramente y levanta a su preciada presa en sus brazos. Desemboca en el paseo público. En ese ángulo, la calle está completamente desierta. Conoce esos lugares, sabía lo que estaba haciendo cuando eligió específicamente esa salida. Señala a su vehículo que lo deja a poca distancia, acelera y, en pocos minutos, sube, secuestrando a Ingrid completamente dormida. La acomoda en las almohadas y la mira, embelesado. Con voz lúgubre y al mismo tiempo acariciando, le arregla el cabello descuidado, mientras promete:

– ¡Eres y siempre serás mía! Te haré mi esposa y ¡ay de quien intente detenerme! ¡Te deseo un amor y ninguno mejor que el tuyo, querida!

Deja escapar un bufido de risa, que asustaría a cualquiera que pudiera escucharlo, excepto a su sirviente, que ya está acostumbrado a encogerse de hombros e instar a los caballos a correr más rápido. Estas cuatro furias, los animales corren por los senderos que conducen a la oscura y grotesca roca que cobija el dominio de este oscuro señor... Al llegar, la toma en sus vigorosos brazos y la lleva, victoriosa, adentro, casi corriendo. Después de ponerla cómoda, le administra pequeñas gotas de narcótico en los labios entreabiertos y los besa suavemente, sin presionarlos, con una delicadeza imposible de adivinar. La habitación es lujosa, limpia y cómoda, pero inmersa casi en la oscuridad. Cubriéndola con una gruesa manta de piel de animal, se queda allí admirándola, extasiado.

Luego se levanta y se va, luciendo brillante, una leve sonrisa en los labios... Se dirige a su oficina donde tiene trabajo que hacer. Sin embargo, no puede estar interesado en nada en ese momento. Deja de trabajar. Se concentra, ojos cerrados, cuerpo suelto. Con una sonrisa extraña, se diría que duerme y sueña, pero, en verdad, mira desde la distancia el bullicio que provoca la desaparición de la hija menor del Barón Mateus... El padre, enloquecido, consternado, la busca en todos los departamentos de la inmensa embajada, ayudados por innumerables personas, simpatizantes de su patente desesperación. Débora, al despertar, se sorprendió por la ausencia de su sobrina. Imaginándola mejor y bailando en los pasillos, fue a buscarla para tranquilizarse, pero al no encontrar a Ingrid en ninguna parte, dio la alarma. No puede entender cómo durmió tan rápido e inevitablemente... Se siente culpable y nada puede sacarla de la aflicción en la que se encuentra. Llora abundantes lágrimas. Ha explicado, innumerables veces, cómo sucedió todo. Nada, absolutamente nada, lo que había visto u oído. Astrid y Danilo buscan a Ingrid a través de los jardines y al aire libre; incluso por las calles adyacentes, pero sin éxito. Abrazándola tiernamente, Danilo consuela a Astrid, quien se culpa a sí misma por no ser más vigilante y cuidadosa con su hermana...

Con un fino pañuelo de batista prestado por Danilo, se enjuga las lágrimas y le dice, desolada:

– ¡Qué juicio debes estar haciendo de nosotros! ¡Parecemos una familia disfuncional! ¡No nos juzgues con dureza, te lo ruego!

– ¿Quién te crees que soy? ¿Por qué lo haría?

– ¡Porque se le conoce por ser un hombre muy culto con un comportamiento impecable! ¡Por Dios, no creas que somos tontos e irresponsables!

– ¡Yo nunca haría eso, Astrid! ¡Y no me entrones en un pedestal inmerecido, cuando me conoces tan poco! Siento una admiración exagerada por ti; no escuches lo que escuchas de los vulgares, por favor. Soy un hombre como cualquier otro, imperfecto, en un esfuerzo constante por superarme, y es bueno que lo sepas. ¡No soy un héroe de los clásicos de Homero, ni de la vida misma que nos exige actitudes muy contradictorias todo el tiempo! Nunca fui un soñador ni un ciego de alma; mírame exactamente como soy, frágil frente a todo lo que nos rodea, siempre luchando por ganar, ¡pero no siempre triunfando!

Astrid lo mira con sorpresa, sus ojos muy abiertos. No puede evitar pensar que este hombre ya le está advirtiendo de algo que quizás sea mayor que su capacidad de perdonar. Esperará, con atención, el futuro, para saber juzgar mejor. Danilo había llegado para cambiar radicalmente su existencia.

Observando su abstracción, Danilo sonríe y agrega con cuidado:

– Puedes contar con mi amistad y comprensión. ¡Más que eso, con mis servicios! Lamento profundamente lo que está viviendo tu bella y noble familia y me pongo a tu disposición.

– Muy grata...

Silenciosa, va hacia adentro.

– ¿Qué pasa, Astrid? ¿Estás recordando algo?

– ¡Sí, y por eso no me puedo perdonar...! ¡Sabía que pasaría algo malo! ¡Tenía la obligación de estar más atenta, de vigilar mejor a mi querida hermana!

– ¿Por qué dices eso?

– Por varias razones: Hace tiempo que siento sufrimiento por nosotros. Ni siquiera podía imaginar de dónde vendrían, pero sabía, no me preguntes cómo, ¡que Ingrid estaba en peligro! Hoy, aquí, caminando por los pasillos para refrescarme, escuché un extraño batir de alas por encima de mi cabeza, como si un pájaro enorme volara allí...

Más tarde, cuando me dispuse a verla, antes que llegara al baño, la pillé en una de las habitaciones dando vueltas vertiginosamente con un hombre vestido de negro. Concluí que ella ya estaba bien. A mi hermana siempre le gustó la gente diferente, la gente exótica, así que la dejé tranquila. Después de todo, todos estábamos cerca ¿qué tan mal podría alcanzarla?

Danilo palidece mortalmente:

– ¿Puedes describir el tipo de extraño que bailaba con tu hermana?

– Sí, lo analicé muy bien. Era muy alto, fuerte, ágil y delgado; Tez ligeramente bronceada, ropa completamente negra y muy lujosa...

Danilo no puede contenerse y explota con los puños cerrados:

– ¡Él! Sí, ¡¿quién más podría ser...?!

– ¿Que dijiste? ¿Conoces a este hombre?

Sin responder, Danilo la toma de la mano y la arrastra mientras la invita:

– ¡Ven, vamos a buscar a tu padre!

– ¡Él no está! Fue a nuestra casa con la esperanza de encontrarla allí. Danilo se detiene y declara:

– Me temo que tu esperanza es inútil...

– ¿Por qué dices eso? ¿Sabes algo?

– ¡No, pero lo sospecho! Esperemos el regreso de tu padre...

– ¡Oh, Danilo! ¡Espero que puedas encontrar a mi hermana!

– ¡No te entusiasmes demasiado, por favor! Solo tengo algunas sospechas.

– Está bien, pero siento que sabes más de lo que dices, Danilo...

Mirándola embelesado, Danilo concluyó:

– ¡Qué intuitiva eres, belleza mía! Si no fuera por los percances que estamos viviendo y podríamos profundizar en este cariño que parece haber superado el tiempo... Tu mirada azul como

La Pulsera de Cleopatra

el cielo invade mi alma con un poder que nunca le he dado a otra mujer. ¿Existe el verdadero amor? ¿Estaré cerca de descubrirlo...?

Mientras reflexiona sobre esto, ve que el Barón vuelve a entrar en la embajada para informarle que su hija no se ha ido a casa. Sus ojos enrojecidos e hinchados por el llanto hablan de su desesperación. Al verlo, Astrid se adelanta, lo abraza y estalla en sollozos mientras se disculpa por no haber visto mejor a su hermana.

Devolviéndole el cariño, la consuela y responde a sus quejas:

– ¡No te culpes, querida! ¡Ingrid siempre se ha escapado de nuestro cuidado! Efectivamente, ¡decidió jugarnos una broma! Ella aparecerá, ¿ya lo verás?

Acercándose respetuosamente, Danilo le dice:

– Estimado señor Barón, ¡es probable que la presencia de alguien muy sospechoso nos lleve a una referencia más directa!

– ¿De quién estás hablando, querido Conde?

– Venga, por favor, necesitamos averiguar algo.

Dejando a Astrid al cuidado de su tía, el Barón sigue al Conde mientras se dirige a los departamentos de la embajada, donde varias personas se desviven por comprender la desaparición de Ingrid, dada su responsabilidad.

Dando un paso adelante, Danilo habla con un agregado, su amigo particular:

– Por favor, dígame, ¿estaba el conocido ocultista Thilbor Sarasate entre los invitados esta noche?

Solícito, el entrevistado pide:

– Espere, buscaré a los responsables de la recepción de los invitados.

Minutos después, con la frente arrugada, regresa confirmando:

– Sí, estuvo aquí, un rato. Vanidoso, elegante y refinado, bailó un par de veces y luego desapareció. Se concluyó que, desinteresado, abandonó el evento.

– ¿Alguien lo vio salir?

– No, pero me informaron que lo vieron bailando con Ingrid.

Ya consciente del hecho, Danilo está casi seguro que Thilbor está involucrado o es responsable de la desaparición de la niña. Consciente de la mencionada presencia en la fiesta, el Barón sintió que su corazón latía con fuerza y le faltaba el aliento. Se esparcen terribles rumores, sobre rituales macabros, hechizos terribles y, sobre todo, la desaparición de personas de todas las edades. Sin embargo, nunca fue posible probar nada contra Thilbor... En un malestar repentino, el Barón necesita ayuda y un asiento es ofrecido. Allí, se derrumba en desesperación. Danilo cierra la puerta y lo protege de miradas indiscretas. Silencioso, ya ha descubierto dónde debería estar Ingrid... Danilo y Thilbor son viejos adversarios, como era de esperarse. Se enfrentaron, muchas veces, en varias ocasiones, y se involucraron en polémicas científicas y metafísicas.

Los ocultistas, ambos orientados al conocimiento, se volvieron rivales debido a las diferencias en los principios y valores morales; uno del lado del bien y la ley, el otro, dando la espalda a todo lo que es justo y legal, haciendo, a cambio, sus propios códigos de vida. Cumpliendo sus deberes con el Estado; buen pagador; ciudadano "respetado", por el poder financiero que representa, Thilbor desdeña a quienes intentan involucrarlo en desentrañar las acciones de su vida privada y muy misteriosa... En ese momento, cómodamente sentado en un sillón, medita, decide y clama por Buffone. Corriendo lo más fuerte que puede, sus piernas

La Pulsera de Cleopatra

tropezando y cortas, balanceándose por el esfuerzo que hace, llega el enano, exhausto, con los ojos desorbitados, el sudor en la cara redonda.

– ¡Sí señor! – grita, de pie junto al jefe.

– ¡Ve a la cueva y déjala en buen estado! ¡Prepara algo de comida y llévala allí, como un ánfora con vino y otra con agua! Dile a Olga que le proporcione todo lo que una mujer necesita para vivir cómodamente.

– ¿Va a alojar a alguien allí, mi señor?

Una patada responde a la pregunta. Y se va, gimiendo de dolor y cojeando, gateando con dificultad. En pocos cuartos de hora, él tiene todo listo, mientras Olga hace su parte, celosa y enojada. Thilbor luego va a las habitaciones donde duerme Ingrid. Allí la admira, con reverencia. Luego la toma en sus brazos, con cuidado. Entra en una habitación contigua, buscando un resorte, disfrazado en un hueco en la pared, que a su vez desaparece detrás de un gran armario. Al presionarlo, se abre una puerta que cruje sobre sus bisagras. Más tarde para entrar, vuelve a cerrarla. Delante de sí, se abren pasillos oscuros y húmedos, en los que el musgo se vuelve verde. Algunos goteos de agua corren por las paredes. Después de caminar unos minutos, se acerca a una piedra concreta, pero que se parece a todas las demás, y le imprime algo de fuerza, girando una más grande que, con un ruido, se aleja y deja al descubierto una puerta hábilmente escondida. Para abrirla utiliza una llave de hierro de forma extraña, que llevaba colgada de la cintura, y finalmente llega, con su precioso bulto, a una cueva redonda, seca y muy bien amueblada.

A grandes zancadas, alcanza y coloca a la niña en una cama blanda, cubierta por un dosel de terciopelo verde, la colcha de la cama es de la misma tela y color. La cubre con celo y la mira fascinado. Pasiones y relaciones amorosas, las más groseras, Thilbor ha experimentado a lo largo de su vida, manteniendo a su lado solo a la bella y útil Olga, que lo sigue y reverencia. Mide las acomodaciones y verifica los arreglos recomendados. Satisfecho con lo que ve, deduce que, al despertar, por el susto y la sorpresa de encontrarse allí, lejos de su gente, la niña no experimentaría ningún tipo de privación. No la volverá a ver hasta que lo considere oportuno.

Esperará a que se calme. Allí estará bien escondida, piensa, consciente que en unas horas vendrán a buscarla.

Desquiciado, se ríe cuando se imagina a sí mismo bajo tales acusaciones, ¡que negará perentoriamente! Y, perdido en sus pensamientos, concluyó:

– ¡Si no fueses tú, belleza mía, sería tu adorable hermana! Entre nosotros dos; sin embargo, todavía hay asuntos pendientes, ya sabes...

Listo, vuelve a salir y cierra todo, con cuidado, como había hecho para abrirlo. Va a su oficina y finge trabajar allí, mientras espera las "visitas" y se alisa la barba, en un profético soliloquio:

– ¡Por fin, vieja Marfa, te has ido! ¡Muy pronto, aquel que fue un aumento de tormentos en tu dura vida te seguirá! Ahora lo único que me queda es encontrar al padre que me puso en el mundo y me olvidó, porque, a pesar de ustedes dos, ¡ya sé quién es y dónde vive! ¡En Bangkok, por supuesto! Como todos los que se atreven a desafiarme o menospreciarme, como él lo hizo, ¡sentirá el peso de mi odio y mi rebelión! ¡Él no sobrevivirá a nuestro reencuentro! Y dondequiera que estés, ya sea en el cielo – se ríe burlonamente –, o en el infierno, ¡ya lo verás!

Agitado, decide, se va y se apresura a subir a la cima de la roca. Desde allí observa la curva del camino. El alba comienza a aparecer, vanidoso y lleno de luz. Su túnica, ondeando, se balancea contra el viento que en esas alturas gana mucha fuerza. En una risa que sacude su cuerpo, distingue las siluetas de personas que pretenden escalar y desafiarlo, en la sospecha que la belleza desaparecida es su rehén... Luego envía a uno de los sirvientes a los guardias, ordenándoles que dejen paso libre a las personas que acaban de llegar, mientras, nervioso, se prepara para esperarlos y regresa a su oficina, abrochándose la máscara de la inocencia en su rostro...

CAPÍTULO 10

Hoy, Marfa se despertó por la mañana envuelta en extraños sentimientos. Desde el tratamiento que le recomendó su hijo adoptivo, mejoró sus dolencias y empezó a vivir mejor, moviéndose muy bien. Entonces, decidió y fue a visitar a unos parientes que no había visto en mucho tiempo, y cuando los vio, se sintió sumamente feliz, como si nunca los hubiera visto antes, o como si se estuviera despidiendo de ellos. Sus rasgos y apariencias le parecían tan diferentes, como si, a lo largo de su vida, nunca los hubiera examinado con un prisma más meticuloso y profundo. Boris viajaba por negocios y se quedaba con sus familiares, socializando, ahora con uno, ahora con el otro, desahogándose y contándoles, como nunca antes, los hechos más notables de su vida. Cuando fueron a Tailandia, realizaron el viejo sueño de Boris. Una vez allí, las circunstancias los detuvieron, modificando sus planes de vida desde cero.

En conversación comenta con pesar:

– ¡Ah, tío mío, qué angustias empecé a vivir, cuando me enteré, junto a los infranqueables percances en los que estábamos inmersos, de la decisión de Boris de instalarse en esas tierras tan lejanas y místicas! Conmocionada, lamenté la idea, objetiva y racional como siempre lo fui...

– Y ambiciosa, en exceso, no olvides decirlo – completa el viejo tío, que ya no se levanta de la cama y ve cada vez menos.

La Pulsera de Cleopatra

— Sí, mi tío señor me conoce muy bien, ya que ayudaste a mi madre en mi crianza.

En vano, confirma:

— ¡De hecho, de hecho!

— Siempre he sido muy ambiciosa, es cierto, pero la vida me ha decepcionado, sin piedad... Criada en la pobreza, bajo palizas...

— ¡Bien merecidas!

Marfa quiso contradecir, señalar su desenfreno e insensibilidad, pero no dijo nada. Después de todo, hoy este hombre, una vez tan temido, es solo un harapo, una sobra. Si no se alimenta y cuida, por compasión, morirá solo, hambriento, sin defensas...

— "¡Ah, el ocaso de la vida!" — Reflexiona, sin olvidar que también se inserta en el mismo contexto y vive, poco a poco, la misma experiencia que su tío.

Ladino y experimentado en la vida, el tío cambia el contenido de la conversación, antes que ella le arroje en la cara sus crueldades hacia ella, cuando aun estaba tan indefensa, tan pequeña:

— Dime, Marfa, ¿qué te hizo regresar a Rusia?

— ¡Las órdenes de nuestro jefe, que venían en contra de un viejo deseo nuestro de ver nuestra amada tierra, nuestros familiares y amigos!

— ¡Cuando llegaste aquí, tu emoción fue notable!

— ¡Sí, mucha emoción! ¡Solo Dios puede evaluar, mi tío!

Interiorizándose unos instantes, comenta:

— ¡Boris está tardando demasiado!

— Bueno, bueno, ¿desde cuándo añoras la presencia de tu marido? La boda fue un arreglo familiar. ¡Nunca se quisieron! ¡En

La Pulsera de Cleopatra

ese momento, debes recordar que Boris nos pareció la solución a los problemas que nos causaste en tu patente rebeldía!

Mirándolo, entristecida, Marfa responde:

– ¡¿Cómo pude olvidar, tío mío, el "gran día", en el que decidiste mi vida y mi futuro sin ningún respeto por mí, sin siquiera consultarme?! Ignoraron mis lágrimas y mi negativa... ¡En poco tiempo me encontré casada con un hombre al que había visto solo una vez en mi vida!

– ¡Ahora, Marfa, exageras! Boris era un hombre guapo con toda su fuerza viril. El "Oso Grande", como todos lo llamaban. ¡Estaba encantado por ti y no pudimos controlarnos en la oportunidad que nos llamaba para deshacernos de nuestras preocupaciones por ti, hermosa jovencita, alegre y testaruda!

– ¡Oh, cuánta nostalgia tengo de mí misma, tío! ¡De mi exuberante alegría y mis sueños que lograste abortar! De hecho, ya estaba saliendo y soñaba con casarme por amor. En los primeros días de nuestro matrimonio, traté de amar a Boris, pero debo decirte que no pude. ¡El "Oso Grande", como dices, me atacó con sus poderosas garras y me lastimó cien veces...! Hoy, reflexionando sobre todo lo que hemos vivido, si no lo amo, ya estoy acostumbrada con él. Descubrí que tenemos algunas similitudes. A veces nos apoyamos unos a otros, a veces peleamos. Entonces, van cuarenta largos años de convivencia...

– Eso te dejó marcas en cuerpo y alma – comenta el tío, jocosamente.

Marfa no puede contenerse y declara, cara a cara con su tío:

– No fue el único responsable de ellos...

El tío se da cuenta que ha perdido una gran oportunidad de permanecer en silencio. Se aclara la garganta, desconcertado.

– Espero que Boris vuelva pronto... Me temo que no nos volveremos a ver en esta vida.

La Pulsera de Cleopatra

– ¿Por qué? ¿Tienes miedo que no vuelva?

– No, absolutamente. Él está feliz de haber regresado a Rusia, pero yo, a pesar de mi salud, me siento muy extraña, algo alejada de la realidad que me rodea...

Por cierto, tío mío, a pesar de las muchas faltas que llevo, te perdono por todo y por igual a mi madre, esté donde esté...

Consternado, responde sinceramente:

– Quiero preguntarte lo mismo. Temo enfrentar la corte de Dios con tanta culpa... Aquí en esta cama, solo interiorizado, por la fuerza de las circunstancias, después de haber vivido mucho, ¡me arrepiento tanto...! Es bueno que sepas: hoy ya no soy el que una vez conociste, mi sobrina...

– Ninguno de nosotros lo es, tío. A lo largo de nuestra existencia, aprendemos del sufrimiento y los errores. Abatidos, actuamos y pensamos de forma más lenta y menos impulsiva.

– ¡Ah, si volviera el tiempo! ¿Podría, oh Dios, empezar de nuevo, en otros comportamientos y en otros pensamientos?

– Desafortunadamente, esto es imposible. El tiempo es implacable y tiene su propia ley. Por mi parte, ¡descansa! Ya no te condeno por todo lo que me hiciste pasar. Si Dios es justo, probablemente me lo merecía...

– No puedo, ni debo, conformarme con esta idea que me parece muy apologética, Marfa. Lo que hice, lo hice, y tendré que dar cuenta al cielo. Sin embargo, contaré con la misericordia divina.

Marfa mira fijamente a ese tío que en el pasado la lastimó, muy profundamente, una y otra vez... Y no solo a ella, sino a todos los que lo rodean.

Respira hondo y pregunta:

– Si me pasa algo y me voy antes que tú, tío mío, cuando llegue Boris, dile que lo perdono por hacerme muy, muy infeliz.

La Pulsera de Cleopatra

En las últimas palabras, Marfa muestra un gran deseo de llorar; sin embargo, se refrena, como siempre lo hacía. No tenía derecho a desahogar sus dolores y aflicciones, ya fueran físicas o morales; Debería "tragárselos" y digerirlos ella misma.

– ¡Y de eso también soy culpable! – Concluye, con pesar, el tío.

Marfa decide volver a casa en el primer tren. Se despide y se marcha, ignorando; sin embargo, que, en uno de los carruajes, acomodados en camas improvisadas, viajan las víctimas de una grave epidemia, que son trasladadas a un hospital cercano. Se embarca, hace el viaje profundamente interiorizada y llega emocionalmente cansada. Sus recuerdos parecen un gran mosaico que necesita organizar, poner las piezas en su lugar debidamente. Unos días después, se enferma. Intenta levantarse y no puede. Su cabeza da vueltas y sus piernas se niegan a sostenerla. Sudoración intensa le baña el cuerpo y le entra una fiebre muy fuerte. No sabe qué hacer. Si Boris estuviera allí, podría llamar a un médico. Su fuerte intuición le dice; sin embargo, que ha llegado su hora; qué ninguna acción tendrá el efecto deseado. Postrada, sola, febril, delirante, se rinde, cada vez más, a una peligrosa inercia que se convierte, poco a poco, en un letargo irreversible.

En una noche peor que las demás, se siente agonizante... Parece escurrirse, como un recipiente del que se vierte el contenido hasta la última gota. Sus pies y manos se congelan y se entumecen. Todo en ella convulsiona, como si se rebelara interiormente por algo que pone fin a un proceso vital que antes gravitaba poderosamente, manteniendo su existencia... Reza por sí misma y se rinde, suave, sin revuelta, vacía de alegría o tristeza, de amor u odio. Su mente da vueltas y todo está distante, como si la cortina invisible se cerrara para siempre. Las chispas ardientes parecen dañar su cuerpo. Con un fuerte impulso, se siente proyectada hacia afuera y pierde la conciencia de todo... Así, Marfa abandona el mundo, desilusionada hasta el fondo de su alma sin luz. Allí, en su catre, es descubierta por unos vecinos por una circunstancia fortuita. En pánico, descubren que ella era otra víctima de la plaga que ya había victimizado a tantos otros. Algunos más valientes llevan su cuerpo, envuelto en sábanas, al patio trasero y lo queman, en un intento por evitar el contagio.

Cuando, por fin, Boris regresa, recibe la trágica noticia y encuentra la casa completamente vacía. Desencantado, despedido como estaba por su patrón, se pone demasiado triste, hundiéndose en una terrible depresión. Unos días después, su corazón se detiene y abandona el mundo de los vivos, poniendo fin a una existencia, prácticamente sin éxito; excepción hecha al trabajo, siempre arduo a lo largo de la vida... El tío de Marfa, poco después del perdón recibido de su sobrina, también fue a dar cuenta a "quien tiene derecho."

~ o0o ~

Guillermo, de quien parecíamos olvidados, cuando se encontró solo, sin la presencia de su amada Dhara, y profundamente triste, luego de la cremación de su cuerpo, al llegar a casa, empacó un equipaje, agregando recursos ahorrados. Se despidió de sus ancianos padres, querida hermana, y se fue al Tíbet. Allí, se matriculó en una escuela para monjes budistas. Unos años más tarde, entregado, se encontró entre los más grandes de esa hermandad de hombres que viven lejos de todo y de todos, enfocados en el amor al mundo, al Buda y a Dios. Cada vez más ansioso por ser iluminado e ilustrado por conocimiento trascendental, tuvo acceso a un antiguo y desconocido monasterio, en el Himalaya, donde solo pueden ser admitidos los seleccionados.

CAPÍTULO 11

Después de haber despertado después de muchas horas de extraño letargo, Ingrid piensa que está muerta y enterrada en una tumba como nunca antes había visto. Este es el primer pensamiento que se le ocurre. Pero al sorprender la comida recién preparada y fresca, analiza mejor tu situación. ¿Experimenta por casualidad una terrible pesadilla? ¿Dónde está de todos modos? ¿Quién la trajo y cuándo? Lo último que recuerda es la solicitud de la tía Débora, que permaneció a su lado mientras se recuperaba de un repentino malestar...

Agarrando su cabeza entre sus manos, se pregunta desesperada:

– ¿Qué me pasó?

¡¿Cómo llegué aquí...?! ¡Oh, Dios! ¿Cómo están mi padre y mi hermana? ¿Han notado mi desaparición?

Con los nervios tensos, se desploma en un cómodo sillón y estalla en un llanto convulsivo:

– ¡Solo tengo que rezar! ¡El cielo tenga piedad de mí!

Cae de rodillas sobre el suelo fresco y bien pulido de piedras irregulares.

– ¡Dios mío! ¿Qué será de mí? ¿Qué será de los míos? ¿Dónde estaré? ¿Qué suerte me espera? ¿Quién será mi secuestrador y qué intenciones lo mueven...?! ¡Dinero! ¡Sí! ¡Sin duda requerirá grandes sumas para mi rescate! ¿Seré liberada? ¿Cuántas horas llevo aquí durmiendo...? ¡Oh, Padre de todos los hombres, ayúdame en Tu inmensa misericordia! Si por casualidad quieres probarme, ¡dame comprensión y fuerza! Pero si es tu voluntad, líbrame, Señor, de esta desgracia. ¡En Tus manos pongo mi suerte y mi destino!

Después de la oración se siente mejor, algo reconfortada y con más confianza. Investiga a fondo el ambiente. Palpa las paredes, pero no encuentra ninguna brecha. Mira el lujo que la rodea y sabiamente concluye que manos muy hábiles la han preparado con un talento admirable.

De repente, se estremece de horror ante la sospecha:

– ¿Estoy presa en algún castillo? Las historias oscuras se esparcen a los cuatro vientos... En muchas de ellas, sus dueños construyen y mantienen en sus reductos, generalmente subterráneos, cárceles y celdas, donde segregan a sus enemigos o simples oponentes para torturarlos y hacerlos desaparecer... ¿Es esta mi condición actual...?

Sin embargo, analiza todo lo que le rodea y concluye:

– Puede que esté en un castillo, pero éste no tiene el aspecto terrible de las famosas cárceles...

Tiene hambre. Su ardiente juventud exige comida, aire, sol, agua y, sobre todo, ¡libertad! Escucha un suave chapoteo y encuentra una pequeña cascada en el espacio contiguo.

Prueba los alimentos que tienen buen aspecto, están bien preparados y se vean muy sabrosos. No teme que estén envenenados. Todo indica que quien la encarceló quiere que sobreviva, ¡y muy bien! Pero, ante esta conclusión, piensa aterrorizada: "¿Para qué?"

Intenta calmarse y, mirando a su alrededor, descubre encima de un aparador, dentro de una bandeja de plata, un cuenco enorme lleno de deliciosos y apetecibles dulces. Algunos los reconoce:

– Sea quien sea, tiene un gusto refinado... ¡Qué misterioso...!

Se alimenta con cierta gula. Se acerca a la cascada, se lava la cara, se moja el cabello, se refresca y aprovecha para beber agua con las manos ahuecadas. Haga uso de los artículos de higiene personal, puestos allí a su disposición. Poco después, un entumecimiento se apodera de ella. Se acuesta, cómoda, pero lucha por no quedarse dormida. Necesita estar consciente; su captor debe aparecer en cualquier momento... Sus ojos; sin embargo, se vuelven pesados y cerrados. El narcótico todavía tiene sus efectos y ella cae en un sueño profundo.

Mientras tanto, Thilbor da la bienvenida, profundamente molesto e irascible, a Danilo y al Barón, seguidos de otros que se han unido al grupo por indignación, amistad con el Barón o simple curiosidad.

Atrevido, los enfrenta:

– ¿A qué tengo el disgusto de recibirlos?

Danilo y el Barón se acercan. Disparando a Danilo con una mirada amenazadora, espera.

– Señor Thilbor, anoche vieron a mi hija Ingrid bailando con usted en el baile de la embajada de Austria. ¡Es por eso que estamos aquí, esperando que sepa algo que pueda ayudarnos! – Declara el Barón, tembloroso y ansioso; buscando las palabras adecuadas para lo que desea, en una situación desconcertante y desesperada.

– ¿Acerca de? Sinceramente, no entendí. ¿A dónde quiere ir y qué espera de mí? ¿Qué le pasó a su hija de todos modos?

– Si lo supiera, no estaría aquí, está bien...

Fingiendo sorpresa, Thilbor responde:

La Pulsera de Cleopatra

– ¡¿Su hija ha desaparecido?! ¡¿Y vinieron aquí buscándola?! Bueno, ¡no esperaba esto! ¿Qué tengo que ver con esto? ¿Me pueden decir?

– Justo antes que desapareciera, la vieron bailando con usted.

– ¡Bueno, si bailara con tantas otras! ¡Ella, a su vez, también debe haber bailado con muchos otros! Regresé a casa antes del final del baile y ni siquiera me di cuenta de este hecho, ¡que les concierne a ustedes y no a mí! ¡La juventud no siempre es muy prudente! Puede que haya salido con algún chico. Seguro que a estas horas ya está en casa esperando que se expliquen o... ¡no! Quién puede saberlo, ¿no? – Sonríe maliciosamente.

El Barón se ruboriza de ira. Aprieta los puños y amenaza con arrojarse sobre él. Dando un paso adelante, Danilo lo detiene, mientras educadamente declara:

– ¡Cualquier recuerdo o información nos será de utilidad, señor!

Éste respira fuerte, con mucha impaciencia:

– ¿Cómo? ¿Si yo mismo no estuviera informado sobre el hecho en sí? ¡Es muy atrevido! ¡Venir a mi casa a interrogarme! ¡Fuera de aquí y déjenme en paz!

Se sienta ruidosamente y fija sus poderosas pupilas en el grupo, obstinado. Aunque no están impresionados, no pueden moverse. Ante su silencio y su terquedad declarada, Danilo decide ser más convincente:

– ¡Tenemos serias razones para creer que la hija menor del señor Barón, aquí presente, está en su poder!

Golpeando su escritorio, Thilbor explota:

– ¡Esta es una acusación muy seria, querido Conde, que debe probar, o enfrentará serios problemas!

Brillo intenso y audaz en los ojos; conociendo el alma humana, incluida ésta, Danilo responde:

– Bueno, le digo que su situación está lejos de ser cómoda, al contrario, ¡es altamente comprometedora! ¡Mucha gente la vio bailar con usted justo antes que desapareciera!

Thilbor sabe que se enfrenta a un enemigo respetable; sin embargo, engaña, sin cambiar de actitud:

– ¡Cualquiera que estuviera allí podría haberla llevado consigo! ¡El prejuicio; sin embargo, que existe en mi contra, responde a esta absurda acusación! ¡Pues bien! ¡Contribuiré con lo que sea necesario para encontrarla! ¿Qué esperan de mi?

– ¡No seas tonto, Thilbor! ¡Sabe muy bien lo que queremos! ¡El tiempo apremia! – Explota Danilo imponente.

Furioso, dirige la mirada en dirección a todos y cada uno, mientras advierte:

– ¡Todos ustedes me pagarán por esta atroz afrenta! ¡Uno por uno! ¡Y saben que no soy una amenaza en vano!

– ¡Ahora mismo, y en una situación como ésta, tus amenazas no interesan a nadie! – exclama el Barón, cambiado.

Fuera de control, muy cerca de Thilbor, con el dedo levantado, se impone:

– Denos un pase libre para buscarla aquí y quizás convencernos de su inocencia, pero, por Dios – o por el diablo, que, sin duda, sirve muy bien – ¡dese prisa y nos premie con lo que deseamos! De lo contrario, ¡le garantizo que no verá muchas Lunas antes de unir sus colas y cuernos! Su fama es ampliamente conocida, ¡y muchas otras personas han desaparecido de esta ciudad! Cualquiera que se rodee de tanta leyenda y rareza, como usted, ¡siempre es sospechoso! La gente es sabia cuando dice que "¡donde hay humo, hay fuego...!" ¡Apúrese, se me acaba la paciencia! ¡Reconozca la autoridad que represento en esta ciudad y tenga cuidado de no caer en desgracia conmigo!

Thilbor sabe que el general retirado es ampliamente conocido y respetado por su valentía y su glorioso pasado. Un hombre así no se detiene ante ningún obstáculo. Se levanta, se aclara la garganta y se mueve, asustando a algunos de los que están allí. Su figura y su físico son intimidantes. Ella llama a los sirvientes, llamándolos a todos por su nombre y convocándolos para que se unan a la búsqueda.

Mientras llegan los convocados, desorientados y atropellados, se dirige al Barón y a Danilo:

– ¡Solo a vosotros dos abriré el interior de mi casa! ¡A nadie más!

¡Aléjense los demás o los echarán a la calle como perros!

Mirando significativamente al Barón, Danilo asiente:

– ¡Ya es suficiente por ahora! ¡Veremos más tarde!

Aceptando los cicerones de Thilbor, hacen un cuidadoso reconocimiento del lugar, incluso en los departamentos de su laboratorio. Danilo siente poderosas vibraciones allí y maldad. Se estremece imaginar lo que este hombre debe hacer al convivir con el mal y sus representantes más directos...

Inspección hecha, Thilbor cierra las puertas del laboratorio, casi expulsando a Danilo y al Barón de allí, celoso de su espacio "más sagrado." Horas después, cansados de caminar por el enorme y antiguo castillo, decepcionados, seguros que la niña no está, se van sin despedirse. Subiendo a su carruaje, acompañado por el Barón, Danilo se pone sombrío y muy tenso. Debido a su conocimiento y perspicacia espiritual, sintió la presencia de Ingrid allí, pero ¿cómo podría probarlo? ¡Lo examinaron todo, exhaustivamente! Regresan para darle a Astrid la triste noticia. Ésta, con los ojos enrojecidos e hinchados de tanto llorar, al ver sus

La Pulsera de Cleopatra

rostros incómodos, no pregunta nada; corre hacia el interior de la casa y desaparece. Su desesperación es visible. Danilo, al verla tan infeliz, lamenta las desastrosas circunstancias que les impedirán seguir en el mismo terreno de juego, para conocerse mejor, con la intención de establecer los lazos afectivos que se materializaron. Él y el Barón se dispusieron a buscar justicia; lo que deberían haber hecho antes. La desesperación y la prisa del Barón hablaban más que el sentido común. Era urgente haberla buscado primero, actuar con más decoro, contando con apoyo legal y personal especializado.

Se enfrentaron a alguien que, en cualquier lugar o situación, tiene una lucidez malsana.

Nada escapa a sus sentidos, agudos, como los de un animal, en la lucha por la supervivencia. Desde la distancia, Thilbor vio partir a sus oponentes y, listo, volvió a sus intereses inmediatos. Llamó a todos sus sirvientes y comenzó a ordenar, o más bien a un lío, habiendo deliberado para anticipar la mudanza a Moldavia. Con las instrucciones adecuadas, Olga se dirige a Ingrid. Utilizando los mismos caminos y recursos, aparece ante la niña, ya despierta. En estado de shock, Ingrid se enfrenta a esa mujer que parece haber aparecido de la nada. Aterrorizada, se pone en guardia. Al observar su belleza peregrina, celosa, Olga comprende las razones de Thilbor. Sonriente, malévola, disfruta del miedo que sorprende en sus ojos. Hace un gesto amable y aconseja:

– ¡Descansa el corazón, porque vengo en paz!

Recuperando su ánimo, Ingrid le pregunta con los ojos encendidos:

– ¡¿Dijiste que vienes en paz...?! ¿Y fue en nombre de esta 'paz' que fui capturada y traída aquí? ¿Dónde estoy? ¡Dime! ¡Exijo que me sueltes! ¿Quién crees que eres? ¿Por qué estoy confinada aquí y qué poderes crees que posees para mantenerme presa? ¡Deben estar buscándome a estas alturas y te garantizo que tendrás mucho con qué lidiar! ¡Mi padre tiene poderes que ni siquiera puedes imaginar!

En patente desesperación, demuestra el coraje que la caracteriza. Olga estalla en una risa burlona y esto la desconcierta:

– ¡Tonta! ¡Flor de invernadero! ¡Puede ver que no tienes idea del peligro en el que te encuentras! ¡Cualquier búsqueda será inútil, ya sea de tu padre o de cualquier otra persona! ¡Nunca te descubrirán! ¡Esto de aquí, y señala a su alrededor, es inviolable!

¡Oculto y disfrazado, como una gran caja fuerte! ¡Solo el que la arrebató a tu pueblo puede concederle la libertad o no! Ciertamente te tomará para sí mismo, como lo hace con tantas otras, ¡hasta que se canse!

Palideciendo, mortalmente, Ingrid se siente mareada.

"¡Esta mujer parece la guardiana del infierno...!" – Piensa, presa del pánico.

Se cubre la cara con las manos y rompe a llorar. Mirándola con indiferencia, Olga disfruta del horror que ha logrado causar. Continuando con el juego, se aventura:

– ¿Estoy diciendo la verdad o no? Cómo lo sabes, ¿no...?

Suplicante, luciendo mojada por las lágrimas, Ingrid pregunta:

– ¡Eres una mujer como yo, ayúdame!
¡Tengo que ir a casa!

– ¡Bueno, bueno, la leona se ha convertido en un corderito! Chica estúpida, ¿cómo puedes preguntarme eso? ¡Nadie más te verá, hasta que quien te trajo decida tu destino!

Ingrid intensifica el llanto y vuelve a preguntar:

– ¡Por todo lo que amas, ayúdame a escapar de aquí!
¡Serás muy bien recompensada, te lo aseguro!

Dando un bufido de risa, Olga exclama:

– "¡Oh, sí! ¡Seré recompensada con el encarcelamiento y quizás la muerte! ¿Qué crees que soy, idiota? Además, ¡nadie puede darme más de lo que ya tengo! Te sorprenderá descubrir que este mundo no solo está hecho de bienes materiales, sino de poder, ¡mucho poder! ¡Haz todo lo que quieras sin obstáculos y sin culpas!

Sorprendida, Ingrid pregunta:

– ¿No crees en Dios…?

– ¿Qué Dios? ¡Mi Dios es mi belleza y mi inteligencia que me elevó hasta donde estoy!

– ¿Y dónde estás? – Ingrid aventura, tal vez te diga algo que te pueda ayudar.

Olga prosigue, vanidosa:

– ¡En la cima de una montaña! Al admirar el mundo de abajo, ¡todo me parece muy mezquino, pequeño, miserable! ¡Los desprecio a todos!

Ingrid concluye que la mujer allí parada es digna de gran compasión. Es, sin duda, una infeliz… Sufre y lucha, delirante, en medio de fantasías que, sin duda, algún día la desencantarán. En una caída final, verá desaparecer su mundo, como es el caso de los paranoicos de todos los tiempos.

Con lástima, ella comenta:

– Lo que estás diciendo suena a una gran desesperación interior, a una gran frustración. ¿Ni siquiera crees en ti misma y en la luz que todos llevamos, porque hechos a imagen y semejanza del Creador?

Riendo amargamente, Olga responde:

– ¿Si no creo en mí misma? ¡Pero eso es lo que te estoy diciendo! ¡Solo creo en mí misma! ¿De qué luz estás hablando?

La Pulsera de Cleopatra

Ella deja escapar una risa estridente que resuena por toda la habitación. Su cuerpo se convulsiona y su risa suena como el canto aterrador de un pájaro moribundo. Se detiene, de repente, y declara:

– ¡Cuando hablas de luz, ignora por completo dónde estás! ¡Lo que te rodea es solo oscuridad, densa y absoluta oscuridad!

– ¿Por qué dices eso? ¿Podría ser más específica?

– ¡No, no podría!

Ingrid la mira con simpatía y expresa su comprensión:

– Todo lo que predicas es fugaz. ¡Tu belleza se irá desvaneciendo, poco a poco, y será peor para quienes la tuvieron que para aquellos que nunca lo poseyeron, trayendo un desencanto espantoso! Tu inteligencia siempre dependerá de factores externos, de la salud mental, y también disminuirá, un día, deteriorándose y desapareciendo, como si nunca hubiera existido... ¡Tu vida está construida sobre arena!

Temblando nerviosamente, Olga mira fijamente a su interlocutora, deseando no haberle hablado nunca así:

– ¡Cállate y cuídate mientras puedas! ¡Come bien y duerme bien, o morirás antes que estas degeneraciones te sobrevengan!

– Declaraste que estás arriba, que miras a la gente de abajo. ¿Dónde estamos?

Sonrojándose mucho, Olga descubre que ha sido muy imprudente y que Ingrid es muy inteligente.

– Usé una metáfora: ¡estoy "por encima" de las convenciones humanas!

– No, lo entendí muy bien, dijiste que vives en un lugar muy alto. ¿Dónde está este lugar?

Con una mirada de desprecio, Olga se encoge de hombros y se dirige a la salida. Rápidamente, Ingrid la alcanza para ver dónde se irá. Olga; sin embargo, la empuja, violentamente, impidiéndole seguirla. Ingrid se aferra a ella desesperadamente. Olga se defiende y lo golpea con fuerza en la cara y la cabeza. Ingrid cae, incapaz de razonar, tal es el dolor y los mareos resultantes de la agresión. Cuando logra reaccionar, Olga ya se ha ido. Devastada, Ingrid vuelve a llorar. Momentos después está durmiendo, porque el cansancio físico y emocional se apoderó de ella.

Olga va en busca de Thilbor, quien da órdenes tras órdenes, con notoria exasperación. Él la instruye sobre cómo proceder con Ingrid, quien será drogada y escondida en una gran canasta de mimbre. Así es como dejará Rusia. Horas más tarde, habiendo actuado rápidamente, el Barón y Danilo obtienen la orden judicial e inmediatamente parten en la misma dirección que antes. Esta vez, un grupo de personas autorizadas hará la investigación. Thilbor se encontrará en dificultades, ya que los expertos investigarán, centímetro a centímetro, su extraña morada. El Barón Mateus parece haber envejecido en unas pocas horas. Astrid se fue a la cama. En medio de fiebres y delirios, llora por su hermana. El médico le recetó tranquilizantes y reposo. En silencio, sintiendo vibraciones antagónicas, Danilo concluye que, de una forma u otra, no podrán rescatar a Ingrid. Esto les resultará imposible. Con astucia supone que, en sus dominios, Thilbor debe tener cárceles y escondites inescrutables... En uno de ellos, podría haber estado Ingrid cuando sintió su presencia. El exaltado Barón ya está emocionado, imaginando a su hija regresando a casa.

– ¡Los investigadores sabrán presionar al hechicero! – declara, esperanzado.

Siguiendo los mismos caminos, escalan la roca. A Danilo le sorprende la ausencia de los habituales vigías, a quienes la primera vez parecía que les habían ordenado que los dejaran subir...

– "¡El maldito hombre ya nos estaba esperando y esto prueba su culpa!" – concluye.

La Pulsera de Cleopatra

A la primera vista del frontispicio, Danilo se estremece. ¡El viento parece susurrarle que es demasiado tarde! Cuanto más se acercan, más late su corazón. Las autoridades que los acompañan observan que, en el camino, hay marcas de ruedas de carruaje visibles y recientes. Esta observación confirma la poderosa intuición de Danilo, que se apresura. Finalmente, llegan a la cima. Ningún ruido excepto el viento, que parece aullar incesantemente allí. Se encuentran ante un hombre gruñón que, al verlos, se les acerca con la intención de discutir. Allí estaba, sin duda, para eso.

– ¿Qué quieren?

– ¡Vinimos a averiguar algo y para eso solicitamos la presencia de tu jefe! – responde el Barón con impaciencia.

Haciendo un puchero, responde descuidadamente:

– ¡Llegaron demasiado tarde! Mi jefe y su secretaria viajaron indefinidamente. ¡Participarán en un congreso muy importante! ¡Aquí estoy a cargo de todo, hasta que vuelvan!

El policía superior que los acompaña se acerca a él y le ordena:

– ¡Abra la casa y todas sus puertas, ábralas de par en par, en nombre de la ley! ¡Estamos aquí para una consulta!

– Al señor Thilbor no le gustará esto...

– ¡No necesita gustarle ni disgustarle! ¡Obedece o saldrás de aquí directo a la cárcel!

– Está bien – responde, indicando el camino, aparentemente dispuesto a obedecer.

Con gran furia y angustia, apoyando a la policía, el Barón recorre todos los espacios una vez más. Analizan cada habitación, cada rincón, cada espacio. Una vez más, luego de agotados todos los recursos, esta vez siguiendo las pautas de los profesionales en el área de investigación, no encuentran nada, salvo unos pocos sirvientes, que se encargan de mantener el orden, durante la ausencia del jefe, y celdas vacías, al lado de siniestras mazmorras, descubiertos los pasillos que conducen allí.

Se investiga todo, desde el ático abarrotado de trastes, arañas y murciélagos, hasta los sótanos. Las alfombras fueron arrancadas en busca de trampillas que, encontradas, cubrían espacios vacíos y muy añejos. Ni rastro de la reciente presencia de Ingrid, ni de ningún otro prisionero. Los muebles fueron apartados, con gran esfuerzo, en la búsqueda desesperada. Detrás de uno de ellos, se reveló un resorte bien disfrazado que, al presionarlo, dio lugar a un corredor húmedo, aparentemente abandonado hacía mucho tiempo, que se estrechaba considerablemente, desembocando en un peligroso abismo.

Paso a paso, todo había sido registrado, sin resultado. Había llegado la noche, envolviéndolos en la tristeza de un rotundo fracaso... Inconforme, maldiciendo mientras se arrancaba el ralo cabello y tiraba de su bien arreglada barba blanca, el Barón parecía estar al borde de la locura:

– ¡Maldito, infeliz! ¡Hijo del diablo! Lo encontraré y, cuando lo haga, sentirá el peso de mi mano. ¡Desgraciado!

Corre salvajemente por los distintos espacios, buscando a su hija, llamándola por su nombre.

Su desesperación mueve y conmueve a otros. En cierto momento, pierde fuerzas y lo ayudan a salir de allí.

Danilo se dirige al más alto oficial de policía del grupo de operaciones y le pregunta respetuosamente:

– ¿No hay, querido señor, alguna otra salida en la ley que representa? ¡Nuestros puntos de referencia más obvios nos llevan a creer que el Sr. Thilbor fue el secuestrador de Ingrid!

– ¡Absolutamente no! Lo que podíamos hacer ya se hizo. ¡No tenemos pruebas contra el Sr. Thilbor y la ley lo exige! ¡Aquí muere mi poder judicial!

– ¿Y con qué contaremos a partir de ahora?

– Con el Departamento de Investigaciones, pero si Dios quiere, la dama en cuestión salga y se presente, ¡para felicidad de tu padre!

– Si conozco al alma maldita que se fue de aquí, nunca lo volveremos a ver... Y si realmente está con Ingrid... ¡Oh, Dios mío!

Danilo apoya al Barón, que, debilitado por las emociones, está extremadamente pálido y lo ayuda a subir al vehículo. Una vez acomodado, el Barón se desahoga con la voz embargada:

– ¡Me gastaré todo lo que tengo para encontrar a la querida hija!

Antes de abordar, Danilo vuelve a dirigirse al mismo policía:

– Estimado señor, mientras continúa la investigación, ¿tendrá el Barón un pase gratuito para contratar a otros profesionales?

– ¡No, siempre que los nuestros no hayan agotado todos los recursos!

– ¡Estaremos atentos y siguiendo todas las medidas legales! ¡Agradecido por todo!

Se dan la mano y se separan. Al regresar al carruaje, Danilo informa al Barón de lo que acaba de hacer. Él le agradece con un asentimiento y se inclina hacia atrás sobre almohadas. Cierra los ojos y Danilo atrapa las lágrimas que fluyen libremente. Piensa en Astrid y en cómo, en pocas horas, la vida de esta familia ha cambiado... Ante la promesa de retraso en el caso, decide invertir en su relación, con ella, sobre todo ahora, que también necesitaba mucho apoyo. Cierra los ojos y repasa tu rostro dulce, tu mirada azul zafiro, tu voz melodiosa, tus gestos nobles y elegantes, tu andar. No, nunca más volverá a prescindir de su amorosa compañía... Se estremece cuando asume, con bastante razón, que ella podría haber sido la secuestrada.

¿Qué impulsó a Thilbor a tomar la decisión? Astrid es solo un poco mayor y tan hermosa como su hermana. Ingrid es un capullo, ingenuo y bueno, imprudente y aun falto de sentido. ¿Thilbor actuó por impulso, atracción o venganza? ¿Tiene alguna disputa con el Barón? No, esta suposición no está respaldada. Thilbor sospecha de muchas cosas, pero nunca han podido demostrar que él fuera el responsable de la desaparición de nadie... Tal vez lo sea, ¿quién sabe? No parece un nuevo Barbazul...

Historias, la gente cuenta sobre muchas mujeres con las que se involucra. Inmoral, es... ¿Qué se esconde detrás de todo esto? Sea lo que sea, trajo y traerá muchos inconvenientes a esta familia... "

Llegan a la casa del Barón. Danilo lo deja con sus sirvientes y se entera de la salud de Astrid. Carlota, criada y novia de su cochero Iván, le dice que duerme bajo el efecto de tranquilizantes.

– Mejor así – responde, sin estar muy seguro de lo que está diciendo. Se sientes agotado. Necesita relajarse, recuperarse de tantas emociones y ansiedades.

Al llegar a casa, busca consuelo y descanso. Después de un largo baño, se pone en una postura de meditación y entra en profundas oraciones, rehaciéndose a sí mismo. Entonces acuéstate y duerme profundamente, entregándose al Creador.

CAPÍTULO 12

En Bangkok, el Maharajá Hamendra lucha contra su propio corazón, que no se olvida de Dhara. Su recuerdo lo atormenta. Él reconoce tardíamente su amor incondicional... Incluso en el seno de Brahma, ella le inspira un deseo incomprensible de buscar a su hijo. Sin embargo, ¡nunca hará eso! Incluso quiere olvidarse de él por completo. Solo ama a sus hijos legítimos y a su bella esposa. Mirtes es culta, elegante y sabia, como pocas. Ella, que está ahí, callada, mide los extraños cambios por los que ha pasado. Sabe, exactamente, desde cuándo, desde el nacimiento de tu hijo menor, Richard Arjuna. ¿Por qué? El hijo mayor se instaló definitivamente en Inglaterra debido a compromisos con el gobierno inglés, regresando esporádicamente para volver a verlos.

Su bella y culta Selene se casó con un elegante y seductor agregado de la embajada. Incluso de origen pobre, supo escalar en la vida, subiendo escalones con su propio esfuerzo. Mirtes suspira, embelesada, al recordar la ceremonia nupcial que había sido un verdadero cuento de hadas, tanto lujo y refinamiento. La fiesta duró varios días y reunió a las familias más importantes y adineradas del país y muchas otras. El palacio estuvo iluminado por las hadas durante muchas noches. Después de las deslumbrantes ceremonias y celebraciones, partieron para su luna de miel en un encantador pueblito de Francia.

Obsequio de su padre, el Maharajá. Hoy, bien instalada en una mansión muy rica, Selene está feliz.

La Pulsera de Cleopatra

Además de los recursos de su esposo, su familia continúa apadrinando su vida.

Cómodo, Richard Arjuna; sin embargo, nunca salió de casa, ni tomó caminos más definidos en la vida. Sigue siendo la mayor preocupación de los miembros de la familia. Reacio a la disciplina, evita toda responsabilidad. Treinta y cinco años, pleno y cómodamente vivido, derrocha todo lo que sus ávidas manos pueden alcanzar.

Mirtes, severa y cariñosa, descubrió hace tiempo que con él todos los esfuerzos son inútiles... Hermoso como un ángel, pero es malvado como un espíritu de tinieblas... Por él ha derramado muchas lágrimas, y con gran desesperación el Maharajá ha vivido. Las familias pasan por muchos problemas cuando atrapan a Richard con sus hijas... En las relaciones con las mujeres, es cínico y sinvergüenza. Esto es ampliamente conocido y publicitado.

Seductor, sensual y hermoso como un dios, las conquista y luego las arroja a la luz. Si no hubiera sido el hijo del Maharajá, habría estado muerto hace mucho tiempo. Algunos, más enojados, intentaron hacer justicia por su propia mano y fueron severamente castigados, yendo a las cárceles o desapareciendo, misteriosamente. El Maharajá argumenta, en defensa de su hijo, que se trate a sí mismo de mujeres ambiciosas, que persiguen imprudentemente al chico. Aun consciente de sus faltas, lo defiende y termina perdonando sus constantes fechorías, por consideración a Mirtes.

En ese momento; sin embargo, cuando se sorprende por las enormes deudas contraídas por el menor, odia a su hijo – tanto como al otro, del que desconoce el paradero – hasta el punto de desear haber muerto en la trágica noche de su nacimiento. Sin embargo, en ese momento de triste recuerdo, la vida parecía divertirse a su costa:

– ¡Nunca deberían haber sobrevivido! ¡Infelices que son! ¡Niños enviados por los dioses infernales para blanquear mi cabello y alterar los latidos de mi corazón! ¡Siento que algún día me enfrentaré al bastardo! ¡Sí, un día nos veremos! ¡La vida todavía me traerá el pasado de vuelta...!

Recuerda la primera vez que lo vio en la puerta de la casa de Boris y cómo lo había agredido verbalmente, sin saber con quién estaba hablando... Cómo había prometido matarlo.

"¿Dónde caminarás? Al despedir a su padre adoptivo, eliminé mi condición de recibir información para siempre. Lo que supe; sin embargo, fue suficiente para concluir que camina rápido hacia el abismo que ha elegido como su opción de vida. Ningún vínculo nos une, a menos que el destino me juegue una mala pasada. ¿Por qué y por qué tuve que volver sobre mis pasos y salvarlo esa noche oscura?"

Mirtes decide acercarse a él:

– ¿Qué pasa, amado?

Su voz es sincera y dulce. Viven inmersos en una gran injusticia social, consagrados y mantenidos en un régimen severo. Disfrutan diariamente de los beneficios del sudor, los sacrificios y renuncias que impone a sus súbditos explotados y olvidados por los poderosos.

(¡Y así ha sido, a lo largo de los milenios, con cambios muy tímidos, en todos los países de este mundo todavía tan imperfecto!)

Sabe que las manos de su esposo están manchadas de sangre, pero ignora intencionalmente cualquier cosa que pueda menospreciarlo. Mirándola, agradecido y sincero, responde:

– Estoy pensando en las diatribas de nuestro menor. ¡Ah, hijo desnaturalizado!

Acercándose y acariciando su cabello, ella lo besa, enamorada:

La Pulsera de Cleopatra

– ¡Este hijo llegó con un mensaje de los dioses, cuando nació, murió y revivió! Tenemos, por ello, muchos dolores y muchos sufrimientos. Rezo incansablemente al cielo para que lo cambie para mejor.

– ¡No veo cómo! ¡Ya perdí la esperanza!

– ¡Una madre nunca pierde la esperanza que su hijo mejore!

Presionando su cabeza contra su pecho lleno, susurra:

– Confiemos en los dioses de tu raza y en mi Dios único... El futuro nos favorecerá.

– ¡No te equivoques Mirtes, el final de nuestro hijo será trágico!

Se santigua y pregunta:

– ¡No digas eso, por Dios!

Tomando sus manos, embelesado, le dice:

– ¿Qué haría yo sin ti? ¿Sin tu coraje, tu optimismo y tu dedicación?

Mientras besa sus manos, recuerda que Dhara lo amaba sin reservas...

– Yo no te merezco...

– ¿No mereces qué?

– ¡Tanto amor!

A Mirtes la exclamación le pareció demasiado amplia...

Apretándolo más contra su rostro, casi escondido, como un niño en los brazos de su madre, se lamenta:

– ¡Pero, por otro lado, sufro tanto! ¡Gobernar a esta gente es un tormento!

Comprensivo, afirma:

– ¡Hay que comprenderlos en su idiosincrasia!

La Pulsera de Cleopatra

— Estoy de acuerdo; sin embargo, los problemas exceden la capacidad de cualquiera para apoyarlos y resolverlos, ¡satisfactoriamente, como se esperaba! Necesitamos recursos, ¡cada vez más! ¡Las variedades también me traen serias dificultades! Los marginados van en aumento, ¡y sería mejor tener más ricos que indigentes!

Valiente y lúcido, Mirtes recuerda:

— ¡Todo esto, fruto del sistema de gobierno, querido! Tomemos a los marginados, por ejemplo: ¡nacen en la miseria! ¿Cómo pueden ser útiles si son explotados, ignorados y agraviados? Vagan por las calles, enfermos, debilitados por la falta de lo esencial para la vida. Sin ocupación, ablandado por la inercia y sin ningún estímulo... ¡¿Qué esperar de ellos, me lo puedes contar?!

Perplejo, se aleja dudando de sus propios oídos:

— ¿De verdad lo crees, Mirtes?

— ¡Sí, yo creo! Sin embargo, ¡lo que pienso no es lo que vivo! Después de todo, dadas las circunstancias, mi obligación siempre será apoyarte, sobre todo, ¡mi esposo!

Respirando aliviado, exclama:

— ¡Oh dioses! ¡Menos mal! Ideas como estas a las que nos enfrentamos todos los días, ¡y deben asfixiarse en sus orígenes!

Atrayéndolo a sí misma, Mirtes le promete:

— ¡Siempre estaré a tu lado, descansa!

Tu vida es mi vida... Nunca seré la vara rota que debilitará nuestra casa. Un día, juntos o separados, pagaremos al cielo el precio por todo lo que hemos disfrutado y por todo lo que somos hoy, mi amado Hamendra, ¡Maharajá de un pueblo!

Algo molesto, Hamendra escuchó y guardó silencio. ¿Cómo competir? Abrazados, permanecen, ambos pensando, en silencio, en los castigos divinos, cuando caen sobre sus cabezas...

~ oOo ~

Unos días después, Danilo aparece en la casa del Barón Mateus y se entera de los dos amigos. El mayordomo de la casa le informa que ambos están enfermos, pero que el Barón se ha ocupado de todos modos.

– ¿Puedes decirme cómo está Astrid ahora mismo? – insiste.

– Todavía postrada en cama. ¡Esta casa es muy triste...!

– ¡Confiemos en Dios! ¡Todo esto pasará! ¡Si no le importa, esperaré aquí el regreso del Barón!

– ¡Absolutamente! ¡Siéntase como en casa! ¡Si quiere, espere en la biblioteca! – Él aconseja, mostrándote el camino.

– ¡Gran sugerencia! Mientras lo espero, puedo leer algo interesante.

– Cuando llegue el señor Barón, ¿puede informarle de mi presencia, por favor?

– ¡Sí, señor!

El mayordomo se va, mientras Danilo hace lo que quiere. Entra en la enorme biblioteca y observa, satisfecho, el orden y la gran cantidad de libros. Sobre una de las mesas se encuentran algunas obras que llaman la atención por su originalidad. Se sienta allí mismo y comienza a analizarlos, muy interesado. Tan concentrado que no se dio cuenta que Astrid se acercaba. Viene en busca de un libro. Pálida como un lienzo, descolorida, apenas puede pararse sobre sus piernas, caminando lentamente. Al entrar en la habitación, en silencio, se sorprende por su presencia y se detiene. Atraído por su mirada, él se vuelve y la mira, admirando su belleza, deslumbrante a pesar de su extremo cansancio físico.

La Pulsera de Cleopatra

A los ojos de Astrid, la alegría, por el momento inusual. Danilo se levanta y se acerca a ella con una sonrisa en los ojos.

Se inclina, le besa la mano y se disculpa:

— Perdona la invasión. Decidí esperar el regreso de tu padre y, mientras tanto, estoy aquí para leer. ¿Molesto?

Sonrojándose levemente, emocionalmente, hace un gesto con la mano mientras responde rápidamente:

— ¡Para nada! ¡Tu presencia y la oportunidad de hablar contigo me hacen muy feliz!

Tomándola de la mano, la lleva gentilmente a un sofá cercano y se sienta a su lado.

— ¿Dime cómo estás?

Suspirando, ella responde con sinceridad:

— Como ves, no estoy bien. ¡Creo que no sobreviviré a una desgracia tan grande! ¿Cómo estar sin la hermosa presencia de la querida hermana?

¡Estamos muy unidas, cómplices incluso! ¡Nos amamos, nos protegemos, compartimos alegrías y tristezas! Dios, ¿cómo podía soportar la idea que ella pudiera ser miserable y estar en peligro?

De todos modos, estalla en lágrimas. Danilo le entrega un pañuelo en el que se seca los ojos.

Tomando su mano, la anima:

— ¡Cálmate! ¡Entonces puede empeorar! Haremos todo lo posible para encontrar a tu querida hermana. ¡Me tomo muy en serio la tarea de apoyar a tu padre en la búsqueda!

Ella intensifica su llanto y Danilo la abraza cariñosamente. Confiada, Astrid apoya la cabeza en su hombro.

Sintiéndose en el cielo, dichoso, necesita mucho esfuerzo para controlar el inmenso deseo de abrazarla contra su pecho y declararle sus sentimientos. Su corazón está a los pies de esta mujer. Algo reconfortada, Astrid se aparta y pregunta:

– ¡Perdona mi debilidad!

– ¡No necesitas justificarte! ¡Particularmente gracias al cielo por la oportunidad de tan preciosa cercanía!

Ella sonríe suavemente, aprobando su sutil ataque.

Al verla internalizada, entristecida, piensa que es mejor confirmar:

– ¡Si quieres estar sola, me iré y volveré en un momento más oportuno!

Rápidamente, ella contrarresta la idea:

– ¡Para nada! ¡Interrumpí tu lectura! Perdona.

– ¡Bueno, no me pidas eso! ¡Qué interrupción tan hermosa y deseable! En caso que el cielo se abrió y una procesión celestial vino hacia mí, ¡no me hubiera sorprendido más ni más feliz!

Astutamente, cara a cara, pregunta:

– Además de ser un hombre de ciencia, ¿eres también, por una feliz casualidad, un poeta?

Seductor, Danilo responde:

– ¡Por casualidad! Cuando la inspiración me abruma por completo, ¡como ahora!

Sonriendo en silencio, demuestra su satisfacción con lo que escuchó, como hipnotizados el uno por el otro, permanecen cara a cara.

Entonces el Barón viene a recibirlos. Mirándolos, inadvertido, teme romper el hechizo: "¡La hizo sonreír! Esta amistad promete... Si no fuera por la tragedia que nos sobrevino, me habría regocijado de las buenas perspectivas entre ellos. ¡Me gusta este chico...!"

La Pulsera de Cleopatra

Al notar su presencia, Astrid corre hacia él y le da un sonoro beso en la mejilla. Tímidamente, aventura:

– ¿Descubriste algo más, padre?

– ¡No, querida hija! De hecho, fui al banco para resolver disputas financieras.

A Danilo le pareció que unas manos extrañas le arrebataron la oportunidad que se anunciaba, muy oportuna, sacándolo del éxtasis en el que estaba encantado. Levantándose, listo, se dirigió al Barón:

– Estimado señor Barón, perdóneme por invadir su biblioteca. Decidí leer mientras esperaba. ¡Los buenos libros me fascinan! – Mientras habla, extiende su mano, con gentileza.

Cuando lo aprieta, el Barón responde amistosamente:

– ¡Siéntete como en casa, querido Conde!

Recientemente adquirí algunas obras muy raras; ¡ya sea por la exquisita edición o por su rico contenido! Si quieres puedes consultarlos, ¡están ahí en esa mesa!

– Eso es lo que hice, antes que llegara Astrid. Pensé que estaban fuera de lugar.

– ¡Pues ponte cómodo! Estarán a su disposición en cuanto pueda catalogarlos. Espero que Astrid me ayude, como siempre.

– ¡Sí papá, lo haremos cuando quieras!

Entusiasta, Danilo declara:

– Agradezco y acepto. Algunos de ellos me interesaron mucho.

– Bueno, ¡úsalos donde quieras, como quieras y cuando quieras! ¡Gracias también, ya que puedo ver que has consolado en parte a mi querida Astrid!

– Vine a recoger un libro y me sorprendió la presencia de Danilo. Hablamos, lloré y él, muy amable, ¡me consoló!

La Pulsera de Cleopatra

Los tres se sientan allí mismo, hablan de las obras adquiridas recientemente por el Barón, dando a Astrid sus opiniones autorizadas como una lectora asidua y competente, deleitando aun más a Danilo. Mientras tanto, Danilo decide preguntar:

– ¿Barón obtuvo más pistas sobre la desaparición de Ingrid?

– ¡No! ¡El infierno parece haberse abierto bajo los pies de ese desgraciado! ¡¿Cómo pudo arrastrar a nuestro ángel con él, robándonos el gozo de su amada presencia...?! ¡¿A dónde la llevó...?!

Aclarándose la garganta, Danilo comenta racionalmente:

– ¡Por si la secuestró, naturalmente!

A pesar de todos los indicios, ¡debe haber pruebas! De todos modos, eventualmente descubriremos la verdad. ¡La policía todavía está investigando!

– ¡Oh, Dios de todos nosotros! ¡Que esté bien donde sea que esté! – pregunta Astrid, interiorizando, entristecida.

– ¡Sí, que así sea y que pronto la tengamos de vuelta! – Completa Danilo, despidiéndose.

– ¿No quieres almorzar con nosotros? – invita el Barón.

– Gracias, pero hoy no me será posible. Otro momento quizás. Danilo sorprende, a los ojos de Astrid, la decepción de su negativa. Finalmente, al irse, recorre sus pensamientos:

– ¡Pobre e infeliz niña! ¡Estar en el poder de Thilbor ya es una vergüenza! ¡Que la divina misericordia sea contigo, Ingrid!

En esta y otras reflexiones, vuelve a casa. Hassan viene a saludarlo, ágil, casi corriendo, con sus gruesas sandalias de cuero curtido.

– ¡Oh, mi señor, Danilo! ¡Veo que trae el brillo de todas las constelaciones en sus ojos!

La Pulsera de Cleopatra

– Quizás me encontré con alguna musa, ¿quién sabe?

Responde, acostumbrado a la astucia de Hassan mientras se libera de la capa, el sombrero y los guantes. Colapsando en una silla de ébano, aun conserva los últimos acontecimientos y el recuerdo de unos maravillosos ojos azules...

"¡Cuidado, Danilo! ¡El corazón no está hecho para pensar!" – reflexiona.

Discreto, Hassan organizará el trabajo del día. En el laboratorio, una buena higiene es visible y el orden es meticuloso. Después de una reconfortante ducha, Danilo se viste apropiadamente, va al laboratorio y pasa el resto del día allí, consagrado a sus funciones. Recuerda otro laboratorio, en el que el morbo, la mala higiene, los olores penetrantes e irritables, las sombras del mal, desafían irrespetuosa e imprudentemente las leyes superiores...

~ oOo ~

Enterrados, Marfa y Boris cayeron en el olvido, como si nunca hubieran existido. Curiosamente, sus familias, de las que solo quedaban unos pocos ancianos, también estaban siguiendo los mismos caminos. Niños, hace mucho que dejaron de nacer entre ellos. Thilbor, que ya los había olvidado en vida, lo confirmó en la muerte. A veces puede verlos desde la distancia, vagabundos y solitarios, ignorando la presencia del otro. Separados en la vida, separados en la muerte. Dejando Rusia ese día, apresuradamente, arrastrando tras él a la bella Ingrid, Olga y unos sirvientes, viajó al país que siempre había ocupado su lugar en sus pensamientos y aspiraciones: Moldavia. Al llegar allí, aprovechó los servicios de su "amigo" más reciente y realizó una peregrinación en busca de una residencia que lo satisficiera.

Naturalmente, esta debería ser la copia del anterior que le había costado mucho dejar atrás. En pocas semanas, finalmente se instala en un lujoso castillo, incrustado – como el otro – en una montaña de difícil acceso, en Bucovina. Thilbor ama las alturas... Allí reactivó, paso a paso, su vida de antes. En estas tierras, expandió sus acciones de magia, viendo crecer su fortuna de manera aterradora. Cumplido, se permitió vuelos desde grandeza cada vez más alta. De esta forma, se incorporó al círculo de amigos de su nuevo conocido. Adquirió un título de nobleza y cambió su identidad civil, así como la de su asistente y la de su víctima. Thilbor Sarasate se convirtió en el Barón Daghor Phanton. Su asistente, Olga, en la siniestra Sra. Albaan Prates.

Ingrid es ahora la Baronesa Vicky Phanton. Desde que llegó allí, ha difundido la noticia que la Baronesa está enferma y no puede salir de casa. Y al igual que en Rusia, es bienvenido y enfurecido por el poder que ejerce. Las fiestas ruidosas, regadas con buenos vinos y mucha comida, se programaron y llevaron a cabo cuando se presentó a la sociedad local. Los lugareños prominentes vinieron a ver al recién llegado presentándose como un científico, metafísico, profeta y mago. En una nueva realidad y bajo una nueva identidad, Daghor se siente seguro. En un ritual de adivinación a larga distancia, ha seguido la vida de su padre, Marani y sus hermanos. Está muy interesado en su hermano menor, en todo lo que se le parezca; sin embargo, le tiene un profundo desagrado, por todo lo que le quitó, tal como lo hicieron los otros dos, incluso sin saberlo. Comenzó a planificar meticulosamente cómo resolver, de una vez por todas, el problema que lo ha preocupado desde su más tierna infancia.

"¿Qué clase de padre sería yo? ¡Nunca lo sabré, nunca tendré hijos! Detesto la idea, ¡nunca me reproduciré! Aunque... Sería muy interesante saber si mi hijo heredaría mis poderes o si, sorprendentemente, ¡sería un idiota...!"

Una sonrisa diabólica aparece en su rostro.

La Pulsera de Cleopatra

"Bueno, bueno, ¡sería un gran laboratorio! ¡Una experiencia *sui generis*...!"

Él estalla en una risa siniestra. Después de meses y meses de desesperación, revueltas e intentos de defenderse; situaciones siempre resueltas con los poderes malignos de Daghor, quien la pone bajo su dominio mental, el uso constante de narcóticos y la violencia de Olga, hoy señora Albaan, la situación de Ingrid – la Baronesa Vicky – sigue siendo incierta e infeliz.

Una y otra vez suplica a su captor:

– ¡Señor, por quien eres! ¡Necesito volver a mi casa y a los míos! ¿Por qué y para qué me tienes prisionera? ¿Qué habré hecho para sufrir, así, las penurias del infierno?

En estas ocasiones estalla en lágrimas, desesperada.

Él la mira algo conmovido y, maravillado por los sentimientos que le llegan sin ella, la deja sola, advirtiendo:

– ¡Nunca te dejaré ir, ríndete!

Profundamente abatida y, en ocasiones, indiferente a lo que sucede a su alrededor, Vicky se desliza por los diferentes ambientes. De vez en cuando, a pesar de la fe que la caracteriza, duda que pueda volver a ver los suyos y volver a los brazos de su padre y hermana... Se sabe que es deseada por él, como mujer, pero permanece intacta, por una providencia que agradece y está más allá de su comprensión. Cada vez que se lanza hacia ella, con la intención de tomarla por sí mismo, termina retrocediendo, con los ojos muy abiertos, palidez mortal... A pesar de todos los contratiempos, afable, Vicky se ha esforzado por conquistarlos. Ora al cielo para que no desarrolle odio en su corazón, ni deseo de venganza.

CAPÍTULO 13

Ha pasado un año... Más confiado, amenazándola y al mismo tiempo controlando su voluntad, la presenta a la sociedad local, ya ansiosa por conocerla. El impacto de su la belleza lo hace muy vanidoso. Vicky se vuelve más hermosa cada día. Su elegancia y belleza son notables. Sus rasgos, una vez casi infantiles, están maduros de sufrimiento, volviéndola casi diáfana. Extremadamente seductora, se convierte en la fantasía favorita de los hombres vigilantes e inmorales que viven inmersos en sus vicios. Ignoran que ella es una prisionera y una triste marioneta en manos de Daghor...

Hoy, nadie la reconocería fácilmente. Extremadamente esbelta, con el cabello teñido de negro, vestida con ropas oscuras pesadas, maquillada artificialmente, sigue a Daghor, como una estatua en movimiento, entre gente extraña y excéntrica. Cuando en casa, después de bañarse y dormir, Vicky tiene la impresión que las noches eran pesadillas, en las que se movía, muy lentamente, fuera de contacto con la realidad, y que hablaba automáticamente... La señora Albaan, por su parte no tiene acceso a esa sociedad. Vive de incógnito, escondida en casa, por orden de Daghor, de quien se convierte, cada vez más, en una simple y útil cómplice. Odia a Vicky por todas las razones, pero sobre todo por el afecto que sorprende en los ojos de Daghor. La exhibe, vanidoso, en los salones, como un pájaro raro; un pájaro raro que dice ser suyo... En ese momento, muy cerca del castillo, las campanas de una iglesia

La Pulsera de Cleopatra

suenan dolorosamente, y Olga recuerda la infancia feliz que parece no haber existido nunca... Recuerda a su madre diciendo oraciones, llenas de fe y esperanza en la vida. Cómo se esforzó por educarla sobre los mismos principios.

Tomando algo de sensibilidad, analiza la situación de Vicky bajo una luz diferente, luchando entre dos sentimientos: odio y lástima. Después de todo, allí, Vicky es la única víctima. A pesar de sus precauciones, ha disfrutado de su buena compañía y escucha, por momentos, con interés, las conversaciones que siempre son muy positivas. Vicky saca la fuerza que necesita de su sufrimiento. Sin muchos cambios, han pasado dos largos años; una eternidad para Vicky, pero poco tiempo para Daghor, que anhela cada vez más, absorbiendo todo lo que le rodea, quizás el aire que se respira... Su nuevo castillo tiene torres afiladas, un foso, un puente levadizo, aspilleras, patios enormes y también cárceles impenetrables. Como no podía dejar de suceder, dadas las circunstancias, los hombres atrevidos invierten en la conquista de Vicky, ignorando los derechos del "marido." Atento, celoso y muy violento, Daghor se ocupa de cada uno a su manera. Así, algunos desaparecen misteriosamente y otros llevarán, en cuerpo y alma, las marcas de sus "avisos." Él; sin embargo, sorprendido, se encuentra amándola de verdad, y con toda la fuerza de su corazón atormentado y endurecido. Profundamente afligido, se pregunta: ¡¿Podré amar?!

Camina inquieto por la habitación, asombrado por lo que acaba de descubrir. Sin embargo, lo niega, siempre lo negará... Sacude la cabeza, tratando de comprenderse a sí mismo... Se exaspera, atormenta, sufre, ¿cómo negarlo?

Golpea la mesa que tiene a su alcance y explota:

– ¡Tonterías mías! ¡Soy, sin duda, confundiendo sensaciones y emociones! ¡Mi alma, oscura y enojada, solo sabe odiar! ¡Así que siempre lo seré! ¡No quiero amar, esto no es para mí! ¡El amor debilita, modifica, desarma! ¡Lejos de mí tal sentimiento...!

Se sienta con un golpe en una silla y se pasa los dedos por su lacio cabello negro... Nunca imaginó pasar por esto... Su corazón se oprime, contrayéndose en un dolor casi físico. La imagen de Vicky parece sonreírle, como una hermosa aparición angelical. ¿Qué hacer? Dominarse tan completamente, que nunca sospechará de este nuevo sentimiento, que no podrá sobrevivir, ganar espacio en su alma... Al secuestrar a Ingrid, quiso conquistarla y hacerse amar. No tuvo, nunca tuvo, la intención de responder a sentimientos que no puede manejar, que le traen inseguridad. Muy pronto descubrió que el "hechizo se había vuelto contra el hechicero", en su caso, literalmente, como en un triste destino.

Se levanta y sale corriendo como si huyera de sí mismo. Se lanza a trabajar con diligencia, intentando olvidar sus "tontas ensoñaciones." Sin embargo, a pesar de sus resoluciones racionales, comienza a vivir en suspenso con respecto al deseo de conquistar a Vicky. Después de todo, está la chica en sus manos y todo el poder que necesita... ¡Así como crea amores donde nunca existieron, puede usar los mismos recursos para dominarla...! ¡No! Su orgullo masculino se rebela. Reconoce sus propios atributos físicos y es consciente de la fascinación que lo caracteriza.

Puede conquistar a cualquier mujer, si así lo decide. Insatisfecho, envuelto en tormentos, a los que nunca ha sido sometido, se cree loco...

~ oOo ~

En la casa del Barón Mateus, algún tiempo después de la desaparición de Ingrid, las cosas volvieron a la rutina. Aunque tristes, tenían que seguir adelante con sus vidas. Astrid, incluso con el inmenso anhelo, se resigna mientras espera a que encuentren a su hermana y la regresen a casa. Junto a Danilo tuvieron una relación más cercana y, en un día más feliz que los demás, se declararon muy conmovidos.

Tomando sus manos con cariño, Danilo abrió su corazón: "Astrid, te he amado desde la primera vez que te vi. Nunca oculté mis sentimientos, pero, debido a las circunstancias, tuve que silenciar la voz de mi corazón. Lamento lo que viven con tanta tristeza, pero creo que Ingrid volverá.

Con el corazón latiendo locamente ante su confesión, abre un espacio para preguntar:

– ¿Por qué dices eso, Danilo?

– Porque ejerzo varias prácticas espiritualistas.

– ¿Cómo hace eso?

– Es un trabajo serio, enfocado al verdadero bien y al verdadero amor, bajo el poder de Dios.

– ¡Incluso en eso, nos sintonizamos! Estos fenómenos siempre han formado parte de mi vida y de la vida de mi hermana... ¡Pero cuéntame más, por favor!

– Trabajo en círculos cerrados, que frecuento y de los que formo parte.

– Escucho a algunas personas decir que estas "obras" son pactos con el diablo.

– ¿Tú también lo crees?

– ¡De ninguna manera!

– Cuando se habla de fuerzas ocultas, se asume, casi siempre, que el mal puede transgredir las leyes superiores y levantar el velo que cubre este conocimiento de lo común, para satisfacer la curiosidad de ambos, además del uso de estos misterios para dañar. personas. De hecho, esto es posible e incluso sucede, pero el bien también está presente, de la misma manera y forma, naturalmente superior; aclarando, consolando y apoyando a quienes lo merecen.

– ¡Muy consistente! ¿Por qué el mal estaría presente y actuaría y el bien no? Sería extraño, cuando sabemos que todo está sujeto a la divina providencia, incluso el mal, que dice ser poderoso e invencible.

– Si todo el bien nos viene del Creador, ¿por qué lo que escapa a nuestro entendimiento se origina solo en el mal? Le está permitido levantar el "Velo de Isis" a cualquiera que esté dispuesto y pueda prepararse convenientemente. Hay un precio que pagar, que para algunos puede parecer excesivo. Es necesario tener pleno conocimiento de las leyes que rigen los fenómenos físicos y espirituales y, haciendo uso de ellas, llegar a la práctica, superando las barreras que separan los "dos mundos." ¡Solo de Dios nos llega la justicia perfecta! Pero, querida, me estoy desviando del tema que comencé, ¿recuerdas? – Pregunta, ojos seductores, involucrándola, intencionalmente, y apretando sus dos manos entre las suyas.

Sonrojándose, Astrid dice:

– Sí, puedes continuar.

Reflejando en sus ojos negros la pasión y el amor que le dedica, Danilo declara:

– Ya te he confesado mi amor. ¡Ahora quiero escuchar de tus labios lo que leo, en suspenso, en tus ojos!

– ¿Y qué lees en ellos? – Pregunta, divertida y sometida a sus encantos. Quiere disfrutar, bueno, y poco a poco, el momento...

– Ellos me dicen, y mentirosos no son, lo sé, ¡que tú también me amas, Astrid!

– Sí, no mienten. Me conquistaste, completamente. ¡Te amo!

Abrazándola, con ardor, declara:

– ¡Para mí eres la mujer ideal, mi certeza de felicidad!

La Pulsera de Cleopatra

Descansando su cabeza en su amado pecho, Astrid confirma:

– Te tengo en mi alma, desde la primera vez que nos conocimos. Sufrí, imaginando que tu corazón podría estar comprometido con otro y ¡que había llegado demasiado tarde!

– Nunca había amado antes. ¡A menudo llegué a la conclusión que este amor proclamado era solo una fantasía!

– ¡Yo también, Danilo, nunca antes había amado!

En transportes de felicidad, Danilo la atrae hacia él y la besa en los labios, siendo plenamente correspondido.

Así entrelazados e intercambiando caricias, permanecen, ignorando que dos ojos azules, llenos de lágrimas, los sorprenden: "¡Alégrate, querida! ¡Espero, en Dios, que nuestra Ingrid también sea parte de esta felicidad!"

Luego, el Barón se aleja, discretamente, dejándolos arrullar. Unos días después, Danilo pide matrimonio a Astrid.

CAPÍTULO 14

En el monasterio, Guillermo envejeció, después de compartir con muchos discípulos la sabiduría que logró, allí, lejos de todo. Nunca, nunca olvidó a Dhara, quien a menudo se le aparece y baila para él, envuelta en velos de colores y adornada con flores. Guillermo sabe que nunca tendrá paz mientras su hijo esté comprometido con el mal. Hace mucho que conoce la existencia de Thilbor, quien, esa noche en el pasado lejano, parecía haber renunciado a vivir. Desde entonces, lo había acompañado en su viaje terrenal, integrado con la solicitud de Dhara por su querido y tan necesitado hijo. Una y otra vez, protegerlo de sí mismo. Estas acciones; sin embargo, son gotas de agua en el océano de los males de Thilbor.

~ o0o ~

Mientras observa y espera que sus dos mayores amores cambien o regresen al plano espiritual, Dhara se fortalece en el afecto siempre presente de Guillermo.

Durante su desarrollo espiritual, conversan, como lo hacen ahora:

– Dhara, querida mujer de mi alma, ¿qué te hace postergar la felicidad de la paz espiritual?

Antes que ella responda, él hace un gesto con la mano y agrega:

La Pulsera de Cleopatra

— Bueno, como si no supiera...

— Sí, mi querido Guillermo, lo sabes. Mis amados fabrican el mal para tantos... Cuándo terminará, o, mejor dicho, ¿cómo terminará?

— El epílogo será lamentable, después de todo, ambos desafían las leyes divinas. ¡Un día se enfrentarán!

— ¡Oh, dioses! ¡Mi hijo tiene la intención de vengarse! Cuántas veces trato de inspirar su perdón, sin éxito. ¿Cuántas veces le "aconsejo" al Maharajá que implemente la justicia en su reinado, pero finge no escuchar? Una y otra vez; sin embargo, mi querido Hamendra libera su corazón y me confiesa su amor, olvidando sus prejuicios. Si yo perteneciera a su casta, nuestra historia habría sido diferente.

— ¡Pero este fue exactamente, querida, el desafío de vuestras vidas! Tú también te lanzaste al sufrimiento por ambición, ¿recuerdas? Con el objetivo de un futuro de riquezas, cerraste los ojos y te arrojaste al abismo. Como mujer, deberías haberte conservado mejor y llegaría el momento en que tendría que probar nuevas actitudes, en otra vida. ¡Y quizás, los arrastre, una vez más, a vivir, finalmente, en una nueva situación en la que el verdadero objetivo, una vez más, será la redención!

— ¿Me culpas, Guillermo? — Los ojos de Dhara estaban llorosos.

— No a ti, sino a tus acciones, que tanto sufrimiento causaron, especialmente a tu hijo, ¡un espíritu tan falto de guía y amor! Solo el amor desinteresado puede transformar almas así, Dhara. Cuando una mujer está en un consorcio, no solo elige un compañero para su vida sino, sobre todo, un padre para sus hijos, sin olvidar que con los hombres pasa lo mismo.

— Tus conclusiones son tan lógicas... ¡Reconozco todo esto, créeme!

La Pulsera de Cleopatra

– La conciencia de nuestros errores muestra algunos avances. Valdrá mucho para nosotros en la próxima oportunidad.

– ¡Santo cielo, déjanos saber cómo aprovecharlo al máximo...!

– Desafortunadamente, eso no es lo que vemos. Casi siempre cometemos los mismos errores, debido a nuestras imperfecciones obvias...

– ¡Eres tan sabio, Guillermo...! Si te hubiera amado, mi vida hubiera sido diferente, pero me enamoré locamente de Hamendra, por su belleza, ostentación y fascinación...

– Sabemos que en nuestro corazón nadie manda, ¿verdad? Desenrolla estos pensamientos y sé feliz, dentro de las posibilidades, mientras espera un futuro mejor.

– Perdóname por todo...

– No tengo nada que perdonar. Cuenta siempre con mi eterno cariño y mi ayuda. Evócame, cuando lo necesites, y allí estaré con el corazón abierto y agradecido al Cielo por la oportunidad de mostrarte mi amor y hacer la voluntad de Nuestro Creador, quien nos manda amar a nuestro prójimo como a nosotros mismos. No fue por casualidad que nos volviéramos a encontrar en esta vida.

– ¡Y así, Dios cuida a sus criaturas, en cualquier plan de vida!

Se abrazan, fraternalmente y cariñosos. Dhara, tomando una flor de su cabello, se la entrega a Guillermo, quien, regresando a su cuerpo, se sorprende al encontrarla en sus manos. La besa, celoso y agradecido, como si se lo estuviera haciendo a la mujer que ama...

~ o0o ~

La Pulsera de Cleopatra

A pesar del dolor y la nostalgia, el Barón estipula algún tiempo para el compromiso de Danilo y Astrid. Danilo se vuelve cada vez más íntimo con su hogar y su familia. Él también se está preparando para el próximo futuro que cambiará radicalmente su vida.

Ante estas comprensibles medidas, Celeste se rebela y demuestra los celos que lleva en el alma, a pesar de conocer los parámetros que guiaron su pasada relación con Danilo.

A pesar de todo, ama a Danilo y decide acercarse a él:

– Bueno, ahora que te vas a casar, ¿qué hago con mis sentimientos? Nunca pensé enfrentarme a una situación así. ¡Me sonaste como un soltero empedernido!

Con la frente arrugada, profundamente molesto, Danilo busca las palabras adecuadas para responder sin lastimarla.

– ¡Celeste, sé razonable! ¡Nunca me comprometí contigo! Somos adultos y fui sincero desde el primer momento, ¿recuerdas?

Algo desconcertada, responde casi llorando:

– ¡Me he acostumbrado a tu amor, Danilo!

– No al amor, Celeste, sino a la pasión que, como el fuego, devora y luego se convierte en cenizas. Nada queda, nada, cuando el verdadero amor no lo acompaña. ¡Eso es lo que pasó entre nosotros!

– ¡Contigo, no conmigo! ¡Aprendí a amarte de verdad!

– ¡Este, es el riesgo que ambos sabíamos que estábamos tomando, querida!

– ¡Sin embargo, soy yo la que queda atrás!

– Perdóname, pero no puedo hacer nada... No cuentes conmigo y no te humilles. ¡Sal de esta situación con dignidad! Estuve ante ti hace tanto tiempo, ¿y todavía me hablas como si todo estuviera sucediendo ahora? ¡Ubícate Celeste y sé más sensata!

La Pulsera de Cleopatra

Mordiéndose el labio, se calla, luciendo resignada, pero decide actuar.

Llegando a sus intenciones, advierte:

– ¡Cuídate de no crearme vergüenza! Sería una tontería, ¡no solo para mí! Recuerda cómo empezó todo...

– ¡Muy bien! Si te perseguía hasta convencerte de mi afecto, ¡me aceptaste fácilmente!

Celeste está enojada. Puños apretados, uñas largas casi le duelen las palmas. Tienes ganas de lanzarse a Danilo, pero ¿cómo se atrevería a tanto? Hay una jerarquía que nunca se ha roto y códigos de relación que nunca cruzó, ni pudo, porque Danilo nunca lo permitió.

Recuerda su propia persistencia en ganarse su corazón, algo que nunca hizo.

Con suerte, esperó a que Danilo se cansara de Astrid. En cambio, ¡se compromete cada vez más con la boda!

Comprensivo y paciente, Danilo le dice:

– Puedo evaluar tus conflictos, Celeste. Reemplazaría el término "cómodo" por "irresponsable." Muy imprudentes e inconscientes, invertimos en una relación que sin duda acabaría tarde o temprano. Una relación amorosa depende de dos personas, una cumpliendo la voluntad de la otra; por tanto, no hay inocente ni culpable. ¿Cómo rechazar a una mujer hermosa como tú? ¡Soy un hombre e italiano, ardiente y apasionado! ¡Mi sangre corre por mis venas, intoxicante, como los mejores vinos de mi país!

Acepté, y mientras duró estuvo muy bien, pero la vida nos juega una mala pasada y yo, que nunca imaginé que podría amar, me encuentro sometido a este sentimiento de manera contundente y decisiva. Este nuevo factor cambió mi vida y, en consecuencia, la tuya...

La Pulsera de Cleopatra

¡Eres consciente de que, desde el primer momento, te advertí y me alejé de ti, sincero, siempre! Tu presencia aquí ya es difícil, por no decir imposible. Quizás sea mejor dejar este trabajo y salir de mi casa. Si es necesario, te pondré en otro trabajo, a través de conocidos. No quiero hacerle daño de ninguna manera. Perdóname si puedes... Nunca tuve la intención de hacerte daño, créeme.

– ¡Estás siendo cínico! – Explota, llorando.

– ¡No sabes, nunca fui un cínico y nunca lo seré! ¡La revuelta habla por ti...!

Dándole la espalda, no antes de mirarlo con una mirada amenazadora, casi se escapa. Dando rienda suelta a sus lágrimas, entra a sus aposentos y libera las compuertas de su alma desesperada. Reflexiona sobre una forma de vengarse y planea cómo hacerlo.

Unos días después, va a visitar a Astrid. Informada de su presencia e imaginando que está a las órdenes de Danilo, Astrid la recibe solícita y amable. Indicándole un asiento, ella también se sienta, pero ella responde con fastidio:

– ¡Estoy de pie muy bien!

Sorprendida, Astrid continúa interpretando su papel:

– Si ese es el caso, entonces dime: ¿por qué estás aquí?

Sonrojándose fuertemente, declara intempestivamente:

– ¡Vengo a abrir los ojos ya que, supongo, no conoces los actos de la vida privada de tu prometido!

Temblando, Astrid se pone de pie de un salto y exclama casi en estado de shock:

– ¿Qué estás diciendo? ¡Explíquese, señorita!

Frente a ella, enrojecida de rabia, Celeste continúa:

– ¡Muy bien! ¡Danilo y yo estamos comprometidos! ¡Señorita Astrid está invadiendo un terreno desconocido! ¡Su futuro prometido no es un hombre libre! ¡Me pertenece desde hace mucho tiempo!

Astrid se tambalea y casi pierde el conocimiento. Se sienta de nuevo y procede a preguntar. Su voz; sin embargo, sale indecisa y débil. Siente que le da vueltas la cabeza, le parece que todo gira a su alrededor.

– ¿Puede ser más clara, por Dios?

– Repetiré: ¡Danilo y yo llevamos mucho tiempo juntos!

– ¡¿Está casado...?!

– ¿Casado? ¿Y para qué? ¡Lo que importa es el amor y Danilo me hace muy feliz! El resto es pura idiotez, ¡cosas para gente puritana!

Pálida de muerte, Astrid se imagina a sí misma en una terrible pesadilla. Sus sueños de felicidad se desmoronan... En ese momento, el propio Danilo irrumpe en la habitación quien, sorprendiendo la escena, lo comprende todo. Al ver la inexplicable ausencia de Celeste de sus deberes diarios, su corazón le susurró que había dado rienda suelta a su rebelión. La primera persona a la que atacaría sin duda sería Astrid. Así que había corrido, rápido, a la casa de la novia. El Conde mira a Celeste y busca sus amados ojos para evaluar el daño. Astrid responde con una dura e implacable expresión de condena... Él corre hacia ella y le ruega, mientras Celeste sonríe burlonamente, creyéndose vengada.

– Astrid, escúchame, ¡por Dios!

Apresurada e impulsiva, Astrid se apresura a salir de la habitación, sin mirar atrás. Se tropieza con una silla, casi se cae, se balancea y continúa su camino, desapareciendo dentro de la casa sin más preámbulos. Mientras miraba al novio, adivinó su culpa. ¡Incluso lo negó!

La Pulsera de Cleopatra

¿Querías explicarte? ¡¿Explicar qué...?! Mientras corre hacia sus habitaciones, un grito convulsivo se apodera de ella. En el camino, se encuentra con su padre que está llegando.

– ¿Qué tienes hija?

Haciendo una pausa, sin más explicaciones, se quita el anillo de compromiso del dedo y le pide a su padre:

– ¡Devuélvele esto a Danilo, por favor, y dile que no me vuelva a buscar nunca más!

Asombrado, recibe la joya, mientras llama a Carlota y le muestra a Astrid, quien, temblando, se apoya contra la pared, abatida, incapaz de continuar con la intención de llegar a sus propias habitaciones. Carlota la apoya y la lleva a su habitación. Allí, él la ayuda a acostarse, le dice palabras de consuelo y le pide que espere, mientras va a buscar sus gotas calmantes. Sollozando convulsivamente, Astrid asiente con la cabeza y entierra la cara en las almohadas para ahogar los gritos de su alma desesperada.

Su vida, una vez tan llena de esperanza, parece teñida de negro, por completo.

¿Cómo había estado tan ciega? ¿Se imaginó inmune a conflictos como este? ¡¿Qué hacer con el dolor que está sintiendo...?! Llega Carlota, la sostiene con cuidado y le ofrece una taza de té endulzado con miel y unas gotas de tranquilizante. Astrid bebe, las lágrimas fluyen, agradece y se vuelve a acostar. Sus pensamientos, en caos... Su mundo interior está en confusión. ¿Qué vendrá? ¿Cómo será su vida después de eso...?! Unos minutos más de lágrimas, y ella se queda dormida, vencida por la medicina y el cansancio... Cuando entra en la habitación, el Barón se dirige a Danilo y, en silencio, abre su mano mostrando la preciosa joya que había representado, hasta entonces, la alianza amorosa entre él y Astrid.

Haciendo caso omiso de su gesto, Danilo balbuceó:

La Pulsera de Cleopatra

– ¡Perdóname por las molestias de esta hora, te lo ruego! ¡Me explicaré, como es debido, a ti y a Astrid si ella quiere escucharme!

– ¡Te escucharé cuando quieras! Astrid; sin embargo, ni siquiera podrá acercarse después de esta hora, ¡si conozco bien a mi hija! Ella te envía un mensaje con la devolución de este anillo: ¡nunca más la vuelvas a buscar!

Mirando a su alrededor, ve la presencia de Celeste y pregunta:

– ¿No es este tu asistente?

– Sí, y también es el motivo de nuestro desacuerdo...

– ¡Lo que me hace suponer que ella no es solo tu asistente! – Pálido, Danilo calla.

Ante su silencio, el Barón le pregunta cortés pero imponente:

–¡Por favor, sal de esta casa y haz lo que te pidió mi hija!

– ¡No me juzgue precipitadamente, Barón...!

Volteándose hacia Celeste y señalándola con la mano, él responde:

– Ambos sabemos que no estoy haciendo esto.

– ¡Perdóname! Lo que me redime es que, al conocer a Astrid, dejé ir una relación intransigente y tomé una posición, abierta y sincera, con la que está aquí exigiendo derechos que ella no tiene.

El Barón lo regaña y exclama:

– ¡Nunca podría haber asumido que fueses tan irresponsable, mi señor!

– Lo que sea, estoy de acuerdo, pero, a pesar de todo, ¡amo a tu hija, que me conquistó en el presente por la eternidad!

– Astrid; sin embargo, ya tomó su decisión y si la conozco bien, no dará marcha atrás.

La Pulsera de Cleopatra

— ¡Astrid actúa por impulso! ¡Le ofende el orgullo de mujer y tiene razón! ¡Debe; sin embargo, escucharme antes de condenarme como lo está haciendo!

— ¿Después de la "prueba" aquí presente?

Ofendido, Danilo mira al Barón significativamente y le pregunta con amargura:

— ¡¿Nunca ha tenido "aventuras", señor Barón...?!

Sonrojado, fuerte y muy indignado, el Barón replica:

— ¡No me use para disculparse, Conde Danilo!

— ¡Admite que estás aprovechando la oportunidad para defenderme por puro prejuicio!

— ¡No es frente a mí que debes defenderte!

— Cada uno a su turno, luego Astrid me escuchará cuando esté más tranquila. ¡Sin embargo, su opinión sobre mí es demasiado importante, señor! ¡Por Dios...!

Severo, el Barón decide cerrar el asunto:

— Nos estamos avergonzando torpemente, querido Danilo. ¡Dejémoslo para otra ocasión! La presencia de esta mujer nos impide hablar más abiertamente.

Volteándose hacia Celeste, que parece clavada al suelo, estalla:

— Francamente, mi señora, ¡qué desastre! Si alguien aquí está en el "punto caliente", ¡ese alguien es usted! ¡Exponerse de esa manera! ¡Venir aquí para desafiar a mi hija! ¡Con efecto! ¿Qué está haciendo ahí parada? ¿No ve que no es bienvenida? ¡Ya prendió el fuego! ¡¿Quiere verlo arder hasta el final...?!

Mirándola desafiante, la insta a que se retire.

Ruborizándose hasta la raíz del cabello, Celeste se dirige a la salida, después de sonreír, victoriosa y burlona, en dirección a Danilo.

La Pulsera de Cleopatra

Al verla desaparecer, Danilo insiste:

– ¡Ahora nosotros, señor! Duda de servirle, el Barón respira hondo y le invita a sentarse.

Muy pálido, y profundamente avergonzado, Danilo se aclara la garganta y comienza:

– Queridísimo amigo, cuando entré por los portales de esta noble casa, me sentí, como todavía me siento ahora, digno de estar aquí y reclamar la mano de tu hija, a pesar de todo, por la justicia de una conciencia tranquila.

Bueno, antes de conocerla, ser un hombre normal, con todas las necesidades de la materia, en las necesidades afectivas que asaltan a todas las almas y sin haber encontrado a la persona indicada – la que llega definitivamente y cambia nuestra vida – me he involucrado, esporádicamente, con muchas mujeres, en relaciones que no han durado mucho...

En mi caso; sin embargo, además de los que casualmente se cruzan en mi camino, tengo en casa, para necesidades técnicas y profesionales, y ese es mi mayor error; sin duda, una mujer que, además de ser mi asistente sabia y competente, se involucró conmigo, sentimentalmente. Diariamente, enfrentando las diversas dificultades que mi trabajo conlleva y al acercarnos peligrosamente, nos entregamos el uno al otro, sin explicaciones ni responsabilidades de ninguno de los dos lados. Confieso que me acomodé, cuando debo preservarme; sin embargo, a medida que pasa el tiempo y no observé, por imprudente que fuera, que la señorita Celeste albergaba vanas esperanzas sobre mí en su corazón...

Cuando finalmente conocí a Astrid, me encontré muy interesado. Me sentí abrumado por los nuevos sentimientos que se apoderaron de mí, cambiando mi forma de pensar sobre el amor verdadero. Bueno, a partir de entonces me distancié de Celeste, posicionándome y recuperando mi libertad de hombre. Ella; sin embargo, al no aceptar la nueva situación, comenzó a sentir sentimientos de rebelión y venganza contra mí, llegando hoy a exponerse de esta manera y frente a Astrid quien, ingenua e ignorante del mundo en sus relaciones, no siempre honesta, cayó en el caos preparado por Celeste, una mujer experimentada en la vida. Como mujer inteligente que es; sin embargo, me comprenderá cuando le permita que me explique adecuadamente. ¡Realmente lamento esta terrible vergüenza! Te estoy inmensamente agradecido por escucharme, paciente. Quiero decir que seré obstinado en lo que pretendo con tu hija. Para mi comprometido corazón, nada es más importante, ni más deseable, que el amor de Astrid, mi novia, considerada por mí como tal siempre y sobre todas las circunstancias. ¡Nuestro amor nos ayudará a superar cualquier barrera! – Danilo guarda silencio, terminando su discurso.

– Bueno, yo digo que estás equivocado, en parte, ¡porque hay barreras y "barreras"! Una de ellas, el más insuperable, será el orgullo herido de Astrid. Si los ángeles tuvieran defectos, esta sería mi hija mayor. Ella es extremadamente sensible a las cosas del corazón y se preocupa por ellas. Juzga, correctamente, pero no acepta las debilidades de nadie. Espera siempre que todos tengan su fuerza moral. Como puedes concluir, ¡no será fácil!

– No dije que fuera fácil, querido Barón. En verdad, sé que debo afrontar con paciencia grandes dificultades antes de convencerla de la sinceridad de mi amor y hacerle comprender que mi comportamiento, dentro de estándares realistas, no es en absoluto reprobable.

– ¡Y esta hija es, de momento, la única que me queda...! ¡Mi esperanza de felicidad y futuros nietos! Es decir, en caso que mi Ingrid nunca vuelva a casa... ¿Está viva o muerta?

La Pulsera de Cleopatra

Ante esta pregunta, el Barón ahoga la voz, con lágrimas en la garganta.

Siguiendo un impulso, Danilo responde:

– ¡Está bien y volverá sana y salva!

– ¿Cómo puedes decir eso?

– No olvides que vivo con los dos planos de la vida, el material y el espiritual.

– ¡Confieso que me da miedo...! Sobre todo ahora, cuando una persona que vive de forma parecida parece habernos arrebatado a Ingrid...

Un tanto ofendido, Danilo responde, directamente:

– ¡Señor Barón, con el debido respeto! ¡Somos hombres cultos y civilizados! ¡Seamos dignos de la iluminada razón que nos caracteriza! ¡No mezcles, te lo ruego, la paja con el trigo! ¡Del que desconfiamos y yo somos radicalmente opuestos! Estoy orgulloso de usar mi conocimiento para el bien, ayudando a la gente. En estas prácticas que no tienen nada de aterradoras, he estado atento en lo que respecta a tu hija, moviendo las fuerzas sutiles y poderosas con las que vivo en su nombre. ¡Por eso, te aconsejo que renueves tus esperanzas día a día porque, en nuestro destino, seguiremos todos juntos, unidos y felices!

– A pesar de las reservas que tengo sobre las prácticas de las que hablas, te agradezco la esperanza con la que nos llama. ¡No me juzgues desagradecido o ignorante, por favor! Estoy celoso de tu amistad y muy agradecido por la valiosa contribución que nos has hecho. Pero, en vista de lo que estamos viviendo ahora, tu declaración es amable conmigo. ¿De verdad crees que seguiremos "todos" juntos?

Sonriendo esperanzado, Danilo responde:

La Pulsera de Cleopatra

– ¡Es solo una cuestión de tiempo, Señor Barón, solo una cuestión de tiempo! Este momento pasará y seremos felices, ¡todos!

– ¿Estás con Astrid?

– ¡Sí! De lo contrario, no podría ser feliz.

– ¿Y qué te da esta certeza?

– Bueno, la vida que llevo, si me trae mucha fatiga física y mental; percances de todo tipo; algunos prejuicios de quienes, ignorando mis verdaderas acciones e intenciones, me tachan de hechicero; tengo, en cambio, otras compensaciones.

Cuando buscamos conocimiento en el nombre de Dios, ¡Él nos recompensa con respuestas a nuestros anhelos! – Dudando en parte de todo lo que escuchó, el Barón concluyó:

– ¡Muy bien, esperemos! ¡Quien vive verá! ¡Por mi parte, a pesar de la indignación del primer momento, sigo admirándote y consciente que hará feliz a mi hija!

– ¡Muy agradecido! Tu amistad y apoyo son muy importantes para mí. Como ya he dejado claro, no me voy a rendir con Astrid. ¡Yo nunca lo haría!

Se levanta, estrecha la mano del Barón y se despide. Sigue su camino pensando que, cuando llegue a casa, prescindirá de los servicios de Celeste... El Barón, a su vez, entra en la casa, choca torpemente con Astrid, que actualmente está apoyada en un aparador. Después de su primer sueño, había luchado por superar el letargo que la había invadido y se había levantado, inestable, incapaz de permanecer al margen de los acontecimientos que la conciernen principalmente. Apoyándose en el aparador, escuchó el final del diálogo de su padre con Danilo.

– ¿Qué haces aquí, hija? – El padre se sorprende.

– Vine a ver si... Danilo y esa abominable mujer ya se habían ido y por casualidad escuché tu conversación... Perdóname...

La Pulsera de Cleopatra

– ¿Y cómo te sientes al respecto? – Se atreve a preguntar el Barón, a pesar de notar que apenas puede ponerse de pie.

Buscando fuerzas, se rebela:

– ¡Bueno...! ¡Qué vergüenza!

Respira hondo, se apoya en su padre y repite lo que escuchó:

– ¡Solo es cuestión de tiempo, imagínate...! ¡Quizás dure por la eternidad, porque nunca lo perdonaré...!

Apoyándola, su padre la lleva de regreso a sus habitaciones, mientras le habla en voz baja:

– ¡El tiempo cura, arregla, explica y redime, querida!

Astrid no responde. El Barón; sin embargo, reza al cielo para que Danilo tenga razón; que Astrid lo perdonará; ¡Que vuelva Ingrid y todos sean felices...! En su casa, Danilo busca a Celeste. Ella le debe muchas explicaciones... Sin embargo, al hacer una rápida indagación, se da cuenta de su ausencia. Demóstenes le informa que ella se ha ido, sin explicación.

– ¡Mejor así! – Responde, lacónico.

Incapaz de concentrarse en nada, recuerda en detalle todo lo que experimentó en tan poco tiempo, y tardíamente lamenta no haber sacado a Celeste de su casa y no haberse explicado, adecuadamente, al Barón y a Astrid, antes que comenzara el desastre. Se siente profundamente molesto; más que eso, duda que Astrid lo perdone alguna vez, a pesar del optimismo mostrado frente al Barón. ¿Cómo serán los próximos días? ¡¿Cuándo podrá volver a acercarte a ella...?! Está claro que, en su corazón, el orgullo tiene un espacio muy bien reservado y reina, de vez en cuando, por encima de la razón y el sentido común... su propia dignidad a alturas difíciles de imaginar... Un alma exigente y perfeccionista, Astrid encarna la incansable coleccionista de todas las virtudes humanas. Sin haber enfrentado aun los desafíos normales de la vida, juzga y condena con dureza a quienes no siempre son capaces de actuar, o ser, como deberían. Bien educada y sobreprotegida, nunca se enfrentó realmente a los problemas del mundo. Para ella, el hombre amado debe poseer todas las cualidades de un héroe.

En medio de estas reflexiones, Danilo se indigna consigo mismo:

– "Bueno, bueno, ¡qué vergüenza! ¡Estoy usando sofismas para defenderme! Realmente no estaba lo suficientemente correcto. ¿Cómo pude ser tan frívolo, tan irresponsable? ¡No soy en absoluto un tonto o una persona ingenua, soy un hombre experimentado, experimentado en la vida!"

Apretándose la cabeza con ambas manos, soltó:

– ¡Si necesitaba una defensa competente, no podría contar con mi propia razón!

Tranquilo, optimista, como es su naturaleza, sonríe y augura:

– "¡A pesar de todo, mi bella Astrid, me escucharás y me perdonarás antes de lo que crees! No puedo, ¡ni lo haré, perder tu amor!

Entonces, en medio de certezas e incertidumbres, se propone trabajar, esta vez sin Celeste...

~ o0o ~

Sufrida y herida, Vicky le pregunta a Albaan:

– ¿Por qué tú y Buffone me atormentan tanto? ¿De pura maldad?

Descuidada, responde categóricamente:

– ¡Obedecemos órdenes! Apenas eso.

– No creo.

Molesta, quiere saber:

La Pulsera de Cleopatra

– ¿Por qué dices eso?

– Porque Daghor me trata muy bien. Concluyo que, a pesar de ordenarles que me vigilen, no debe querer que me maltraten.

Enfurecido, Albaan le lanza a Vicky una mirada amenazadora. Sin inmutarse, continúa:

– ¡A pesar de todo lo que me haces, siento lástima por ti...!

– ¡Odio cuando te diriges a nosotros de esta manera! Eres incansable, ¿no? ¡Te gusta verte mejor que nosotros!

– Ser mejor que tú no requiere esfuerzo, Albaan. Después de todo, ¿por qué me odias tanto? ¿No ves que estoy aquí en contra de mi voluntad? ¿Estás celosa?

Ojos brillantes, exaltados, confirma:

– ¡Ciertamente! ¡Eres de sangre noble, hermosa, culta, y Daghor muestra un interés inusual por ti!

– No te enfades por eso, Albaan. ¡Se cansará con el paso del tiempo!

Dudando, ella guarda silencio. Minutos después, surge la hipótesis:

– Tu familia eventualmente te encontrará, tarde o temprano... ¡Me gustaría mucho que te fueras para siempre! ¡Nunca, nunca deberías haber entrado en nuestras vidas, Vicky!

– ¡Si no me hubiera secuestrado, no estaría aquí! Como sabes, ¡no fue mi elección! También creo que mi familia me encontrará. Si no me destruyes antes...

Sonriendo sombríamente, Albaan pregunta:

– ¡No me tientes! ¡Sabes cuántas veces he trabajado para esto, pero sales ilesa, a pesar de todo!

– ¿No ves en esto la poderosa acción de Dios?

La Pulsera de Cleopatra

– ¡No! ¡Veo la "poderosa" acción de Daghor! ¿¡Sabes cuántos castigos nos ha infligido por tu culpa!?

– Bastaría con atormentarme menos, ¿no crees? Cúbrete con los castigos de los que hablas, perdóname.

– ¿Confiesas que te protege contra nosotros y espera que yo lo acepte? ¡Ciertamente no me conoces!

– ¡Lo siento mucho...! Si me dieras la oportunidad, podríamos conocernos mejor y ser amigas. Todavía espero que algún día cambies.

Enrojecida por la ira, Albaan se levanta y se lanza hacia ella. Sosteniéndola por el cabello, comienza a abofetearla como una loca. Gimiendo y llorando de dolor, Vicky la sorprendió con una notable transformación: sus rasgos fisonómicos parecen haber sido "cubiertos" por otros que se transforman, a su vez, en rostros de horror que la hacen estremecer. Cansada, satisfecha, suelta a su presa y se aleja arrastrando los pies; su andar es pesado y algo flácido... Soltando una carcajada, desaparece por los pasillos... Mientras se baña la cara para aliviar el dolor, temblorosa, indignada, abundantes lágrimas fluyen, Vicky recuerda que anoche estuvo con Astrid: "Llegó suavemente, como flotando en el suelo, y se dirigió a ella con una sonrisa brillante. Abrazándola contra su pecho, le dijo palabras reconfortantes, llamándola con la esperanza de una feliz reunión en un futuro cercano... "

Entre lágrimas, aliviando su dolor físico y moral, se ayuda en el recuerdo de su hogar y el de ella. Agotada, dice sus oraciones y se duerme. En sus obras, a veces, Daghor hace uso de sus energías jóvenes y optimistas, dejándola dormir profundamente. Sin embargo, la preserva, no agota sus fuerzas, para no dañar su salud. De hecho, se la guarda para sí mismo, y en ese sentido los celos de Albaan están justificados. Cuando ejerce los rituales de brujería, todo cambia en él y a su alrededor. En ese momento, se transforma en una entidad inquieta, llena de extrañas muecas; voz cavernosa y mirada terrible. Atendiendo a sus evocaciones, a veces imponiendo, a veces lamentándose, en medio de lenguajes desconocidos, emergen seres animalistas, diabólicos de todos los tamaños, formas y colores, que no se sabe de dónde. Sus comportamientos son similares: turbulentos, agitados, desconfiados, salvajes.

A su llegada, olfatean la comida que se sirve en recipientes grandes y que se compone de carne cruda, menudencias de animales y otros alimentos similares. Después de hartarse, se expresan a través de silbidos y ruidos característicos; algunos estridentes, otros cavernosos, pero todos profundamente discordantes, moviéndose alrededor de Thilbor. Sus colores van desde los tonos más oscuros hasta los más difusos. En una tonalidad de marrones y grises, a veces se ven negras... Pelo excesivo peludo o corto; piel lisa y rugosa, oscura y casi impermeable; extremidades demasiado largas, demasiado cortas o torcidas; uñas largas que hacen ruido al golpear el suelo sobre el que caminan, casi siempre, a cuatro patas. Cuando están en desacuerdo, pelean, pelean por comida o sin razón aparente. Sus ojos son agudos, pequeños, saltones y redondos; las orejas, como las de los murciélagos, casi siempre están erguidas, como antenas móviles... Emiten olores mezclados con todo lo que desagrada al olfato humano, a veces olores sofocantes...

Al mando de ellos, Daghor trabaja con evocaciones, nombres, direcciones, peticiones en profusión; confiado en resolver satisfactoriamente todas las demandas... Una vez terminados estos rituales, deja algunas órdenes a Albaan, sobre esta o aquella forma de actuar, y ordena al enano y a unos cuantos que limpien y reorganicen todo. A su vez, se baña en un ritual de limpieza. Luego se viste con su ropa elegante, negra y lujosa. Luego va a visitar a Vicky. Al encontrarla aun dormida, le da unas gotas de un licor de olor extraño y aplica fuerzas vigorizantes con las manos, despertándola.

Abre los ojos con calma, suspira profundamente, los vuelve a cerrar y se vuelve a dormir, respirando suavemente. Se inclina para besarla en la mejilla, pero se aleja en estado de shock; el enrojecimiento de sus mejillas lo sorprende y concluye que Albaan había vuelto a exagerar. Va a buscarla y la castiga con dureza. En lágrimas, su cuerpo azotado con un látigo, maldice y jura destruir a Vicky, mientras se ayuda a sí misma con los medicamentos adecuados. Alejándose, satisfecho con el correctivo aplicado a su asistente insubordinada, sigue su camino pensando:

"¡Nadie te hará daño para quedar impune, mi Vicky! No sé lo que depara el futuro, ¡pero estarás en él! ¡No es la primera, ni será la última vez que nos encontramos mi belleza! ¡Me amarás y juntos conquistaremos el mundo que nos rodea! ¡Espero con ansias el día en que por fin seas mía!"

Estos sentimientos, que no puede disimular, exasperan a Albaan. Mientras él viviera sus amores desde lejos, ella podría soportarlo. Pero, ahora, su peor rival está ahí, bajo el mismo techo y bajo su guardia y protección, ¡por la ironía de todos los demonios...!

Asqueada, mientras se ayuda a sí misma, promete:

– ¡Un día, me vengaré!

Buffone sonríe, imaginando que le gustaría vengarse de ella y de Daghor por igual... Aunque maltrata a Vicky, ya ha desarrollado un extraño sentimiento por ella, una mezcla de lástima y encanto... La sombra de su maldita alma anhela algo mejor, que pueda iluminar su parte interior malvada y endurecida... Suspira, pensando que es muy feo y torpe. Con una sonrisa de deleite, se imagina bello, alto, admirado, capaz de ser amado... Observando su abstracción, Albaan lo saca de sus reflejos y sueños con unas bofetadas sonoras, devolviéndolo a su propia realidad. Como no puede reaccionar contra Daghor, descarga su ira sobre él. ¡Desde hace algún tiempo, ha sospechado que este hombre feo, torcido e infeliz está haciendo pucheros por Vicky...!

¡Ah, si Daghor se entera! ¡Tendremos un "animal" más para los sacrificios!"

CAPÍTULO 15

Pasaron unas semanas después de su desacuerdo con Astrid... Pasó un mes; han pasado dos meses, y Danilo siempre anda pisando brasas... Discreto y silencioso, Hassan advierte su notable distracción y desinterés por su trabajo. Mientras mezcla algunos elementos químicos, Danilo analiza la vida misma. Su distracción; sin embargo, explica el pobre resultado del experimento.

– ¡Oh mi señor! ¡Tu olvido da miedo!

Molesto, Danilo pregunta:

– ¿Quieres ocupar mi lugar y hacerlo mejor?

– ¡No, Dios no lo quiera! Eventualmente volaría esta casa, ¡y los dos, en ella!

– ¡Cállate y déjame trabajar!

Hassan no puede contenerse y se desahoga:

– ¡Me sorprende, mi señor! ¡Me acostumbré a verlo siempre tan equilibrado!

Deteniendo lo que hace, Danilo responde:

– ¡Bueno, Hassan! ¡Soy un hombre de mundo, imperfecto como cualquier otro! Responsable de mis acciones, ciertamente, dado todo lo que sé y la ciencia que represento, pero cuando el mundo desafía nuestros límites, nos despojamos del hombre "civilizado" y mostramos nuestras garras afiladas, ¡en defensa de lo que tenemos o deseamos! La ansiedad y la molestia cambian nuestro estado de ánimo. Sin embargo, siempre debemos buscar el equilibrio, mencionado por ti, esencial para vivir en armonía con nuestros elevados propósitos. Disculpe, ¡y agradezco la observación!

Sinceramente, hoy no estoy bien...

Al renunciar al trabajo, respira hondo y se vuelve introspectivo.

Integral, Hassan decide apoyarlo:

– Mi Sr. Danilo, pase lo que pase, cuenta siempre conmigo. Veo que está muy triste, así que se distrae hasta el punto en que no puede trabajar.

Danilo escucha sus buenas palabras y confirma, una vez más, la decisión que le hizo traerlo de Argelia:

– ¡Alabo a Dios y a Alá por traerte conmigo, Hassan!

– ¡Felicítalos a los dos también! ¡Me beneficié enormemente!

– Fuimos, Hassan, fuimos...

Danilo está callado e impaciente. Ya no puedes soportar la situación por la que está pasando.

– ¡Voy a buscar a Astrid y ella tendrá que escucharme! – Declara alto y claro.

– ¡Así es como se habla! ¡Este es mi señor Conde Danilo de Abruzzos! – Grita Hassan con entusiasmo.

Danilo se quita la ropa de trabajo y se va a sus habitaciones, se viste pulcramente y se va. Al llegar a la casa del Barón Mateus, se da a conocer. El Barón mismo viene a recibirlo; sonrisa de suficiencia, ojos brillantes:

– ¡Bienvenido, señor!

– ¡Agradecido! ¡Me alegro de volver a verlo, señor!

La Pulsera de Cleopatra

– ¿Qué te trae por aquí, muchacho?

– Lo que ya debería estar concluido. Quiero hablar con Astrid, por favor.

– ¡Si responde, me sorprenderé!

– ¡Insisto, hazme este favor, querido amigo!

– ¡Está bien, espera! ¡Le haré saber de tu presencia!

Pasan unos cuantos cuartos de hora cuando escucha pequeños pasos, rápidos y muy familiares a su corazón... Con el corazón latiendo con fuerza, es llevado por la emoción. Finalmente, aparece en el umbral de un portal circular que comunica con el hall de recepción. Bella como siempre, divinamente vestida, delata la emoción que siente en su extrema palidez. Silenciosamente, entra a la habitación y mira a Danilo, encarándolo frente a frente. Conociéndola, bueno, Danilo puede adivinar sus pensamientos. De pie, habiéndose levantado cuando llegó, espera en silencio.

Controlándose estoicamente, le hace un gesto hacia su asiento y sugiere:

– Siéntese, por favor.

Aquí estoy, como pediste.

La voz es profunda, indiferente, informal. Danilo imagina las dificultades que enfrentará.

– ¡Siéntese primero, se lo ruego! – Ella responde, descuidadamente, y espera.

Danilo se mueve incómodo ante su aparente frialdad.

– Al principio, quiero disculparme por no haber programado esta visita con anticipación.

– De hecho, ¡es muy desagradable ser sorprendida por visitantes inesperados! – Ignorando su comentario de desaprobación, dice:

– Decidí hablar contigo y aquí estoy.

La Pulsera de Cleopatra

Gracias por escucharme.

Obstinada, ella permanece en silencio, desconcertándolo.

Persistente; sin embargo, continúa:

– ¡Llegando a mis límites, decidí explicarme y escuchar tu opinión sobre el asunto que dejamos pendiente!

Respira hondo y concluye, desinteresada:

– Desde que llegaste, siéntete libre. ¡Habla! – Armándose de paciencia, Danilo comienza:

– Hace dos meses que no hablamos, Astrid. No vine antes porque temía tu enfado.

– ¿Y quién te dice que ahora será diferente? ¡Estás siendo demasiado apresurado!

– No, no estoy. Necesito desahogarme, hablar contigo, abrir mi corazón. Te pido que me escuches y me juzgues imparcialmente.

– ¿Por qué? ¿Crees que soy injusta?

– ¡No, pero el que ama a uno pide demasiado y se juzga precipitadamente! – Con una sonrisa desdeñosa, pregunta:

– ¿Crees que eres amado, después de todo?

– Perdona mi atrevimiento, pero en casos como este, lo que menos se ve es la razón establecida, ¡y lo que más se nota es la exacerbación de los sentimientos!

– ¡Ah sí! ¡El Conde tiene mucha práctica en esto!

– Como cualquier otro hombre de mi edad y época, ¡ni más ni menos!

– ¡Se explica con gran indulgencia!

– ¡Déjame decirte que no es lo que parece! Si me lo permites, intentaré explicarme, sin "demasiada indulgencia" y con gran sinceridad.

– Lo haremos. Estoy escuchando.

La Pulsera de Cleopatra

Danilo mira fijamente a la mujer que ama hasta el punto de la adoración. Siente la necesidad de arrebatársela y cubrirla de besos...

– Bueno, en ese día de triste recuerdo, cuando mi ex asistente vino a hablar contigo...

– Mejor que diga su amante...

– Novia, prometida o simplemente una aventura, Astrid. ¡Nunca estuve casado! – Ella se muerde el labio con molestia.

Y continúa:

– Ladina, como pocas, se 'olvidó' de decirte que, desde el día que la vi, al pasar su carruaje, me negué a continuar una relación que había iniciado por circunstancias y por falta de algún otro impedimento...

Astrid se sonroja y muestra todo su disgusto por lo que escucha; sin embargo, guarda silencio y continúa atenta.

– No estaba comprometido, no solo socialmente sino emocionalmente, ya que siempre dudé del tan cacareado amor de una sola vez.

Sin creer en el amor verdadero, no importaba si éste o aquél satisfacía mi afectuosa necesidad siempre y cuando hubiera entre nosotros un mutuo acuerdo y respeto.

– ¡Estás siendo cínico!

– No, no estoy. ¡Estoy siendo honesto!

– ¿Y la extraña situación de vivir con tu asistente en tu propia casa...?

Con una leve sonrisa desdeñosa, Danilo pregunta:

– ¿Podría quedarme fuera, Astrid? ¡Estás siendo prejuiciosa y moralista! ¿Cuántos infantes puedo haber escandalizado si vivo solo, me puedes decir? ¿A quién puedo responder por mi propia vida, como hombre independiente y responsable?

¿Qué te molesta de haber estado bajo mi techo? ¿Y bajo cuántos techos vivirán los amantes considerados sombríos, solo porque no tienen un papel firmado y sellado, antes de la entrega completa?

– ¡El experto en estos asuntos eres tú, no yo!

– ¡Bien, Astrid! ¡Escúchame y reflexiona! La sociedad nos arroja al mundo, con todo lo que tiene, bueno o malo, y exige, con dureza, una masculinidad patente con todas las actitudes relevantes, mientras se ata a siete llaves y cadenas, pies, manos y, quizás, los pensamientos y la voluntad de mujeres, para que sean puras hasta el matrimonio, cuando se entreguen a un esposo que ya ha vivido y experimentado en la vida, sin que se le pida nada, ¡porque el mundo y la hipocresía humana sacramentan sus actos masculinos desde el nacimiento!

¡El hombre es el orgullo de los padres cuando persigue a las mujeres y es una vergüenza mortal para ellos cuando no lo hace, incluso hasta el punto de disponer que sus hijos, todavía sin barba, mujeres de la llamada vida libre para probarlas e iniciarlos en la vida sexual!

Astrid se sonroja hasta la raíz de su cabello y hace un gesto con la mano, tratando de detenerlo, pero él, en otro gesto igual, la detiene y sube el volumen de su voz:

– ¡Escúchame! ¿Cómo puedes juzgar a los pobres mortales allí, desde su trono de oro, en esa vitrina? ¿Protegida e impedida por la familia y por la sociedad sexista e hipócrita de ejercer, de hecho y de derecho, tu libertad? ¡Muchas como tú, pre–santificadas, convertidas en piezas de museo, nunca se casarán y terminarán sus días, 'virtuosas', pero muy infelices y frustradas, por nunca haberse rendido verdaderamente a sus anhelos naturales, en una dolorosa 'castración' emocional impuesta por el mundo...!

– ¡Habla como un libertino, mi señor!

La Pulsera de Cleopatra

Dicho esto, indignada, Astrid se levanta para irse, en protesta por lo que oye, pero Danilo la detiene, cara a cara, y la hace volver a sentarse, aunque con mucha suavidad, mientras le advierte:

– ¡No olvides que estás hablando a un científico, querida!

Inquieta e incómoda, se conforma y espera.

– ¡Pues bien! ¡No creas que me disculpo por la libertad sin responsabilidad! ¡Absolutamente no! Es un placer para nosotros encontrarnos con mujeres verdaderamente puras, no solo de cuerpo, ¡sino de alma! Lo recomiendo siempre, y llegará el día en que estos conceptos atrasados cambiarán, desde el corazón mismo y, cielos, la mujer sabrá aprovechar lo que se le ofrecerá sin contaminarse, como muchos hacen ¡y miles lo harán, porque no tienen cuidado de posicionarse con equilibrio y dignidad!

El mundo quedará asombrado, afrontando cambios increíbles, a favor de los verdaderos sentimientos, comportamientos amorosos y conyugales, en un mundo más moderno, que siempre exigirá honestidad, sobre todo, ¡ya sea para hombres o mujeres!

Algo molesta por su valiente defensa, Astrid siente que su corazón se acelera cuando se enfrenta a tanta fuerza, compromiso y capacidad de argumentación por parte del hombre que, a pesar de negarlo, ama, verdadera y desesperadamente. Lo encuentra muy hermoso, en su justa exaltación. Su voz, casi alterada, es modulada y agradable al oído. Sus ojos brillan con una fuerza e intensidad admirables... Se estremece y todo su cuerpo sigue sus palabras y emociones. Como hipnotizada, fija la mirada y agudiza los oídos.

– ¿Entiendes, querida? No creas que estoy loco, todavía tengo que hablarte así. Creo que nunca, nunca, nadie lo ha hecho, ¡no de esta manera!

Avergonzada, inclina la cabeza en silencio.

La Pulsera de Cleopatra

Derramando una mirada de admiración y respeto, de amor y afecto sobre su persona, respira hondo y prosigue:

– ¿Qué puedes decir de ti misma que no te haya sido predicado e instruido por quienes, al restringir su libertad, inducirla a cometer errores? Uno de ellos, por ejemplo, de los más promocionados, es que ¡solo se ama a las puras! ¿Dónde, de hecho, está la pureza de la mujer? ¿En su cuerpo o en su alma virginal? ¿Cuántas flores nacen en el pantano y nunca se embarran? ¿Cuántos nacen en invernaderos y niegan todas las direcciones y advertencias, cayendo, torpemente, en la conversación y fascinación del primero en aparecer? ¡Oh, pero en general están casados, tienen prisa y bajo el velo de la hipocresía, aunque pueden estar muy descontentos con aquellos que, al no haberlos respetado, continuarán haciendo lo mismo durante años juntos!

Con tu inteligencia privilegiada, querida, ¡mira siempre las dos caras de la moneda para hacer una valoración justa! ¡Sé menos inflexible y no esperes que el mundo camine de acuerdo con tus verdades! Mírame y analízame como lo haces con los demás; ver que puedo ser bueno en algunas cosas e imperfecto en otras; decidido a hacer siempre lo mejor, ¡pero no siempre triunfar!

Ella se abstrae y recuerda lo que le había dicho mientras buscaban a Ingrid en la embajada, y eso la había puesto muy, muy insegura... Sus alegaciones son completas... ¿Podrá perdonarlo...? ¡Lo duda!

Respetando su internalización, Danilo se detuvo. Luego, vuelve a hablar:

– Consciente que en mis errores no hago daño a nadie, los corrijo y sigo adelante, con cuidado de no cometer los mismos errores. La vida debe valorarse con gran dignidad en cada nuevo momento.

La Pulsera de Cleopatra

No me juzgues solo por mi relación con mi asistente, a quien consideras espuria, sino por todo lo demás que represento, ya sea por ti, por tu familia, por el mundo en el que vivo y trabajo y, sobre todo, ¡por Dios que nos juzga en último recurso y con justicia!

Danilo parece cansado. Se calla y espera la valoración de Astrid, que no se anula:

– ¡Todo lo que dijiste parece justo y sensato, pero hablas por tu propia causa, por lo que es sospechoso!

– ¡Te equivocas, porque defiendo la libertad con responsabilidad y el derecho de todos a ejercer su sagrado y natural libre albedrío! Dados los diferentes niveles de preparación para la vida, ¡la mayoría aprende de sus propios errores! Casi siempre somos Astrid, ángeles con las alas rotas o santos vacíos por dentro. ¡Sal de esta cúpula y no tapes, de los demás, actitudes compatibles con tu realidad, generalizando injustamente acciones y nivelando a las personas con tus juicios de valor!

– ¡Oh si! Debo, para parecer indulgente, inteligente y moderna, aceptarlo como es, ¿es eso?

– ¡No estoy sugiriendo que parezca, sino que es, en el sentido más amplio de estas palabras, que deben pasar de la teoría a la práctica! ¡Saber vivir es una de las mejores ciencias!

– ¿Pretendes instruirme, según tus teorías, querido Danilo? ¿Me ignora la individualidad, imponiéndome lo suyo, como modelo justo y racional?

– ¡No me malinterpretes, no te menosprecies, querida! Ante ti, en verdad, sé que me enfrento a un tribunal que nunca instalarías para nadie más, porque conozco tu amabilidad y comprensión, siempre alta. Pero afirmo, sin riesgo de equivocarme, que, de mi persona, exigirá cruelmente un comportamiento diferente, casi imposible, y que siempre rozará la perfección, que estoy lejos de asumir, para no engañarme ni engañarte. Siempre exigimos demasiado y de manera diferente, a los que amamos mucho, ¡porque les echamos la tarea casi imposible de hacernos felices! ¡No soy tu príncipe azul, querida, ni entré en tu vida montando un Pegaso! ¡Soy un hombre común, muy humano, que todavía actúa y reacciona según las circunstancias en este mundo tan difícil de vivir! ¡A favor de los cambios que ya han llegado y de los que vendrán cuando demos las condiciones, es que estudiamos e investigamos conocimientos cada vez más elevados! Hay, y siempre habrá en nosotros, el anhelo de vivir cada vez mejor para ser cada vez más felices; sin embargo, ¡este todavía no es el mejor de todos los mundos, Astrid! ¡Y en él, no todo el mundo puede vivir tan protegido como tú!

Sombreando sus facciones y mostrando cierto cansancio, Astrid comenta, casi en un susurro:

– ¡La protección de la que hablas no nos impidió perder a Ingrid! – En la voz se percibió mucho dolor.

Acercándose, Danilo le toma las manos y le pregunta:

– Usa conmigo, Astrid, la misma justicia que ejerces a tu alrededor… ¡No me veas como un pervertido, por favor! Soy un hombre ardiente y apasionado por la vida, pero ¡quién supo reconocerte como su único amor, el que aparece una sola vez en la vida! Desde entonces te he sido fiel, ¡créeme!

– Perdóname, te lo ruego, los arrebatos, pero todavía estoy muy confundida… Necesito pensar y evaluar todo lo que he escuchado de ti. Por favor, no me juzgues tonta, ingenua o mojigata…

– Si lo fuera, Astrid, esta conversación habría sido imposible. Me dirigí a una mujer inteligente y sensible, educada y bien informada, que defiende el derecho a no ser traicionada nunca, lo que te puedo demostrar, ¡nunca sucedió!

La Pulsera de Cleopatra

Besando sus manos, apasionadamente, Danilo hunde sus ojos en los de ella y habla sin palabras de su inmenso amor. Temblando de emoción, lucha por disimular sus sentimientos.

– Me gustaría despedirme del Barón, Astrid.

A pedido de su hija, el Barón entra en la habitación con ojos brillantes y una leve sonrisa en los labios. Astrid se despide de Danilo, gentil y cortésmente, pero con cierta frialdad, y entra a la casa. Necesita pensar...

Al verla desaparecer, el Barón comenta con entusiasmo:

– ¡Nunca había visto ni escuchado, querido Conde, a nadie que defendiera a la raza humana, especialmente a los hombres, con tanta competencia!

¡Casi aplaudo! ¡Si fueras abogado, solo confiaría en ti!

Perplejo, Danilo pregunta:

– ¡¿El Barón escuchó todo...?!

– ¡Perdóname; sin embargo, no pude resistir! – Responde guiñando un ojo, astuto.

Sonriendo, Danilo se despide. Finalmente, abrió las compuertas de su alma, comprometida con un amor tan hermoso como inesperado, y dijo todo lo que necesitaba decirle a quién tenía derecho. Una vez en la calle, sufre por no haberla abrazado y besado, pero esa es otra batalla, para otro día...

Se pone el sombrero y se va a casa... Una vez en su habitación, Astrid lucha entre el orgullo desenfrenado y la humildad; entre la razón y el corazón. Tenía ganas de aceptar el amor que se le ofrece, tan hermoso, espontáneo y verdadero, y olvidarse de su aprensión; sin embargo, es muy difícil cambiar de repente... En este sentido, Ingrid va más allá.

Se opone a muchos órdenes y reglas establecidos, desafía a todos y a todo, a favor de su voluntad y sus verdades. Sin embargo,

La Pulsera de Cleopatra

respetando los límites, bien delimitados, de lo bueno y lo malo, nunca creó vergüenzas que alguien no merecía, provocando, en varias ocasiones, sonrisas satisfecha, a quienes, sin tener el valor de actuar, la aplaudieron, en silencio, en su iniciativa positiva y activa. En la picardía de niños y adolescentes, fue Ingrid quien la condujo en los juegos, dominando, con astucia, las diversas situaciones que se instalaron.

– ¡Oh, mi querida hermana! ¡Te extraño tanto! En estos momentos de conflictos casi insuperables, ¡serías mi apoyo y mi consuelo! Oh, Ingrid, ¿cómo puede Danilo hacerme esto? ¿Por qué no me dijiste lo que llegué a saber con tanta torpeza...?

Da rienda suelta a las lágrimas. Se arrodilla ante un oratorio y se entrega a Dios, reza:

– "Ingrid, querida, estés donde estés, recibe el beneficio de este amor que nos ha unido desde que naciste! ¡Que Dios te guarde y te devuelva a nuestro hogar que, sin ti, es inmensamente vacío! ¡Papá está desconsolado...!"

De esta forma, Astrid se interioriza cada vez más, mentalizando al Creador y a su hijo Jesús. De repente, ve a Ingrid, que parece haber aparecido de la nada. Muy pálida, demacrada, flaca, de cabello negro, le sonríe con cariño.

– ¡Ingrid! ¡¿Has vuelto, hermana mía...?!

Con voz sibilante, Ingrid responde:

– "Todavía no, Astrid..."

– Sin embargo, ¿volverá?

– "Sí, volveré... te amo... ¡te extraño tanto!"

– ¿Donde estas querido?

– "¡Muy lejos, Astrid!"

– Estás viva, ¿no?

– "Sí, estoy. Vivo relativamente bien, a pesar de la nostalgia..."

– ¿Qué le pasó a tu cabello?

– "Fueron teñidos, es parte de una nueva identidad. Ahora tengo otro nombre, pero nada de eso importa, porque Dios permitirá que nos volvamos a encontrar."

Acercándose, Ingrid toca las mejillas de su hermana, bañadas en lágrimas y, muy suavemente, le aconseja:

– "Sé más indulgente con Danilo... ¡Perdona! ¡Realmente se aman! ¡No pierdas la oportunidad de ser feliz, Astrid!"

Intensificando sus lágrimas, Astrid deja escapar:

– No puedo, perdóname... Estoy muy herida... ¡Me traicionó, Ingrid!

– "¡Bueno, sabes que eso no es cierto! ¡Sé más sensata y cuídate para que tus exageraciones no te impidan ser feliz! ¡Cuídate de no perderlo...!"

Astrid, con la cabeza gacha, sabe que su hermana tiene razón. Suspira profundamente, y cuando la mira, sugiere la hipótesis:

– ¡Ingrid, me gustaría abrazarte! ¡Sentirte, más cerca, cerca de mi corazón!

Ingrid se acerca, la abraza cariñosamente y la besa en ambas mejillas. Ella la mira fijamente a los ojos azules y declara:

– "¡Te amo, hermana mía!"

Sintiendo la despedida, Astrid pregunta:

– ¡En nombre de Dios, Ingrid, vuelve pronto a nosotros!

– "¡No depende de mí! ¡Espero volver! ¡Dale un beso a papá y cuéntale sobre mi amor y mi añoranza...!"

– ¡Dime dónde estás, por favor! ¡Y te buscaremos!

La Pulsera de Cleopatra

– "¡No puedo; sin embargo, saber que ninguna distancia separa, de hecho, a los que se aman! ¡Sé feliz! ¡Un día volveré! Me está llamando... ¡Adiós...!"

Astrid intenta contenerla, pero falla; es como abrazar una nube que se desvanece. Sus últimas palabras resuenan en la habitación y hacen un extraño eco. Entonces todo parece quedarse en silencio a su alrededor. Mientras Astrid clama a su hermana consternada, su padre aparece en la puerta. Había venido a verla por la entrevista con Danilo. Llega a tiempo para atraparla, antes que se derrumbe en el suelo. Sosteniéndola en sus brazos, la pone en la cama, la cubre, con celo, y llama a la criada, que llega apurada.

– ¡Tráeme las sales! ¡Rápido!

– ¡Sí, señor!

Ignorando su presencia, abre los ojos y habla como si estuviera muy lejos:

– ¡Aquí es donde está Ingrid...! ¡Oh, cielos! ¿Qué hombre tan espantoso es este y qué extraño dominio tiene sobre ella...? Se inclina hacia ella y la llama con tanto amor, con tanta reverencia... ¿Por qué? Hace gestos intencionados sobre su cuerpo, donando energía...

¿Qué lugar es ese? Es un castillo... ¡Oh, qué extenso y lúgubre!

De repente, Astrid se estremece y se lleva las manos al corazón, presa del pánico:

– ¡Señor de la misericordia! ¿Qué son estas criaturas que se mueven por aquí, tan repugnantes? ¿Estaré en el infierno? ¡¿Y por qué terminó Ingrid aquí...?! ¡Dios mío! ¡Ya me han visto y están corriendo detrás de mí! ¡No! ¡Aléjense de mí! ¡No...! ¡Vete en nombre del cielo...!

¡Sométete al poder divino y déjame en paz...!

La Pulsera de Cleopatra

— ¡Hija, despierta! ¿Que está diciendo? ¿De qué estás hablando, querida? Tu hermana nunca estaría en el infierno y, para eso, ¡tendría que morir!

Consciente de las "rarezas" de sus hijas, el Barón no duda de las exclamaciones de Astrid.

La hija lucha, agitada. Su extrema palidez habla del terror que se apodera de ella. Hace gestos de defensa y desesperación, patente.

— ¡Hija mía, despierta! — insiste el Barón, sacudiéndola.

Gruñendo, se pasa las manos por los ojos, lo mira como si no lo conociera y mira a su alrededor con temor.

— Astrid, por Dios, cálmate, hija mía, ¡y despierta!

Ella suspira profundamente, lo mira y sorprende sus facciones alteradas:

— ¡Ay, padre mío, qué horror! ¡Nunca había visto nada igual! ¡¿He estado en el infierno, Dios mío...?!

— Dime Astrid, ¿qué viste en tus pesadillas?

Abrazándolo, susurra temblorosa:

— No eran pesadillas...

— No importa qué clasificación podamos dar; ¿dime qué te paso mi ángel?

— ¡Vi a Ingrid, padre! Ella estuvo aquí y me habló. Cuando ella "regresó" la seguí y vi dónde vive actualmente. Ella está muy delgada, demacrada y su cabello ahora es negro como las alas de un cuervo. ¡Su rostro, oh cielos, es solo una tristeza! Creo que tiene otro nombre, como le oí llamarla...

— ¿Quién la llamó, hija mía? ¡Cuéntamelo todo! ¿Soñaste con Ingrid?

— No, no soñé, la vi y hablé con ella.

– Bueno, no lo dudo… Cuántos percances hemos tenido por estas "rarezas" tuyas y de Ingrid, ¿no?

– ¡Sí, es verdad! ¡Y algunas situaciones realmente divertidas también!

Tomando las manos de su padre, Astrid las besa con cariño y declara:

– Me pidió que te besara y te contara su amor y su añoranza…

Sin reprimirse, el Barón llora suavemente. La emoción lo domina.

Astrid le cuenta la extraña experiencia que tuvo. Cuando termina, el Barón quiere saber:

– Dijiste que la llamaban por otro nombre, ¿qué?

– No puedo decirlo, se borró de mi mente… Lástima.

– ¿Y dónde está ese castillo?

– Yo tampoco lo sé, mi padre. Entristecida por Danilo, llamé a Ingrid y ella vino a apoyarme…

– ¡Quiere que seas feliz, hija mía! ¡Danilo es un buen hombre y se merece tu cariño!

Astrid se calla. No quiere molestar a su padre.

Frotándose la bien arreglada barba, el Barón exclama eufórico:

– ¡Danilo tiene razón! ¡Por diferentes medios, Dios nos ayuda en su infinita sabiduría y misericordia! La esperanza cobra más fuerza en mi corazón. ¡Confiaré en un futuro mejor para todos nosotros!

Se inclina y besa a su hija.

– Necesito hablar con Danilo. ¡Sin duda nos ayudará a comprender los hechos y traducirlos correctamente, utilizando los medios científicos que tan bien hace! ¡Lo buscaré ahora mismo! Quédate aquí y descansa, ¿de acuerdo?

Astrid asiente, negando con la cabeza.

Antes de irse, el Barón aconseja:

– ¡Astrid, ten cuidado! ¡Cuida tu amor y no se lo pierdas a nadie más! ¡Perdona sus deslices y sé feliz!

– Ingrid dijo lo mismo...

– ¿Y entonces? ¿Nos escuchas?

– Todavía no... Gracias, pero necesito tiempo...

Cuando él responde, ella se hunde en las sábanas y cierra los ojos. No quiere hablar más de eso.

CAPÍTULO 16

Guillermo, muy temprano, inicia sus actividades habituales. Una vez más estuvo con Dhara, durante el desdoblamiento del sueño. Ahora, en el desempeño de sus múltiples tareas, analiza su propia vida: recuerda su infancia, las alegrías saludables de un hogar bien servido, el consuelo físico y espiritual que le brindaron sus padres... El afecto valioso e incomparable de su amada hermana... La extraña amistad y conocimiento de Hamendra, tolerándolo sorprendentemente hasta que, incapaz de soportarlo más, se alejó, teniendo que protegerse de sus constantes agresiones físicas y morales... Luego, su vida en el templo budista, al que llegó muy infeliz, desilusionado con el mundo, desesperado por la pérdida de Dhara. Su iniciación en medio de las rígidas disciplinas que, de alguna manera, balsamizaron su alma ulcerada.

Cómo se acostumbró a esa vida, mereciendo elogios y premios, uno de ellos, su inclusión en la sabiduría de los Lamas, llegando a culminaciones que pocos alcanzan... Su vida sana y disciplinada es un ejemplo de honor para los jóvenes que, en sus clases, buscan el conocimiento y la elevación espiritual. Ahora recuerda a uno de ellos, quizás el más querido, el que es hoy el Conde Danilo de Abruzzos. Allí educado, volvió al mundo, del que se dice que forma parte, a gusto con la vida, algo irreverente y muy sincero. Hoy es un científico respetado y premiado por las diversas academias de ciencias psíquicas. Lo extraña... Porque además de ser

La Pulsera de Cleopatra

su discípulo, Danilo se ha convertido en un gran amigo. A veces, incluso desde la distancia, se miran y se sonríen, fraternales.

A menudo, en un desdoblamiento espiritual, Guillermo está presente en su laboratorio, colaborando en su trabajo de investigación. En un poderoso esfuerzo de concentración, el monje decide ir a ver a Thilbor y lo hace. Una vez allí, camina con gran dificultad, debido a las emanaciones maléficas, y lo encuentra muy ocupado: su rostro transfigurado muestra un rasgo cadavérico y oscurecido. Tus manos están apretadas y tu cabello está erizado. Tumbada en una cama alta y cómoda, Vicky duerme letárgica.

Recoge tus energías y las manipula a voluntad.

(Con sus sombrías órdenes, Thilbor mata, crea bancarrotas, fomenta los suicidios, deshace los compromisos amorosos, paraliza este o aquel de la noche a la mañana, ciega a los demás, produce enfermedades infecciosas en cuerpos que antes estaban sanos y locura donde antes no había.

Trae dudas y cizaña a hogares y diferentes grupos; llegando incluso a aquellos que tienen las rodillas gruesas por vivir de rodillas, pero que no obedecen las leyes sagradas del Creador. Estas y muchas otras acciones son parte de su "trabajo." ¡Oh, imprudencia y vigilancia, que hace que este hombre y muchos otros como él utilicen las fuerzas del mal para ganar sus intereses! ¡Para estos, Jesús nos dijo que las puertas del cielo están cerradas!)

¡Ay de los que son objeto de tal brujería cuando, indiferentes a las cosas del cielo, indolentes ante la vida y vigilantes, abren espacios peligrosos para la realización de la maldad! Todo se hace en las sombras, en traición, cobarde. Las únicas defensas son el comportamiento impecable, la fuerza de la oración y la sumisión a Dios. Guillermo observa, disgustado, la comida de esos seres abyectos que se arrojan, con avidez, sobre los animales sacrificados, mientras toman conciencia de sus oscuras tareas.

– ¡Ah, Thilbor, cuántos dolores tendrás que vivir para pagar centavo a centavo! ¡Ya en esta vida, sufrirás los dolores de Amenti! Pero, ¿por qué esta chica le sirve por defecto?

¡Ah...! ¡Sus pasados son comunes y comprometedores...! Hoy; sin embargo, modificado desde el núcleo, traerá al corazón de piedra del infeliz hijo de Dhara, sentimientos nuevos y sorprendentes... Al pensar en Dhara, se le aparece hermosa y sonriente. La abraza con cariño y lamenta la tristeza de sorprender a su hijo en una situación tan desastrosa.

– Protejo a esta chica, querida, de la furia de mi hijo. Al final de esta expiación, la traeré de regreso a los suyos, ¡sana y salva! ¡Mi hijo nunca le hará daño, yo no lo consentiré!

Aquellos seres que allí luchan, en la disputa por el botín que se les ofrece, comienzan y se inquietan... Mueven sus ojos pequeños, rojizos, mientras huelen el aire, sospechosos.

Thilbor, igualmente preocupado, grita:

– ¡Tú que no eres bienvenido aquí, aléjate, te ordeno! ¡Sal mientras aun hay tiempo, o sufrirás contratiempos que ni siquiera puedes imaginar!

Guillermo extiende su mano hacia los espíritus demoníacos y ellos se retuercen, aúllan y gimen, mostrando bocas con muecas y dientes afilados. Acto continuo, empieza a escabullirte y huir.

Thilbor se detiene, respira fuerte y gira el cuello, mirando a su alrededor mientras advierte:

– ¡Fuera de aquí! ¡Vete antes que cargue con mi furia! – Su voz es cavernosa y escalofriante.

De repente, se estremece cuando ve a Dhara materializarse ante él. Más lúcido y en un estado diferente, recuerda a regañadientes que ella se interpone entre él y Vicky.

Una voz retumbante pregunta:

La Pulsera de Cleopatra

– ¿Por qué me desafías e interfieres en mi vida?

Iluminada, fortalecido por los poderosos efluvios de Guillermo, Dhara le responde:

– ¡No te desafío, hijo mío, solo me esfuerzo por protegerte de ti mismo!

– ¡Es demasiado tarde para eso!

– ¡Nunca es tarde para la transformación espiritual de los hijos de Dios!

Ante esta referencia divina, Thilbor se estremece y parece balancearse sobre sus pies.

– ¡Vete y no me acuses de actitudes de las que soy incapaz!

– ¡Nunca lo seremos, hijo! Imperfecto y vigilante, terco y recalcitrante, ¡sí! ¡Tú, como ser inmortal y responsable, tendrías que demostrar, una vez más, lo que ya eres y lo que ya has asimilado en términos de experiencia evolutiva!

– ¡Soy lo que soy! ¡Y este es el camino del poder y la gloria que he elegido!

– ¡El poder legítimo y la verdadera gloria no son estos por los que luchas, en constante desesperación!

– ¡Depende del ángulo de visión! ¡Hago mi propio destino según mi voluntad y mis propias elecciones!

– ¡Estás equivocado, hijo mío! ¡Las leyes legítimas están y estarán siempre por encima de todo y de todos! Cuando actúa en el mal, lo debilita, porque hace sufrir al deudor y limpiar sus pecados. Si la deidad no te lo permitiera, ¡ni siquiera respirarías!

Thilbor suelta una carcajada y concluye burlonamente:

– Entonces, ¿por qué preocuparse si, de hecho, cumplo, punto por punto, este poder del que hablas?

– ¡Estás usando sofismas para explicarte! ¡Sabes muy bien que contradice visceralmente las sagradas e incuestionables leyes!

La Pulsera de Cleopatra

Sin responderles, guarda silencio, esperando que salgan de allí. No quiere alimentar una conversación que considera inútil. Se produce un interregno, pesado y desagradable.

De repente, muy impaciente, maldijo:

– ¡Por todos los demonios o por todo lo que más amas, sal de aquí y toma esta luz que me ataca frontalmente!

Paciente, Dhara le volvió a hablar:

– ¡No podrás huir indefinidamente, hijo mío, de todo lo que conoces y reconoces como verdad! Tarde o temprano, devolvemos todo, incluso el cuerpo mismo, a la Madre Tierra, y entonces el velo se levanta, barriendo el alma inmortal que convulsionará, tanto más, ¡como hemos sido rebeldes!

– ¡Hasta entonces, habré disfrutado de todo lo que me deleita en este mundo que sabe ser generoso con quienes, como yo, saben luchar por lo que quieren!

– ¡Pobre desgraciado! Lo que disfrutas es parte de un gran error, un montón de satisfacciones irracionales que se hundirán como arena, acelerando, ¡en cualquier momento!

– ¡Lo enfrentaré con el pecho abierto, en este momento, cuando llegue!

– *"¡Loco! ¡Quizás esta noche el Señor te pida el alma...!"*

Dhara lo vuelve a estremecer ante la cita de las palabras de Jesús. Con ojos feroces, se reequilibra, desafiándola.

Sin inmutarse, quiere saber:

– ¿Qué pasa con la chica que encarcela y mantienes aquí, Thilbor? ¿Por qué lo haces y para qué?

– ¡Ella es parte de mi pasado! ¡Está incluida en la misma ley de la que hablaste hace un momento!

– ¡La amas, Thilbor! ¡Este sentimiento que te sorprendió, poco a poco, cambiará tu corazón! Cuando la arrebataste a su pueblo, criminalmente, ¡de hecho, sin saberlo, estabas invirtiendo en tu propia redención! Maneras extrañas, ¿no? Después de todo, ¡no sabes tanto como crees! Mientras cuidas irresponsablemente la vida de los demás, ¡la misericordia divina cuida de la tuya!

Temblando de odio y rebelión, Thilbor explota:

– ¡Estás completamente equivocada!

– No te niegues la sensación que, poco a poco, se arraiga en tu corazón; ¡un sentimiento que te devuelve algunos pasados muy importantes en la vida de ambos!

Thilbor respira hondo, muy incómodo.

– ¡Lo haces, Thilbor! – insiste Dhara.

– ¡Te equivocas, lo repito de nuevo!

– ¡Sométete al dulce sentimiento que ella inspiró y cambia! ¡Este camino oscuro te llevará a un epílogo terrible!

– ¡¿Has venido a predecir mi desgracia...?!

– ¡Vine a abrirte los ojos del alma! ¡Esta vez, tu poder chocó con algo insuperable que encuentra apoyo en la justa protección espiritual de esta chica! No luches como un pez fuera del agua, ¡sé razonable!

– ¡La vida nunca fue razonable para mí!

– ¡La vida no siempre nos parece razonable! Vivimos en un mundo que nos señala imperfecciones patentes, necesitadas de corrección, a veces dolorosas, pero disfrutaremos de una felicidad relativa, si se estructura en la verdad de Dios y en la paz de nuestra conciencia.

– ¡Tonterías! ¡Este es un diálogo que no encuentra los puntos de referencia que le gustaría! ¡Malgastas tu tiempo! Odio todo lo que escucho; ¡odio estar aquí escuchándote, inútilmente, cuando hay tanto que hacer, y en ese sentido nunca me serás de utilidad!

La Pulsera de Cleopatra

– ¡No, mis palabras no serán inútiles, hijo mío! En cuanto a lo que haces y lo que tanto valoras, terminará, de repente, ¡y de una manera muy cruel!

– ¡Te estás repitiendo! Si quisiera premoniciones, las haría yo mismo, ¡puedes apostar!

– Lo que me mueve es el amor que te juro desde antes de tu nacimiento. Sufrí el parto, como sabes, y eso me impidió otorgarte en la vida todo el cariño que mi corazón nutrió durante el embarazo. ¡Así tenía que ser y así fue! ¡La voluntad divina se superpone a la nuestra, sobre todas las circunstancias! Para ver que estás caminando hacia un abismo terrible, no hace falta mucho, Thilbor, ¡solo sentido común y razón!

– ¡Déjame en paz!

– ¿Paz? ¡Nadie la tiene sin forjarlo dentro de sí mismo!

– ¡Basta, es suficiente! ¡Ya has superado todos los límites! ¡No te concedo este derecho! ¡Vete y llévate contigo a los que aquí apoyan tus necias intenciones!

Dhara baña a su hijo con una mirada amorosa mientras le advierte:

– ¡Te mostraré, bajo la aquiescencia de Dios, los derechos de mi amor por ti!

Luego apunta en cierta dirección y, ¡oh, sorpresa! Thilbor se enfrenta a las escenas de su nacimiento:

– En medio de una niebla, en Bangkok, en una vieja mansión, da a luz en medio de atroces sufrimientos, y luego, cuando pensaba ser feliz, murió desesperada, dejándolo... Logo Posteriormente, Thilbor se encuentra, recién nacido, aparentemente muerto, en los brazos de su padre, quien lo deja en un lugar desierto, bajo una lluvia torrencial... Ahora observa un rayo, del cual una chispa golpea su pecho con un gran impacto, alcanzando las fibras de su corazón, revirtiendo los procesos anteriores y permitiéndole revivir al mundo... Boquiabierto, ve los rasgos perturbados del Maharajá, Hamendra Sudre, quien, al escuchar su grito estridente, regresa sobre sus propios pasos, deshace la acción anterior y se lo lleva... Entonces, una casa muy humilde, muy conocida, se abre al toque de su padre, y aparece Boris..."

Con voz ronca, pero muy conmovida, quiere saber:

– ¿Qué quieres? Demostrar, sin lujos, y una vez más, lo deshonrado que estoy desde el primer aliento de vida.

– No, todo lo contrario, hijo. Reflexiona: los fenómenos de tu nacimiento denunciaron claramente tu necesidad de transformación espiritual. ¡Había que aprovechar la oportunidad! Todo a tu alrededor contradecía la posibilidad de tu reencarnación, ¡pero la misericordia divina, dominando los elementos mismos del planeta, actuó y te trajo de vuelta!

¡Arrepiéntete Thilbor! ¡Despierta mientras aun hay tiempo!

– ¡No, mil veces no! ¡Abandonado por el padre desnaturalizado; criado sin amor; inmerso en muchos sufrimientos; disgustado y consciente que solo contaba conmigo mismo, forjé mi propio destino, hice mi propia suerte!

– ¡Y para eso, tomaste caminos tortuosos! Te equivocas cuando dices que nunca tuviste amor, porque nunca estuviste solo, hijo mío. Siempre he estado a tu lado. Si hubieras elegido los caminos del trabajo duro y saludable, encontrarías corazones amigables que podrían compensar la falta de afecto, como les pasa a casi todos en la faz de este planeta, no solo de sufrimiento, sino de felicidad también, cuando ¡sabemos cómo buscarlos en los lugares correctos! ¡La Gran Ley, hijo mío, se cumple, por encima de nuestra voluntad y por nuestro propio bien!

Un tanto conmocionado, Thilbor responde:

— Te agradezco la vida que me diste, a cambio de la tuya; sin embargo, ríndete, mi camino es sin retorno. ¡Nunca seré lo que quieres!

— ¡Estás equivocado, hijo mío! ¡Algún día serás bueno! ¡Esto es fatal! ¡Llegará tu momento, exigiendo ajustes y modificaciones, intransferibles e ineludibles!

— ¡Basta! ¡Basta! ¡No quiero escucharte más! ¡Sal de aquí!

Thilbor se aprieta la cabeza con ambas manos y muestra una gran fatiga mental, combinada con una desesperación patente. Dhara lo mira con simpatía. Él ignora sus declaraciones y le habla de nuevo, señalando a Ingrid:

— Ésta, a la que niegas amar por ahora, pronto volverá a los suyos, dejándote más vacío que antes. Nunca más, después de eso, ella estará en tu poder. Te habrá pagado sus deudas y caminará más libremente. Cuando se vuelvan a encontrar, Thilbor, ¡tendrás que ganártela si quieres! ¡Dios te iluminará, hijo mío!

Extremadamente disgustado, responde, cada vez más impaciente:

— ¿Dónde estaba él mientras yo sufría, tan pequeño e indefenso, a manos de gente cruel? ¿Dónde estaba él cuando no me impidió arrebatarla, como lo hice? — Pregunta, señalando a Ingrid, dormida.

Haciéndose visible y levantando la mano en gesto de paz, Guillermo tomó la palabra:

— ¡Todo a su debido tiempo!

Cara a cara con él, Thilbor explota agresivamente:

— ¿Quién te crees que eres? ¡¿Y qué derechos tienes para estar aquí, interfiriendo en mi vida...?!

— ¡Soy el que te vio nacer y el que apoyó a tu madre en esos trágicos momentos! ¡Por ella, por los lazos que nos unen, y que de momento ignoras, he colaborado en tus buenas intenciones para ayudarte a salir de este abismo en el que te arrojaste, invigilante y obstinado!

El amor de una madre, Thilbor, acompaña a su hijo, en cualquier plan de vida y, no pocas veces, si es necesario, va al infierno para rescatarlo de allí. Frente a este amor, podemos imaginar el amor de Dios que no nos impide actuar, para ser responsables de nuestra propia evolución espiritual.

Cuando preguntas "dónde" estaba, yo respondo:

Él estaba dentro de ti, ¡pero elegiste ignorarlo dándole la espalda! ¡Escucha a tu madre, Thilbor, y cambia mientras haya tiempo!

Nuestras cuentas serán cobradas, a lo largo de los siglos; sin embargo, ¡podría cubrirse con mayores complicaciones! ¡Comienza tu redención mientras puedas! De hecho, las personas que han sido agraviadas por ti, en esta vida presente, tomarán represalias duramente, ¡tomando la justicia en sus propias manos! Esta vez ya está en camino, ¡la mecha ya está encendida!

Guillermo escucha los sollozos tristes y ahogados de Dhara.

Thilbor también se conmueve con sus lágrimas, pero aparentemente permanece inflexible.

Entiende perfectamente el discurso de Guillermo. No ignora que se acerca el momento del dolor y el crujir de dientes. Entonces, sombrío, responde, entre dientes, casi en un susurro:

– ¡Primero, debo consumar mi venganza!

Riendo entre dientes, aparentemente ajeno a la presencia de Dhara y Guillermo, amenaza:

– ¡Por fin nos enfrentaremos! ¡Solo tu y yo! Después, quién sabe, ¡¿podré pensar en mí mismo...?!

– ¡Después, Thilbor, será demasiado tarde...! ¡Este es el momento! ¡Aquí y ahora!

Guillermo declara, mientras intenta acercarse, pero se envuelve en su amplia capa negra, y "explota", desapareciendo y dejando un extraño e irritante olor en el aire. Amalgamados, bajo una luz maravillosa, Guillermo, Dhara y el grupo de grandes espíritus se alejan, mareados, desapareciendo en los cielos. Albaan llega, despierta a Vicky y descubre que su jefe no está. Se encoge de hombros y hace su parte. Lleva a Vicky a sus habitaciones, la acuesta y se aleja. Sus extremidades están entumecidas. Mientras cumplía con las tareas ordenadas por Daghor, se había quedado dormida de manera extraña, solo se había despertado hacía unos minutos...

~ o0o ~

Danilo recibe la visita del Barón Mateus.

– Qué sorpresa, señor, ¿cómo están tú y tu hija?

– ¡Muy bien! Y querido amigo, ¿cómo estás?

– ¡Yo, muy bien, como ves!

– ¡Vine por Astrid!

– ¿Ah sí? ¿Y por qué? – El corazón de Danilo se acelera. Es consciente de lo mucho que se había estado imponiendo con ella, al defenderse...

Mientras reflexiona sobre esto, le indica al Barón un asiento:

– ¡Por favor, siéntate y ponte cómodo!

– ¡Gracias! De hecho, lo que me trae aquí tiene más que ver con Ingrid...

– Mencionaste a Astrid...

– Sí, por Ingrid. A través de Astrid tengo noticias de mi hija menor.

– ¡Por favor, dímelo, estoy ardiendo de curiosidad!

– Sí, escucha...

La Pulsera de Cleopatra

El Barón narra, en detalle, la trascendente experiencia de Astrid.

Muy atento a cada palabra y a los diversos detalles, al final de la narración, Danilo se levanta y camina por la habitación, reflexionando. Luego, regresa al punto de partida y declara, con entusiasmo:

– ¡Querido Barón, el tiempo predeterminado por la e espiritualidad de devolverle a su hija se está cumpliendo!

– ¿Puede ser más claro?

– ¡Definitivamente! A través de este informe detallado, identificamos señales muy importantes. Thilbor Sarasate tiene a su hija en su poder. En otro país y bajo una nueva identidad, continúa con sus abominables prácticas de brujería. El nuevo color de cabello de Ingrid sugiere la necesidad de cambiar sus rasgos y apariencia para presentarla en sociedad.

– ¿Cómo a presentarla, amigo? – El Barón está considerablemente entristecido.

Conoce a los hombres para evaluar las intenciones de Thilbor para Ingrid...

– ¡Es difícil saberlo, señor! Sin embargo, ¡confiemos! A pesar de nuestras múltiples imperfecciones y deudas, ¡la misericordia divina nos alcanza!

– Sí, confío... ¡Astrid también! ¿Y cómo nos comportaremos?

– En los próximos días, realizaré aquí un ritual, en el que evocaré espíritus iluminados y, entre ellos, uno de mis maestros del Himalaya, al que me he apegado como un verdadero padre. Tuve la felicidad de vivir con él muchos años, luego de mi regreso de la India, donde había hecho mi iniciación.

– Qué vida más extraña, querido Danilo. ¡Las personas se vuelven así generalmente ascetas, alejándose de todo y de todos!

La Pulsera de Cleopatra

– ¡No todo! Tenemos, aunque a menudo ignorados por la gente común, magos y maestros que se sumergen en la multitud para vivir experiencias, en el aprendizaje que les concierne. Algunos se lanzan a la multitud, porque ahí radica su mayor desafío, mientras que otros se esconden de él, porque necesitan soledad y libertad para actuar mejor. Algunos los conozco y me relaciono con ellos. Nuestra clase se conoce porque vibra en la misma línea. Ya sea aquí o en cualquier otro lugar del mundo, todos estamos enredados en las misiones que se nos encomiendan.

– ¡Muy interesante, Danilo! Cuanto más te conozco, más te admiro. Dime, si puedes, ¿en cuál de estos comportamientos encajas? Es decir, ¿por qué vives una vida aparentemente normal cuando eres un iniciado? Y, además, si me perdonas por la curiosidad que te puede parecer excesiva, ¿qué misión tienes ante el conocimiento que representas?

– ¡Agradecido por la admiración! ¡Puedo decirte que es mutuo! ¡Yo, mi querido Barón, nunca podría vivir en completa soledad y lejos de este mundo que nos ofrece tantas oportunidades para ser felices! Soy un entusiasta de la vida y el amor; ahora, especialmente, cuando lo encontré, pleno y verdadero, llamándome con completa dicha, ¿cómo podría aislarme, negando mi naturaleza ardiente y apasionada? ¡Quiero ser feliz, pero en el mundo y entre sus criaturas! Cuando estuve en la India, casi opté por la reclusión total. ¡Afortunadamente, me desperté a tiempo! Nunca sería un ermitaño, aunque los admiro por su estoicismo y envidiable serenidad.

En cuanto a la misión, ¡puedo decirte que es la misma que llevas!

– ¡Bueno, eso me confunde, mi querido Danilo! ¿Puedes ser más explícito?

– ¡Por supuesto! Dime, ¿cuál es tu papel en este mundo de Dios?

La Pulsera de Cleopatra

– ¡Hacer mi parte, lo mejor que pueda!

– Como militar, siempre laureado; como padre y ciudadano del mundo que cumple con sus deberes: ¡con la humanidad, con su familia, con él mismo y con Dios! ¿Cierto?

– ¡Sin duda!

– ¡Esta es la misión de todos nosotros!

– ¡Sin embargo, el tuyo es más específico!

– Sí, y más difícil también, porque mi responsabilidad por todo lo que sé y represento aumenta mucho. Lo que para otros puede parecer tan simple, para mí se complica, porque se abre en las más variadas direcciones y diferentes ángulos de visión. Mi vida exige más cuidado y refinamiento en todo lo que concierne a nuestro mundo y a la humanidad. Además, me gusta vivir como cualquier otro ciudadano: ser sano, cariñoso y feliz, contribuyendo a tiempos mejores para este mundo que todavía necesita mucho, mucho progreso, material y espiritual.

– ¡Entiendo y ratifico, querido Danilo, mi admiración!

– ¡Te agradezco, una vez más, y siempre, señor Barón!

– En la reunión que vas a tener, ¿puedo estar presente o… Astrid?

– Perdóname, pero no esta vez. Cualquier pensamiento de rebeldía o mera curiosidad conducirá a una caída en las vibraciones que, a su vez, dañará la necesaria sintonía con compromisos como este. Sin embargo, te daré cuenta de todo más adelante. ¡Creo que se acerca el momento de rescatar a tu hija!

– ¡Alabado sea el cielo! – exclama el Barón muy esperanzado.

– Dile a Astrid que intensifique sus oraciones, que deben decirse dos veces al día, a la misma hora, con la intención de fortalecer a Ingrid y apoyarla. Los lazos fraternos y estrechos que las caracterizan facilitarán mucho nuestro trabajo. ¡Le mando mi abrazo y cuéntale mi amor, te lo ruego, querido amigo!

– Haré todo lo que digas, descansa, ¡incluso el mensaje que le envíes a Astrid llegará con la misma fuerza de sentimientos que me sorprende en tus ojos!

– ¡Barón eres muy perspicaz! – Comenta Danilo y sonríe, mientras estrecha la mano del visitante y se despide – Estaré eternamente agradecido por tu comprensión. Realmente amo a tu hija y haré todo lo posible para ser feliz con ella. A pesar de todo lo vivido, pretendo hacer oficial mi intención, para que ella me entienda y me perdone.

Dándose la mano, con dulzura, ambos se abrazan inmediatamente después, mostrando el cariño que los une. El Barón se marcha y Danilo se sumerge en sus pensamientos...

~ o0o ~

En Bangkok, Maharajá Hamendra sufre las agresiones de su hijo menor, quien lo desafía, día a día, en la feroz disputa por el poder. Se considera a sí mismo y es, de hecho y de derecho, el heredero más directo al trono. Después de tantos disparates perpetrados contra todo y contra todos, concluyó que el mejor camino hacia la riqueza, el poder y la felicidad es el lugar que ocupa su padre. Ingrato y cruel, hace oídos sordos a la madre que lo amonesta, cariñosa y tolerante. Ella todavía espera que él cambie.

El cabello de Mirtes, una vez tan hermoso, espeso y dorado, ahora es una masa de cabello gris. Teme que su hijo menor se convierta, en un momento de locura, en un parricida, ya que el Maharajá se resiente y reacciona defendiéndose. Se enfrentan con frecuencia y, salvajes, ya han llegado a los golpes, siendo providencialmente separados por Telémaco. Este anciano enfermo, que se entregó todo a esa casa y a la casta de la familia gobernante, es, por ahora, el único ser que tiene poder sobre Richard Arjuna.

La Pulsera de Cleopatra

¡¿Cómo será cuando se haya ido para siempre...?! Anciano, el Maharajá vive en la más profunda melancolía. Al final de la vida, casi sin fuerzas, ve sus últimos días atormentados por una disputa, al menos inesperada. Incluso odia a su hijo que, traidor e infame, lo confronta irrespetuosamente.

Recuerda los hechos vividos y de muerte de su nacimiento y lo compara con otro en las mismas condiciones, al que considera maldito. Dhara está presente en sus pensamientos y anhelos... Sueña a menudo con ella que le suplica:

"¡Mi amor, piensa en Brahma y cambia! ¡Tus días ya están contados! ¡Muy pronto, tus dos hijos menores te llevarán a una situación irreversible! ¡Porque te amo tanto, vivo sufriendo por ti! ¡Esperaré por tu alma para recibirla en mis brazos! ¡Le pediré a la Divinidad que me conceda la cosecha del amor, que vuelva a estar a tu lado en otra existencia, en un intento por redimirte!"

– Dhara, Dhara, ¿por qué haces esto? ¡Sabes que no me lo merezco!

– Sin embargo, lo necesitas, Hamendra, y en tu corazón nadie manda, lo sabes.

– ¡Dhara, perdóname los excesos, la ingratitud, la indiferencia y la irresponsabilidad! ¡Si fueras de mi casta, nos hubiéramos casado! ¡Juntos seríamos poderosos!

– Habla de un poder que ya no me interesa. Hoy menos que ayer, cuando pensaba que lo estaba usando para solucionar mis problemas terrenales, ¡Hamendra! Quiero dominar tu corazón, ganarme tu cariño y volver a recibir al mismo niño en mis brazos; ¡esta vez, rogando al cielo por la oportunidad de educarlo con mucho amor!

– Te equivocas conmigo... nunca seré lo que quieres...

– ¡Lo serás, un día, cuando seas más consciente de tus responsabilidades como espíritu inmortal y parte de este Universo!

– Me encuentro muy solo... Solo Mirtes me es fiel, querida compañera...

– ¡Ella es tu oasis, tu redención en esta vida! ¡Gracias a Dios por este amor tan grande y verdadero!

– ¡Mi hijo menor eventualmente me matará!

– Si no lo hace, nuestro hijo lo hará. ¡Este es un propósito terrible que lleva en su corazón!

– ¡El cuadro es aterrador!

– ¡Estoy de acuerdo! ¡El que lo abandonó desde antes de nacer, hoy tiene un poder abominable, logrado a través de la profanación de su propia alma! Me he esforzado por protegerlo de sí mismo, pero frustra todas mis buenas intenciones.

– ¡Infeliz...!

Al escuchar el eco de su propia voz, Hamendra se despierta y mira a su alrededor. Está solo. Reflexiona deprimente:

– "Pronto dejaré todo atrás... Volveré al mundo de los muertos, profundamente desilusionado..."

Mirtes llega y lo abraza, fiel, dedicada y cariñosa. Con una sonrisa muy triste, le agradece y le devuelve tus afectos, sin mucho entusiasmo...

~ oOo ~

Danilo lidera el encuentro espiritual, en el que su asistente Hassan es uno de los intermediarios entre el mundo físico y el mundo espiritual. Luego de días de ayunos y oraciones, Danilo viste una túnica de un blanco refulgente, viste un turbante del mismo color sobre su cabeza, rematado por una riquísima gema, que delata su rango superior como mago.

Quema incienso aromático y vierte hierbas secas sobre las brasas. Un suave aroma a rosas invade la habitación. Suena a intervalos regulares una campanilla de filigrana dorada; este toque responde a un batir de alas y algún movimiento que denota presencias cada vez más numerosas en el entorno. Después de una oración, seguida de mantras indios, Danilo se concentra. Los mediadores aparentemente están dormidos; algo más otros menos. Cualquiera que pudiera tener ojos para ver sorprendería, en la frente de Danilo, rayos multicolores que se esparcen en todas direcciones, mientras las presencias luminosas lo rodean, conmovedoras, suaves, amorosas... De repente, oye pasos rápidos que se acercan, alfombrados por la gruesa alfombra y acompañado de una onomatopeya armoniosa de las fuerzas de la naturaleza.

Inmediatamente después, uno de los presentes en la mesa exclama:

– ¡Salve, Conde Danilo, querido discípulo!

– ¡Salve, mi querido maestro!

Guillermo, porque es él, prosigue:

– ¡Mira, ha llegado el momento de rescatar a quien, lejos, sufre sin quejas y trabaja para sus propios verdugos! ¡Quien la tenga prisionera se distanciará por una desastrosa venganza que se imagina llevar a cabo, impaciente y enojado!

Te daré las coordenadas y el tiempo dedicado a este trabajo debe ser muy preciso. Dhara, madre de Thilbor, nos apoyará. ¡En el día y la hora, todos estaremos allí, para vencer la oscuridad y hacer la luz!

– ¡Que el Sublime Arquitecto del Universo sea, una vez más, alabado y glorificado en las acciones del bien sobre la faz de este planeta! ¡Nuestra eterna gratitud, querido maestro, por tu presencia y ayuda!

– Como ya puedes estar prediciendo, tras el cierre de dos trabajos vinculados y dependientes, mi tono vital se agotará. ¡Me despido de ti y te deseo lo mejor en este viaje que recorrerá un largo camino!

– ¡Estés donde estés, te pido, protégeme y ayúdame, siempre!

– ¡Así será! En esta vida, mi querido Danilo, ¡nunca nos volveremos a ver!

Fije una fecha y váyase al país que ya está definido en su mente, insertado allí por nuestro testamento, con la ayuda que necesite.

– ¡Moldavia!

– Sí, Moldavia, en su punto más alto. Reconocerá fácilmente un escenario muy similar al anterior. ¡Ahí, sigue tus intuiciones y no temas nada! Todo mal ya habrá sido diluido, por la misericordia divina.

¡Después del rescate, vuelvan para la recuperación de aquella que pronto estarán abrazando y regresando a casa! Arrastrará detrás de sus otros dos seres, capaces de transformarse. Uno de ellos saldrá del cansancio y del anhelo de paz, y el otro, de la adoración. Debo decirles que uno de estos dos, más precisamente, la mujer, fue una vez, en mi vida, una hija muy querida. Como puedes ver, ¡todos estamos entrelazados y comprometidos, a pesar de los diferentes niveles de conciencia! ¡Mis últimos saludos y mi despedida, Danilo! ¡Quédate en paz!

Profundamente emocionado, Danilo ve a Guillermo alejarse en un gesto de paz, con una sonrisa luminosa. Se inclina profundamente, las manos juntas, las yemas de los dedos tocando la frente, el corazón aligerado, en una postura de saludo, sumisión y reverencia. Poco a poco, la imagen del maestro desaparece, dejando una vibración amorosa y un aroma muy suave en el aire. Unos momentos más y Danilo sorprende las mismas luces que llegaron para amalgamarse en un hermoso arcoíris y salen por la

La Pulsera de Cleopatra

bóveda del techo. Al día siguiente, va a la casa del Barón y le da las indicaciones, sin detallar los hechos y fenómenos. Consciente de su presencia, Astrid decide verlo y es recibida con una sonrisa de felicidad. Danilo besa sus manos, seductora y sujeta a sus encantos. Les hace saber lo que vino a hacer y vuelva a casa. Es urgente organizar el rescate de Ingrid, por encima de todos los demás intereses.

CAPÍTULO 17

Mientras tanto, Vicky mira a la Sra. Albaan, que está acostada en un diván, con el cabello despeinado, parece estar durmiendo. Ésta; sin embargo, muy molesto, está pensando:

"¡Daghor se fue sin avisarme! ¿Dónde se ha ido? De todos modos, él sabe que todo estará bien bajo mis órdenes... "

– Albaan, escúchame, te lo ruego...

Abriendo los ojos, responde con vergüenza:

– ¡Oh, tormento! ¡Eres incansable! ¿No ves lo mucho que me molestas?

– Por favor escúchame, tenemos poco tiempo...

– ¿Poco tiempo para qué? ¿De qué estás hablando?

– ¡De nosotros, de nuestras vidas! Debido a circunstancias fuera de nuestro control, vivimos juntas durante muchos años. A pesar de todo, siempre intenté ser tu amiga. No puedes negarlo...

Respira ruidosamente y acepta:

– ¡Es verdad! No puedo negar; has sido incansable en la tarea que te propusiste, aunque has perdido el tiempo.

– Hoy, ya estás luchando entre el viejo odio y las ganas de aceptar mi amistad...

– ¡De hecho, ya no aborrezco tanto tu presencia!

– Te lo agradezco...

La Pulsera de Cleopatra

Albaan se sienta. Vicky graba con una mirada extraña y declara:

– ¡No creas que soy completamente mala!

– Yo nunca dije eso.

– Sí, lo sé, pero ¿qué quieres decir con que aun no he escuchado?

– Esta vez, el tema es la seguridad...

– ¿Nuestra seguridad?

– ¡Sí!

Albaan muestra cierta impaciencia y espera.

– ¡Pronto, seré libre de nuevo! Fueron largos años, debo decir, sin mucha angustia, pero con mucha tristeza. Me siento como un pájaro exiliado que no ha podido regresar después de la migración. Sufro mis dolores y los dolores de mis seres queridos, de los que nunca antes me había alejado.

– ¡Bueno, si todavía eres tan joven! Bueno, Vicky, dime entonces, ¿qué sabes que hemos ignorado?

– A nuestro alrededor sucederán hechos decisivos que definirán esta situación y determinarán nuestro futuro. La vida de todos tomará direcciones completamente diferentes.

– ¿Estás diciendo que vendrán a buscarte?

– ¡Sí, y lo conseguirán! Las consecuencias llegarán a todos en el castillo – Albaan conoce a Vicky lo suficientemente bien como para no dudar de ella.

Se levanta exaltada y le pregunta:

– ¿Cuándo sucederá esto?

– No sé la fecha correcta, pero será pronto. En cuanto a Daghor, ¡la vida lo abrumará tanto que no quedará nada de él! Esto sucedería de todos modos, independientemente de mi rescate... Él ya lo sabe, por eso viajó. Tiene prisa por llevar a cabo sus planes porque tu tiempo se acaba rápidamente...

Pálida, respirando con dificultad, Albaan exclama:

– Oh, ¿y qué será de mí? Sin él, ¿cómo voy a seguir viviendo?

Compadeciéndose, arrepintiéndose de sus errores, Vicky aclara:

– Puedes cambiar.

Después de tantos errores, tendrás la oportunidad de redimirte. Se le ofrecerá una nueva salida. Disfruta, será el último en esta vida.

Asustada, pregunta en voz baja:

– ¿De dónde vendrá la ayuda? Si no te la mereces...

– Tu futuro cercano está vinculado a mi inminente liberación, Albaan.

Mirando a Vicky con sospecha, ella argumenta:

– No... ¡Los que vengan después de ti me destruirán!

– ¡No, tú estás equivocada! Estarás protegida y devuelta a los tuyos.

– Sé que eres un alma buena, diferente, llena de paz interior, pero... ¡¿Cómo puedes olvidar todo el daño que te he hecho...?! ¡Nunca me lo perdonaría!

– Somos diferentes, Albaan... Las criaturas de Dios son similares y, al mismo tiempo, diferentes, siendo; sin embargo, almas en el camino de la evolución. ¡Todos se transformarán, tarde o temprano!

Albaan está profundamente avergonzada. Lleva en su mente todo el daño que le hizo a Vicky, todos los tormentos que le infligió... ¿Cómo aceptar la ayuda que se anuncia? Sin embargo, ¿cómo no hacerlo? Ha estado anhelando durante algún tiempo. Su corazón está cansado... Se arregla el pelo y no sabe qué decir. Un escalofrío recorre su cuerpo mientras se imagina bajo el poder de quienes descubren el paradero de Vicky, liberándola...

Buffone, que parecía estar durmiendo cerca, en realidad está escuchando la conversación que le interesa mucho. Abre los ojos y pregunta:

– ¡¿Nos vas a dejar, querida Vicky...?!

– Sí, voy. ¡Volveré a los míos finalmente!

Se levanta, la mira con sus ojos muy grandes y redondos mientras se expresa muy nervioso:

– ¿Qué haré sin ti? ¿Cómo seguir viviendo sin el sol de tu sonrisa y la luz de tu presencia?

Dejando escapar una risa aguda, Albaan comenta:

– ¡Bueno, bueno, este tonto quiere ser poeta!

Haciendo gestos de reverencia, elegantes, al menos sorprendentes, Buffone confiesa con placer:

– ¡Fui poeta y juglar, mi belleza, una vez! Mi verdadero nombre es Archibald. ¡Nuestro señor me compró del rey al que serví! Por esta razón, me nombró por el papel que desempeñé en la corte.

Albaan sigue riendo, burlándose. Admirando, sinceramente, el coraje y la alegría de Buffone, Vicky lo anima, respetuosamente:

– ¡Amigo mío, tú, como cualquier criatura de Dios, tienes tu valor!

Él se aferra a sus faldas y le ruega:

– ¡Llévame contigo! ¡Hare lo que quieras! ¡Seré tu esclavo, mi Vicky!

Desenredándose suavemente de él, Vicky quiere saber:

– Si pudieras salir de aquí, ¿qué harías?

La Pulsera de Cleopatra

– ¡No sé!

– ¡Escucha, tendrás que cambiar por completo!

– ¡Ya te dije que haré lo que quieras!

– Está bien. ¡Entonces te llevaré conmigo!

Saltando de alegría, Buffone cojea aquí y allá, en una apariencia de baile, satisfecho. Vicky sonríe. Ella ya ha aprendido a gustarle, a aceptar su habitual solicitud y adoración que le dedica desde hace algún tiempo. Se sienta con reverencia a sus pies.

Albaan, cada vez más inquieto, pregunta:

– ¿Puedo conocer tus fuentes de información, Vicky?

– Mi hermana Astrid y yo hablamos a menudo. ¡Ayer me dijo que los míos ya saben dónde estoy y que muy pronto estarán aquí para rescatarme!

Albaan se pone triste. Desde hace algún tiempo, ha estado observando un cambio extraño en el castillo y, a veces, encuentra a Daghor enojado e inseguro.

Le parece que manos poderosas están agarrando el timón. El aire en sí es diferente, más delgado. A veces, encuentra luces parpadeando aquí y allá... Más sensible, sus ansiedades están tomando direcciones diferentes... Vicky ha estado haciendo un esfuerzo para demostrarle una realidad nueva, mejor y más saludable... A menudo se sorprende, recordando su casita, su madre tan cariñosa y buena, su vida de antes. Casi se la ve rezando, incansable, cariñosa y llena de fe, suplicando a Dios por el regreso de su hija...

"¿Qué poder mágico tiene Vicky para cambiarme así...? ¿Debería tener esperanza...?"

– ¡Por supuesto, Albaan! – contesta Vicky, como si leyera sus pensamientos – ¡El Padre es misericordioso y no quiere la muerte del pecador, sino su transformación!

La Pulsera de Cleopatra

— Quizás sea demasiado tarde...

— Nunca es demasiado tarde para que un hijo vuelva a los brazos de su Padre...

— Espero que tengas razón... ¡te envidio, que siempre viviste bien, feliz y muy rico; bonita y mimada!

— Vida que se modificó a la voluntad de Daghor, un hombre vigilante que eligió el mal como bandera, cuando pudo haber elegido el bien, ¡con el conocimiento que adquirió!

Buffone decide luchar por su parte de felicidad.

Se acurruca a los pies de Vicky y se lamenta:

— ¡Tengo miedo! ¡Ahí afuera me condenarán y las Furias que he trabajado durante tanto tiempo me perseguirán hasta que logren destruirme de una vez! ¡Son implacables!

Paciente, Vicky aclara:

— La misericordia divina vence las miserias humanas. Si decides cambiar, los cielos te ayudarán a hacerlo, y todo será posible para ti en esta vida, ¡y en otras por venir!

— ¡¿En los demás por venir...?!

— ¡Muchas otras y, para cada uno de ellos, renovadas oportunidades de crecimiento material y espiritual!

Dolorido en la voz, quiere saber:

— ¿Siempre así, deformado? ¿Esto es horrible de contemplar?

— No, diferente, conservando cierta similitud de características, pero en diferentes tipos.

— Entonces, ¿por qué la naturaleza me hizo así? — Se mira de arriba abajo, molesto.

Llena de compasión, reflexiona sobre la condición de Buffone y responde intuitivamente:

La Pulsera de Cleopatra

– Acabas de nacer enano.

– No consigo entender...

– ¡Fuiste deformado por hombres crueles que se cruzaron en tu camino, en la fabricación de "monstruos" para el nefasto comercio de tantos como para ganarse la vida con la desgracia de otros! ¡Tu apariencia física se debe al salvajismo y la crueldad de aquellos a quienes alguien te vendió una vez! Nacidos diferentes, atacados por criaturas excéntricas a quienes les gusta tener seres informes a su alrededor, para mostrarlos como adquisiciones costosas y exóticas, sus formas han sido atrofiadas y retorcidas, ¡complicando enormemente su ya difícil vida!

– Entonces, me lastimaron dos veces; ¡uno al nacer y el otro al ser subyugado y explotado por gente salvaje y sin escrúpulos! ¡Ni siquiera tenía defensas...!

Lamentándolo por la terrible conclusión y la rebelión patente, Vicky responde:

– ¡Estás equivocado, amigo mío! El azar no existe. La vida obedece a las leyes del Creador. Insertado en las mismas deudas, expiaste y expías todavía hoy.

– Por favor, sé más clara, Vicky.

– Pasas por la verdadera Ley de Talión que se cumple, inexorable; perfecta y justa. ¡El mismo dolor que infligiste a los demás ha vuelto a ti! ¡Vivimos en un mundo de acción y reacción!

– Entonces, ¿estoy pagando deudas?

– Sí, pero mientras tanto, vuelves a endeudarte. Perdóname por decirlo... – Buffone agacha la cabeza, lamentablemente lo entendió.

– ¡Eres parte de un gran mal y lo sabes! ¡Al dejar una vida frívola en el palacio real, donde vivías, y dejar atrás la vanidad que sentías al presentarte como artista, rebelde, rápidamente te uniste al mal que te llamaba y te esmeraste en ejecutarlo, demostrando sin problemas, que ya estaba acostumbrado!

– ¿Entonces no me llevarás más?

Buffone ensombrece sus rasgos y muestra una gran consternación.

– ¡Cálmate! Cumpliré mi promesa, pero no lo olvides: tus deudas te alcanzarán con el tiempo, ¡hasta que seas renovado espiritualmente! ¡El padre es bueno, pero es justo! ¡No desprecies la oportunidad que te darán los cielos, y tómala bien cuando llegue!

En otro estado de ánimo, Buffone exclama:

– ¡Oh, gracias a Dios! ¡Te lo agradezco!

– ¡Gracias a Dios!

Aclarándose la garganta, Buffone tartamudea confundido:

– ¡Sí, te lo agradezco...!

– ¿A quién, Buffone?

Toma una respiración profunda y ruidosa, busca a tientas y vuelve a intentarlo:

– Gracias por...

Se estremece, se sacude y se emociona. Hay un silencio en la habitación, esperando que hables.

Hace un esfuerzo, vuelve a empezar y esta vez lo consigue:

– ¡Doy gracias a Dios! – Hecho eso, suelta las compuertas del alma y llora. Abrazándolo, Vicky exclama conmovida:

– ¡Alabado sean los que se arrepienten en el nombre del Creador!

Albaan comenta:

– Mientras hablabas, Vicky, capté un aura luminosa en ti, que se volvió más luminosa cuando hablabas de Dios. Tus palabras fueron muy bien inspiradas, sin duda. Sin saber de la vida de

Buffone, hablaste como si lo conocieras, durante mucho tiempo, y supieras de su pasado, presente y futuro. Daghor y yo somos conscientes de todo lo que dijiste, ¡pero nunca te lo contamos!

– Debido a esta facultad, creé muchos problemas, para mí y para los míos. Principalmente para aquellos que ya han sido objeto de mi aguda observación.

– ¡Cuando te conocí, pensé que eras una chica imprudente!

– ¡Y no te equivocaste! ¡No solo era una persona imprudente sino también manipuladora! Nadie que pasara rehuiría mi arbitrariedad. Descubrí, rápida y fácilmente, el verdadero carácter de la persona en cuestión, destapándolo frente a todos. Estas estrategias eran parte de mi ser, de cada célula de mi cuerpo y mi mente; en un comportamiento condicionado... Me sentí muy a gusto en ese campo. Siempre he conocido muy bien a la raza humana. ¡Esto me permitió llevarlo, por defecto, a donde quisiera!

Vicky va hacia adentro, recordando sus propias aventuras, lamentándose:

– Creé mucha vergüenza para mi padre por eso. Y, debo confesar: ¡este poder me intoxicaba!

– ¿Ya no estás intoxicada?

– ¡No más! Hoy, más consciente, sé que no debo abusar de la inteligencia que Dios me ha permitido. Los dones que tengo deberían usarse para bien...

Absorta en sí misma, sonríe con picardía. Con ojos brillantes, agrega:

– Aunque, cuando los usé contra personas traidoras y muy reservadas, favorecí a alguien, o algo, a mi alrededor. Imagínate, configuré y guie mis intenciones de tal manera y estrategias, intelectuales, y pisé con tanta seguridad un terreno tan insólito que mi "enemigo" fue tomado por sorpresa y cayó, rugiendo, en mi trampa, ¡sin defensas!

La Pulsera de Cleopatra

Vicky no puede controlarse y se ríe mucho, una risa cristalina que suena como la dulce y sonora canción de un pájaro. Contagiada, Albaan también sonríe, haciéndose eco de esa alegría que al final las hace buenas a ambas.

– ¡Vicky, pareces una gran guerrera!

– Hablas como mi padre. A pesar de amonestarme, con razón se enorgulleció de lo que soy y de lo que exhibió, sin vergüenza. Pensé que podía hacer cualquier cosa; que el mundo se doblegaría, siempre, a mis deseos, ¡imagínate! De todos modos, estos años de prontitud parecen haber quedado atrás. Ya no soy la misma persona que llegó aquí hace tres años... ¡Recibí una lección maravillosa! ¡Controladora, fui controlado por expertos y caí, sin ninguna defensa, en la trampa criminal de alguien mucho más poderoso que yo! ¡Así es la vida!

– Pero eres buena y muy sabia.

– Como ocurre con la mayoría de la gente; olvidadas sus malas tendencias, yo también tengo cualidades. Una vez aquí, los sufrimientos, la inseguridad, la nostalgia de los míos, la falta de terreno para pisar, en el contexto desestabilizador que encontré, interioricé, con más fuerza, en la urgente necesidad de ayudarme a mí misma, mientras espero las acciones de la divina providencia.

– Dada tu narrativa, llegué a la conclusión que, sobre todo, tus intenciones eran buenas, ¿verdad?

– Sí y no. En verdad, la vanidad me condujo en esos actos que dejaron al descubierto mi patente inteligencia y mi poder de control y salir ileso. Incluso cuando mi intención, como dices, era ayudar, ciertamente exageré. ¿Quién me otorgó el derecho a manipular la vida de las personas? Eso es lo que hace Daghor, como... Respetar las distancias de las consecuencias y la gravedad de las acciones arbitrarias, ¡así le va con tantas...!

La Pulsera de Cleopatra

Los ojos de Vicky se llenan de lágrimas... ¡Cuánto deplora el comportamiento criminal de quien, a pesar de tenerla bajo su poder, le dedica, en cambio, un amor, incuestionable y atormentado...! ¡Pobre infeliz...!

Mientras se emociona, escucha la voz de su interlocutor:

– ¡Admiro tu claridad de razonamiento, generosidad y riqueza de conocimientos!

– Aun así, debo ser justa: tengo una familia maravillosa; recibí cariño y buenos ejemplos desde temprana edad; tuve acceso a la cultura y las artes en general. Ávida, por el conocimiento, tenía los recursos para lanzarme a ellos. Nací con gran salud; y recibí, por la misericordia de Dios, un gran cuidado. Mi madre era hermosa, dejando a mi padre muy triste cuando se fue para siempre. Sobre todo, nuestra familia disfruta de la riqueza que mi padre supo amasar, prudente y trabajador.

– Escuchándote, creo que también recibí mucho de la vida. Tengo una madre maravillosa. Recibí orientación e instrucción adecuadas. Así como acumulé conocimiento...

– Fueron tus elecciones, Albaan, las que fueron desastrosas. ¡Mientras mi hermana Astrid y yo buscamos el conocimiento que nos lleve al verdadero progreso y felicidad humanos, tú y tu maestro se esfuerzan en el conocimiento de la magia negra, cuyo objetivo es dañar y hacer infelices a quienes se cruzan en sus caminos!

Albaan no tiene forma de responder.

Avergonzada, agrega, celosa:

– Te odié, desde el primer momento, pero realmente no pude mantener esta primera aversión, porque poco a poco nos conquistaste, ¡con tu bondad y capacidad de perdonar!

Los celos me hicieron abusar de ti en exceso; sin embargo, ni siquiera eso te hizo desdeñar la oportunidad que te brindaban los cielos, como dije, de hacerse una solícita amiga. Daghor no oculta su interés por ti. Cuando me sacó de casa y me hizo su discípulo más fiel, pensé que había encontrado el verdadero propósito de mi destino. Me sentí importante, sabia... Amo a Daghor, pero él, a su vez, nunca me amó. Ni siquiera me considera... Yo sé lo que soy, si soy la señora Albaan u Olga, no importa; soy fría, egoísta, cruel, muy insensible, endurecida y rebelde. Un ser vigilante que constantemente no quiere contra las leyes divinas...

– Veo que estás haciendo espontáneamente un maravilloso examen de conciencia, amiga mía, en un bendito *mea culpa*.

Cercanas y forzadas a vivir juntas, aprendimos mucho unas de otras. No desdeño el nuevo nombre que me ha dado Daghor. ¡A pesar de todo, representará, a lo largo de mi existencia, esta experiencia, tan extravagante como enriquecedora!

– ¿Qué podrías haber aprendido de mí? ¡Ni siquiera puedo imaginarlo!

– ¡Eres la ilustración viva y presente, perdón, de cómo no debería ser!

Algo molesta, Albaan respondió:

– Hace algún tiempo, habrías pagado muy caro esta audacia...

Dicho esto, va hacia adentro:

– Todo cambia a nuestro alrededor... Sobre nuestras cabezas, un peso extraño... ¿Dónde estará Daghor? Nuestros caminos parecen alejarse... Vicky promete apoyarme. Si no se lo merece, aceptaré su ayuda. Los otros que viven y sirven aquí son basura desafortunada, perdidos en sí mismos, endurecidos con el Mal y sus adicciones. Serán los primeros en refrescarse, huir o perecer. El gran peligro es el Conde Luigi Faredoh, un alma maldita que, muy cerca, se une a Daghor... ¡Parásito, ordinario! Su tierra y para apoyar sus hechizos y brujería. Extraña simbiosis... Mientras alimenta el ego de Daghor, haciendo propaganda para él, se contenta con el botín, como un chacal... Percibo sus vibraciones... ¡Necesito vigilar...!

Vicky, perspicaz, casi puede leer sus pensamientos:

– No temas a nada más que a tu propia conciencia. Tú y Buffone serán rescatados a una nueva realidad, pero no lo olvides: tus deudas serán cobradas, tarde o temprano; la justicia divina es perfecta y para ella no hay privilegios.

La señora Albaan comienza a llorar, llorando:

– ¿Qué veneno me ha inyectado Daghor en las venas? ¡¿Cómo y por qué cambié tanto...?!

– Cualquier estímulo habría encontrado apoyo en tu alma imperfecta, Albaan. "¡Solo los lobos caen en las trampas para lobos!", No lo olvides. La invigilancia puede llevarnos a cometer errores y, cuando se repiten y arraigan en nuestra vida, nublan nuestra visión espiritual. Sin embargo, es bueno saber que la misericordia divina nunca le quita a su criatura la oportunidad de volver atrás. Fuimos creados para una evolución constante, y allí, en el fondo de nuestras almas, ¡clamamos desesperadamente por la luz! Nos basta un momento de reflexión, para abrir las puertas del corazón a algún buen sentimiento, y la luz nos penetra, inundándonos... Un deseo implacable de volver atrás, de redimirnos, entonces, visita nuestra alma.

Albaan suspira profundamente, se agarra el pecho con ambas manos y concluye, desolada:

– No desconozco las verdades que acabas de citar. Yo, como Daghor, conozco las verdaderas leyes que nos gobiernan, a pesar de la vida que llevamos. ¡Guardamos para después, por imprudentes que seamos, las consecuencias que siempre nos llegarán, tarde o temprano! Sin embargo, tú, una flor de invernadero, has buscado arduamente ver la sabiduría.

La Pulsera de Cleopatra

– Sí. Desde que era adolescente, Astrid y yo estudiamos. En las facultades espirituales *sui generis*, que caracterizan nuestro mayor y más amplio entendimiento, los fenómenos nos llegan día a día y desafían nuestro entendimiento. Como ya sabes, mientras estoy aquí, prisionera, puedo moverme espiritualmente, verla e ir hacia ella. Para las alas del espíritu no hay barreras.

– Ya veo... Todo lo que dices confirma lo que ya sé.

– Desafortunadamente, el conocimiento que adquiriste fue utilizado para el mal.

– Te odié, desde el primer día, por Daghor...

– Tus celos son infundados...

– ¡De tu parte y en este presente, quizás! Sin embargo, conocemos los lazos que los unen, Vicky. ¡Nunca negó que te trajo porque reconoció un viejo amor en ti! Pensando en vengarse de algo que dejó en el espacio y el tiempo, se enamoró de nuevo, y sin remedio, de ti.

– Desde que llegué aquí, y han pasado tres años, involucrándome en amenazas, al principio me concedió, poco después, su amistad y se convirtió en mi protector, a pesar de su determinación de no liberarme nunca.

– No está separado de ti.

– Si, lo sé. En esta convivencia, Albaan, recordé algo del pasado a su lado. Del horror de la primera hora pasé a la comprensión y la complacencia, cuando, desesperada, le rogué a Dios que me liberara de la rebelión y los deseos de venganza. ¡Empecé a orar, mucho, no solo por él, sino por ustedes dos, que me lastimaron y me lastiman, mucho!

– Te odiamos, Vicky. Tu forma de ser, tu buena voluntad, nos atacaba, nos molestaba demasiado. No te equivoques con Daghor, ¡porque solo es bueno para ti!

Continúa con sus crueldades y no hay forma de salir de ellas. Y en cuanto a mí, también, no pierdas tu tiempo. ¡Soy un espíritu obstinado en lo que hago y no me gusta el cambio!

– No juzgues sin saber, Albaan. Daghor tiene sus propias formas. Y has ido cambiando poco a poco. Mira, este diálogo entre nosotros hubiera sido imposible antes, pero ahora...

Albaan agacha la cabeza, reflexiona y con cierta emoción declara:

– Sí, es verdad… En este momento en que pareces escarbar en mi alma, pienso en mi madre y creo que estaría feliz de conocerte. Subjetivamente, ella debe haber encontrado en ti un punto de referencia espiritual, una conexión, para ser escuchada en tus oraciones a Dios por mí...

Albaan guarda silencio. Piensa en Daghor...

Una vez más, Vicky aclara:

– ¡Esté donde esté, hará lo que quiera, ejerciendo su libre albedrío!

– ¿No tiene salvación?

– ¡Por supuesto que sí! La misericordia divina nos llega a todos, pero para él, lamentablemente, ha llegado el momento de la cosecha... Él sabe... ¡Oh, cuánto dolor lo sobrecogerá!

Vicky respira hondo y sacude su bonita cabeza.

Albaan la mira, admirado, y dice:

– ¡Te admiro!

– ¡Gracias! ¡Todo avanza hacia la perfección, por lo que el conocimiento que usted y Daghor hoy manipulan al servicio del orgullo, la ambición, el egoísmo y todos los vicios humanos, algún día serán usados para el bien por ustedes mismos! Que no te engañen; si vivo más vigilante hoy, ayer, sin duda, actué como tú. No había conexión entre nosotros y yo no estaría aquí. ¡De la manera difícil, debo haber aprendido el camino a la bondad! ¡Alabado sea Dios!

Vicky está iluminada, ojos clavados en alto, rostros translúcidos, sonrisa dichosa...

Conmovida, hasta la última fibra de su corazón, Albaan suplica:

– ¡Perdóname, si puedes, los excesos, las torturas morales y... las palizas!

Mira fijamente a Albaan y declara:

– ¡Olvidados, están! ¡Cuídate de mantenerse en estos nuevos propósitos y agradece al cielo por el comienzo de tu propia transformación!

– No te equivoques, demasiado, conmigo, te lo ruego... ¡Lo que me mueve, de hecho, es el miedo al futuro cercano de la desgracia que preveo!

– Aun así, aun... Con el tiempo...

– Sí, el tiempo es nuestro gran aliado... ¿Qué será de nosotros cuando regrese Daghor?

– Tu presencia o tu ausencia no cambiará el destino que le sobrevendrá a este castillo. Sobre todo, reza y vincúlate espiritualmente con tu madre. De ella sacarás la fuerza que necesitas.

Agotados los sujetos refiriéndose a los próximos eventos, silenciosos, buscan sus intereses más urgentes.

CAPÍTULO 18

En sus habitaciones, Vicky reza con fervor. Desde la distancia, Daghor muy incómodo predice un futuro oscuro y concluyente para su propia existencia. En casa, Astrid se despertó con una fuerte opresión en el pecho. Sus pensamientos se dirigen poderosamente a su querida hermana una vez más. Va al oratorio y se arrodilla allí. Siente que Ingrid necesita con urgencia mucho apoyo espiritual. Profundamente concentrada, cambia y se acerca a su hermana. Te dirige pensamientos de fuerza, fe y coraje. Vicky llora. A pesar de la fuerza que transmite a quienes más lo necesitan, está debilitada, en sus límites físicos y espirituales.

Mientras todo esto continúa, Daghor en la distancia se estremece en convulsiones, buscando las poderosas vibraciones que están invadiendo su castillo.

"¡Necesito hacer algo! ¡Se acerca una tormenta y hay que desviarla de mi vida!

Sin embargo, no puedo volver atrás... Ahora no... ¿Qué hacer? ¡Solo mi pulso puede detener los diversos elementos! Puedo mover otras mentes, otras personas... Conde Luigi, por ejemplo, ese inútil y desocupado... No es lo ideal, pero mientras tanto, ganaré algo de tiempo... Sí, lo llamaré. Albaan no me da más confianza... "

Decidido, se concentra y ordena, desde la distancia, al mencionado Conde:

La Pulsera de Cleopatra

— ¡Levántate, rápido, y vete a mi castillo! ¡Un gran peligro nos amenaza! ¡Te cobraré de vuelta responsabilidades!

Sonámbulo, Luigi abre los ojos y se estira. Dentro de un ataúd de piedra pulida, sobre una extraña plataforma, una excentricidad que le gusta mucho, Luigi se desplaza y abandona su "comodidad."

Se endereza la ropa, se alisa su desordenado cabello negro, busca el manto, ancho y negro como sus pensamientos, guantes y sombrero. Frente a un espejo, sonríe satisfecho con su imagen. Bien preparado, salga por la puerta, camina unos metros y llegue a su carruaje que está estacionado junto al castillo. Allí, llama al cochero.

Minutos antes, Ingrid había escuchado, aterrorizada:

— "¡Se acerca la sombra negra del señor de este castillo!"

Corre para advertir a Albaan. Ésta se estremece. Conoce los instintos crueles de este hombre que sigue a Daghor como una bestia bien entrenada. Unos cuartos de hora más, y escuchan el rodar de un vehículo y los gritos del cochero parando al equipo de animales. Inmediatamente después, el Conde Luigi sube a la montaña y, después de un tiempo, habiendo superado las barreras normales, sorprende a todos al irrumpir en el castillo. Silenciosos y aterrorizados, las dos intentan actuar con normalidad.

Las fosas nasales se dilataron, los ojos ardieron, exclama:

— ¡Huelo la traición en el aire! ¡Ay de los que no son fieles al señor de esta casa!

Su voz retumba, como un trueno, por todos los espacios, haciendo huir a los sirvientes u ocultar su miedo.

Fija su mirada de tigre hambriento en Vicky, mide cada centímetro de su cuerpo, haciéndola temblar de indignación y miedo. Finalmente, comenta, malicioso y cínico:

— ¿No eras el regalo más valioso de mi amigo...?

La Pulsera de Cleopatra

Le toca el pelo y sus ojos infernales emiten inquietantes energías malignas... Empujándolo, con cuidado, evade su "caricia."

Prudente, Albaan se acercó a saludarlo, invitándolo:

– Estimado Conde, tenemos la mesa del comedor lista, si quieres acompañarnos...

Mirándola de arriba abajo, con las mismas intenciones que antes con Vicky, accede a la invitación. Alimentándose frugalmente, dan un ligero saludo y se levantan de la mesa.

Hablando con Vicky, Albaan se enoja:

– ¿Qué hacemos? ¡Nuestra situación se complica a cada momento!

– ¡No temas! Los que son los caballeros de nuestra existencia nos protegerán; ¡reza y confía! Utiliza clichés diferentes a los que nos rodean, protegiéndote y creando una mejor sintonía.

Siguiendo su consejo, Albaan busca sus propias habitaciones y allí piensa en su madre, reafirmando sus pensamientos en su amada imagen. La sonrisa abierta y cariñosa casi la sorprende...

Unos minutos más y Buffone viene a decir:

– El Conde Luigi nos convoca al comedor.

Al verlos llegar, con la voz atronadora y la mirada escrutadora, declara:

– ¡El señor de esta casa me ha llamado! ¡Él sabe que puede contar conmigo, siempre!

Cuando termina la comida, aparta los platos, se limpia la boca y declara:

– ¡Haciendo mi parte, daré algunos pasos que considero necesarios! ¡Daghor confía en mí y no lo defraudaré! ¡Mientras comía, decidí exactamente qué debía hacer para mantenerlos obedientes! Como puede ver, incluso desde la distancia, ¡tiene las riendas en sus manos!

¡Nunca olviden eso!

Vanidoso, se levanta y camina, lenta, teatralmente. Todo el mundo se estremece. ¿Qué vendrá? De repente, se agita y comienza a distribuir órdenes tras órdenes, uno corriendo sobre el otro, ruidoso y confuso.

Después de un tiempo que a todos les pareció interminable, se vuelve hacia los tres que, perplejos, observan todo, sin inmutarse, y los señala con el dedo:

– ¡Ahora nosotros!

Acto continuo, haciendo un gesto a los que allí obedecen, les muestra a ciegas, mientras apunta hacia abajo, indica el subsuelo. Los tres se estremecen. Se miran y guardan silencio presas del pánico. Uniéndose al grupo, Luigi desciende a las celdas infectadas de la prisión, ayudando a arrastrar a Vicky, Albaan y Buffone. Allí, apoyado por dos sirvientes truculentos, elige un cubículo, una sonrisa en los labios y, empujando a los tres, los encierra.

Percibió su complicidad y capturó sus vibraciones opuestas. Toma las llaves en sus propias manos y las cuelga afuera en un lugar alto. En sus negros pensamientos intenciones indescriptibles... Vuelve al piso superior y decide comandar, a su manera, el castillo. Los sirvientes corren de un lado a otro, obedeciendo sus órdenes, siendo golpeados, crueles, con brazos fuertes que, a su servicio, se vuelven ciegos y salvajes.

Muy satisfecho con su propia actuación, "digna de los más grandes escenarios del mundo", según él, y algo cansado, bien servido, reflexiona, sin ceremonia ni respeto alguno:

– ¡Bueno, bueno, mi amigo Daghor sabe vivir! ¡Este es el paraíso del infierno!

La Pulsera de Cleopatra

Se ríe a carcajadas por la broma en sí. Camina por los entornos laborales de Thilbor, disfrutando de todo y disfrutando de la oportunidad de caminar libremente por espacios generalmente prohibidos. Acaricia los muebles lujosos, toca, reverente y deslumbrado, las diversas obras de arte, admira la decoración exuberante y exótica, respira hondo y compara, molesto, con su castillo, donde todo está en ruinas, descolorido y deslucido. ¿Y cómo no ser así? Mientras Daghor brilla y se llena los bolsillos, se mantiene al margen de las mejores cosas, un instrumento que alcanza y encuentra; que hace su voluntad y se somete, siempre, al capricho de su poder.

"¡Ah! ¿Y las mujeres que frecuentan este castillo? ¡Son escalofriantes! Ya sea que vengan por sus intereses o por el poder y los encantos de su dueño, por aquí pasan, como si estuvieran en los espacios más magníficos del mundo, vanidosas, más ricas, ¡algunas de increíble belleza...! ¡En sociedad, él, solo él, está ahumado y envuelto en un aura dorada de poder y misterio...!"

Por lo general, se conforma con lo que queda; cuantas veces para exaltar sus dones y cualidades *sui generis*, frente a personas que lo adoran por el poder que lleva, ya sea intelectual o mágico... ¡Hay que acabar con todo esto! Cuando lo invitó a venir a Moldavia, se imaginó a su lado, compartiendo los laureles y los recursos económicos... Sin embargo, nada más llegando, demarcó claramente los límites de la nueva relación de amistad, dejando muy clara la certeza de "quien manda y quien obedece."

"¡Me utilizó en su afán de mudarse a otro país...! ¡Por la hermosa Vicky! Sí, nunca me lo dijo, ¡pero es visible y claro como el agua que ella es prisionera de su voluntad y de su poder! Sin embargo... ¡la ama! ¡Por qué, si ama! ¡Su adoración patente salta a la vista! Y seamos sinceros, ¡la belleza hace justicia a todo lo que puede hacer o sentir! ¡Ahora, ella está ahí abajo, a mi disposición...! Si él llega, inesperadamente, diré que ella estaba conspirando

La Pulsera de Cleopatra

contra él... ¡Pero si se demora más de lo esperado, oh, me cansaré de tanta belleza y exuberancia! Y, por cierto, ¡la Sra. Albaan no se queda atrás en belleza y esplendor! Es... necesito quedarme más tiempo aquí. Tener tiempo para disfrutar de todo, sin trabas. Ésta es mi mejor oportunidad. Daghor podría quedarse donde está o se le podría impedir regresar... Yo estaría bien comandando todo... ¡Después de todo, soy su heredero más directo!"

Ante este pensamiento, se estremece. Frente a sus pensamientos, las decisiones se vuelven suyas y de nadie más. Este es el momento, no habrá más. Las fuerzas del mal le ofrecen una gran salida de su vida melancólica y sin futuro...

"¡Ah, mi futuro! ¿Qué será de mí en los próximos años? ¡No tengo nada mío que no esté ya comprometido! ¡Oh, oscuridad y miseria! ¡Oh, vejez, atormentada e infeliz...! No, Daghor no puede volver... Necesito tomar las medidas adecuadas... ¡Después de todo, el mundo está lleno de sorpresas! ¿Quién puede explicar su larga ausencia? ¡Misterioso como es, y dado a tantos viajes! ¡Un accidente puede cambiarlo todo, de un momento a otro!

Y yo, su socio – así es como Luigi ve su relación con Daghor –, ¡tomaré posesión de todo! ¡Sobre todo de ese alfeñique que está atrapado ahí abajo y que me alegrará mucho los días!"

Su risa rugiente resuena en todos los espacios. Está decidido. Daghor no volverá a pisar nunca más. Volteándose repentinamente sombrío, cruza la habitación.

Acariciando su barba negra y rizada, declara con los dientes apretados:

– ¡Siempre quise todo lo que tienes! ¡Quizás ahora pueda cumplir mi mayor deseo de ser como tú! ¡Que todos los demonios de Moldavia te lleven al infierno...! Puedo usar a alguien que odie a Daghor. Eso será demasiado fácil... Lamentablemente, se está quedando con seres que lo odian y que harían cualquier cosa para destruirlo... Por algo de dinero, suficiente para llenar los ojos de algún tonto que acepte el encargo. Eliminaré del mapa la presencia de Daghor para siempre...

Libre de cualquier obstáculo, inspecciona todo el castillo, altivo, orgulloso y autoritario; ojos codiciosos, sonrisa muy enigmática. Ya se siente dueño y propietario de todo y de todos. Al llegar al laboratorio; sin embargo, descubre que está bien cerrado. Quizás Albaan tenga la llave... Baja al cubículo donde estaban encerrados y amenaza con todos los castigos posibles e imaginables. Albaan niega incluso después de haber sido golpeada y registrada sin el más mínimo respeto. Consciente que ella dice la verdad, se va, no sin antes concluir que Vicky nunca la tendría. Daghor no sería tan imprudente...

(Albaan; sin embargo, sabe dónde está la llave, pero teme la reacción de Daghor).

Cansado de sus propios arrebatos y de los "primeros pasos", Luigi llega a la oficina de Daghor, entra y se sienta en su lujosa silla de respaldo alto. Allí sueña; se imagina sirviendo a los clientes; llenándose los bolsillos con mucho dinero y otros objetos de valor...

Echándose hacia atrás, comienza a divagar:

– "¡Una buena emboscada resolverá mi problema...! ¡Incluso hoy lo arreglaré todo, hasta el más mínimo detalle! Finalmente, cumpliré mi viejo sueño de ser el único señor de este castillo y todo lo que contiene, incluidas... las dos hermosas mujeres que tan bien sabe maniobrar... ¡Sí, sí! *Alea jacta est!*[2]

Se recuesta, más cómodo, y sonríe, anticipando las alegrías y los placeres futuros...

---

[2] N.T. Es una locución latina de uso actual que significa "se echó el dado", "el dado fue lanzado" o, más propiamente en español, "la suerte está echada."

La Pulsera de Cleopatra

De repente, siente una mano de hierro apretando su cuello. Sofocado. Desesperado, sucumbe bajo el peso del dolor. Se resbala y cae de rodillas.

La mano, poderosa, se aprieta y afloja mecánicamente para que respire durante minutos fugaces, ahogándolo intencionalmente de nuevo.

Mientras sufre, presa del pánico, oye una voz conocida que le dice, reprochándole:

– ¡Traidor! ¡Vampiro folklórico! ¡Mistificador ordinario! ¡Te matare con mis propias manos, espérame! ¡No habrá agujero que te esconda de mi ira y de mi venganza! ¡Hace tiempo que esperaba una buena oportunidad para deshacerme de tu incómoda presencia! ¡Amargado! ¡Estúpido pavo real!

Mientras lucha, su fuerza está disminuyendo considerablemente. Pierde los sentidos cuando escucha el crepitar de una risa fuerte y terrible.

Después de un tiempo que no pudo precisar, se despierta. Mira a su alrededor, se toca el cuello y lo siente; está hinchado, extremadamente doloroso y rasguñado. Se mira en el espejo y ve las huellas de unos dedos enormes en una mancha púrpura. Su respiración se volvió corta y pesada. Te sientes debilitado; le da vueltas la cabeza... En el aire, una presencia extraña y un olor acre... Con las piernas temblorosas, el corazón palpitando, extraños ronquidos saliendo de su boca abierta, decide alejarse de la locura de Daghor.

"Cumplirá, punto por punto, lo que prometió y prácticamente comenzó... Si decide materializarse para destruirme, para siempre, ¡lo puede hacer en un chasquido de sus dedos...!"

Mientras él piensa que sí, ya se dirige hacia las salidas. Apresurado, desciende la roca, trenzando sus piernas, tal es su miedo, tropezando sobre sí mismo, rojo y ansioso, hasta llegar a su vehículo. Con voz ronca, llama al cochero, haciendo gestos desesperados. Corriendo, salvajemente, llega el criado, asustado y demostrando que no estaba preparado para este comienzo, en lo más mínimo sorprendente.

Se endereza la ropa, se abrocha el cinturón en sus pantalones holgados y mugrientos, se abotona la camisa áspera, se pasa las manos por el pelo y en unos minutos está en la cabina del vehículo. Embarcan, rápido, y ordenando apresuradamente, descontrolado y presa del pánico, él, indolente y lento por naturaleza, mirando a su alrededor, escaneando todos los ángulos del camino, huye, *incontinenti*. Aturdido, encogiéndose de hombros y ya completamente indiferente a lo que hace su amo, el cochero obedece. Y en un tiempo que Luigi parecía alargarse, desesperados, llegaron a su antiguo castillo. Allí, el aspecto es desconcertante, desde su frontispicio, en una ruina patente, empeorando a medida que ingresamos a su interior... Rápidamente, salta del vehículo, corre hacia adentro y empaca torpemente algunas maletas (de repente, decidió visitar a un familiar que vive en Somalia). Allí, la suciedad se esparce; el polvo se come los muebles y se acumula en el suelo como una alfombra; las telarañas son visibles en su puntilla paciente y bien trabajado, obstruyendo las puertas...

Arriba, las habitaciones tienen un montón de cosas desordenadas y desparramadas. Los muebles, muy viejos y pesados, oscuros y algo destrozados, muestran una falta de limpieza y cuidado. En definitiva, un legítimo escenario de terror... Excéntricos, unos objetos extraños, adquiridos por él, hacen la extraña decoración, desplegados en lugares estratégicos, o apiñados, sin orden y sin ninguna estética. Equipaje preparado, cierra con cuidado y apresuradamente la enorme puerta, en la que, en la aldaba, se ve la cabeza de un dragón con la boca abierta y la lengua colgando. Lo mira todo con ansiedad y, mucho antes que transcurran los minutos que componen el tiempo de una hora, huye

La Pulsera de Cleopatra

de Moldavia. El criado, en silencio, recuerda que a veces hace lo mismo y toma el mismo rumbo, casi siempre huyendo de algo o alguien... Acomodado en su vehículo, Luigi se dirige a las distintas conexiones que deberá realizar para alcanzar su objetivo. Respira fuerte, algo aliviado. Al hablar, hace un sonido ronco. La herida en el cuello, que se extiende hasta la garganta, le molesta mucho. En unos momentos, el carruaje desaparece por las curvas del camino...

Mientras tanto, acurrucada en el frío y el hambre, Albaan blasfema. Vicky la amonesta y le aclara la urgente necesidad de valentía y equilibrio. Después de todo, ella ya había sido advertida.

Asqueada, ella replica:

– ¡Qué tonto fue creer en ti! ¡Imagina! ¿Salir de aquí? ¿Cómo será eso? ¿Me puedes decir? ¡Ciertamente no! En el terrible contexto del que formo parte, sé muy bien cómo funcionan las cosas; ¡No tendremos oportunidad, no tendremos defensas! ¡Me llenaste la cabeza de ilusiones y aquí estoy, atrapada y sin saber lo que vendrá! ¿Cómo será cuando regrese Daghor? ¡Esta vez me matará sin piedad! ¡Me culpará de todo, dadas mis responsabilidades! ¡Y está el Conde Luigi, para agregar algunas brasas más, en este fuego que nos consumirá a todos!

Al comprender, Vicky se da cuenta que Albaan está al borde de un ataque de nervios. Siente pena por ella.

– Dios es nuestra defensa, Albaan. Las cosas serán como te dije. La información que recibí es de una fuente confiable, créame. ¡Ahora es el momento de ajustar cuentas!

– ¡Y en este ajuste, si lo hacen, seré un gran deudor! ¿Cómo puedo esperar la ayuda que me prometiste?

– No soy yo quien te promete, Albaan, sino la vida misma. ¡No dudes, no te debilites, confía en el Creador y entrégate en Sus manos! ¡Haz un esfuerzo y cambia el tenor de tus pensamientos! ¡Esto nos ayudará a nosotros y a los que vendrán a liberarnos!

La Pulsera de Cleopatra

– ¿Cómo puedo esperar si no merezco la ayuda de la que me hablas? ¡Antes seré ajusticiada, muriendo aquí! Pero tal como están las cosas, cuando lleguen, ¡seremos solo tres cadáveres!

– Hagamos nuestra parte y la divina providencia hará el resto. ¡Fortalécete en aquella que desde la distancia te envía vibraciones maternas!

Callándose, suspira Albaan. Está muy conmocionada. Su conciencia le susurra que no tendrá una oportunidad porque no la merece; sin embargo, sigue el consejo de Vicky y se concentra meditativamente. A pesar de la extrema incomodidad física, recuerda su infancia; su humilde casita; su querida y buena madrecita. Ella todavía parece sentir sus caricias... Embelesada, se ve de nuevo, diminuta, arrodillada a su lado, balbuceando oraciones, mientras contempla los iconos de sus santos favoritos en la iglesia ortodoxa rusa, en un pequeño pueblo de Kiev, desde que ella dejó para no volver jamás. Parece oír el tañido de las sencillas campanas de la parroquia. Vestida con un vestido rústico de lana clara, gorro de volantes, mejillas rosadas, cabello dorado, ojos claros, inocentes... Sentada en los bancos de madera de la pequeña iglesia, los domingos reza junto a su madre y canta con su infantil y voz argentina. Entusiasta, eleva el sonido de su propia voz, involucrada sanamente con los mensajes místicos y llenos de fe de la música sacra.

Conmovida, comienza a llorar y se pregunta:

– "¿Dónde y cuándo, Dios mío, me desorienté y me perdí en los caminos tortuosos de la vida?"

Unos años después de esta época, tan ingenua, más desarrollada, bella, inteligente, conoció a un sabio; hermoso, brillante, elegante, refinado... Sus ojos, mirándola, eran como los de una serpiente, hipnotizándola... La envolvió de tal manera que, incluso desde la distancia, la dominó, haciéndose presente., materializado a su lado, sonriente, seductor... Su cuerpo exudaba

La Pulsera de Cleopatra

un perfume deslumbrante... Un día la atrajo hacia él, alegando estar enamorado. Luego sucumbió a sus encantos y se convirtió en su mujer. La invitó a ser su asistente. Vanidosa, aceptó la tarea. Ella se fue a vivir con él y comenzó a seguirlo, sumisa y enamorada, dondequiera que fuera. Sin embargo, ¡oh, decepción! Reveló su verdadero rostro. Pero ya era demasiado tarde... Ella lo amaba y se conformaba con lo que él determinaba para su vida... Distraída, despreocupada, se volvía cada vez más cómplice del mal que él ejercía y representaba... Ahora Vicky le hace señas con esperanzas de libertad y redención...

Cansada de todo, Albaan concluye que, finalmente, mejores sentimientos están ganando espacio en su alma, que antes estaba tan endurecida... Entonces, en medio de sus conflictos existenciales, se duerme. Vicky adivina sus preguntas y reza, al cielo, que la chispa divina, que estuvo sofocada allí durante tanto tiempo, brille por fin y se eleve de nuevo de las sombras del mal, bajo el cual ha estado viviendo. Agachada en el suelo y acomodándose en una posición menos dolorosa, también se duerme... El cielo la cuidará, ella lo sabe... En los diferentes ambientes del castillo, las personas que trabajan o simplemente viven allí son irritables, inquietas, inseguras, sintiendo algo.

Se sienten impotentes, sin el amo que los dirige con mano de hierro. Hay una gran incógnita en el aire... El futuro no parece existir... La presencia de Luigi les molesta mucho. Estos seres, maliciosos y sospechosos, imaginan que volverá y esto los llena de rabia. Rumian entre ellos el odio resultante de su naturaleza degenerada.

Se fortalecen mutuamente y esparcen sus terribles vibraciones en todas direcciones. Mientras tanto, Albaan y Vicky están durmiendo...

Buffone también duerme profundamente. De vez en cuando, se estremece y murmura algunas palabras, sonámbulo. Ya ha vivido situaciones similares y esperará los próximos eventos. De vez en cuando, abre los ojos y busca a Vicky. No quiere separarse de ella, nunca más. Ella es su luz, la belleza que admira, el ídolo que él mismo creó... El hambre y la debilidad los abruman, liberando temporalmente sus almas que van en busca de sus intereses, estén donde estén; en este u otros mundos; en esta u otras esferas; bueno o malo; elección de cada uno...

CAPÍTULO 19

En Bangkok, Daghor se dirige al palacio del Maharajá. Al llegar extremadamente elegante, se anuncia y espera. Supervisando los diversos procedimientos del día, Telémaco observa, intrigado, a ese extraño hombre con un intenso brillo en los ojos.

Teniendo en la mano su tarjeta con su nombre y título, Telémaco reflexiona:

– "El nombre le hace justicia a la persona... Nunca había visto a alguien así... ¿Por qué, o para qué, está aquí...? De su figura, oscura, desarrolla una energía irritante, que parece incitar a la violencia y a los actos innobles."

Sensible, experimentado, Telémaco lo analiza con admirable competencia. El Maharajá, cansado de las citas de ese día, muestra palidez y debilidad, palpables. Mirtes le aconsejó que se retirara. Él, con delicadeza, sonrió y agitó la mano, negándose a responderle.

Telémaco entra y le habla:

– Mi señor, tenemos una extraña criatura en la sala de espera.

– ¿Por qué dices eso?

– Porque nunca he visto a nadie más exótico. Viste lujosas ropas negras, tiene ojos de águila, sentidos muy agudos y oídos muy atentos. Parece estar esperando a alguien mientras espera, porque de vez en cuando mira con impaciencia las entradas.

– Ciertamente tiene sus razones para vestirse así, y tal vez incluso esté esperando a alguien. ¿Es extranjero, Telémaco?

– ¡No señor! Debe ser de algún linaje muy importante de Tailandia. Solicita una entrevista privada y... confidencial, ¡imagínese!

– Casos así, ¡los vemos todos los días! En cuanto a sus requisitos, en el momento de la entrevista, decidiré, de acuerdo con la etiqueta y mi verdadera voluntad; ¡tranquilízate!

– ¡Me da escalofríos, debo decírselo! ¡Su presencia es muy desagradable!

– Bueno, mi buen Telémaco, ¡estás envejeciendo! Actúa dentro de las formalidades y no te preocupes. ¡Estás viendo fantasmas donde no existen!

– Bueno, por cierto, ¡qué feliz analogía, mi señor!

– ¡Oh, Telémaco, estamos perdiendo un tiempo precioso y ya me siento muy cansado! ¡Sigue cumpliendo con tus obligaciones!

– ¡Sí, mi señor! ¡Perdón por las exageraciones! Sin embargo, ten cuidado con tu salud y con este visitante, ¡te lo ruego!

Asintiendo, Hamendra sonríe levemente, pensando en lo devoto que es este hombre con él, y con su familia... Le deben mucho... Respira hondo y está dispuesto a continuar con su servicio real. En ese momento, Richard Arjuna hace su entrada triunfal en el palacio, con la intención de llegar a la oficina de su padre.

Lujosamente vestido, como corresponde a un heredero real, cruza el inmenso salón. Sus largas zancadas resuenan en el suelo brillante. De repente, se enfrenta a Daghor. Éste, con una fina sonrisa en los labios, parece complacido de verlo.

La Pulsera de Cleopatra

"¡Al fin, mi hermano! ¡Mira, eres un Apolo! De hecho, ¡mi información es confiable!"

Sin entender, Richard parece olvidar su prisa anterior y comienza a mirarlo, más de cerca. Ante sus ojos agudos se estremece, como si se enfrentara a un enemigo peligroso, pero va midiéndolo de arriba abajo, siendo a su vez, analizado en detalle... Finalmente, se da cuenta del escándalo que ha vivido. causas y decide seguir su propio camino.

Mientras lo hace, Daghor piensa:

– "¡Tú y tus hermanos me quitaron todo y ni siquiera saben que existo! ¡Tu padre, nuestro padre, el maldito Maharajá, pagará caro todo lo que hizo y todo lo que dejó de hacer...!"

Richard, que ya se había alejado, se detuvo, volvió sobre sus propios pasos y le preguntó, frontalmente:

– ¿Qué dijiste?

– ¿Yo? ¡Nada, ni siquiera dije!

– Bueno, escuché, perfectamente, ¡me amenazas a mi padre y a mí! – declara Richard con los ojos encendidos y la mano en la pistola que lleva en la cadera.

Atento, Telémaco descubre que, una vez más, Richard desafía a alguien. Este es un hábito muy antiguo tuyo. Cree que escucha lo que los demás no dicen y se siente poseído por las negaciones que recibe.

Antes que las cosas empeoren, se acerca y aconseja:

– ¡Hijo mío, cálmate! ¡Este señor está esperando ser recibido por su padre!

– ¿Sí? ¿Y quién es él?

– ¡Barón Daghor Phanton de Moldavia!

– Muy bien, ¿y qué pretende?

Daghor da un paso adelante:

La Pulsera de Cleopatra

– Querido Príncipe, aquí estoy, como cualquier otro, esperando ser recibido por tu padre, el Maharajá. Soy comerciante y vengo por negocios. Como no intercambiamos una palabra, ¡llegué a la conclusión que alguien nos jugó una broma irresponsable!

Con mucha sospecha, Richard asiente, aparentemente convencido:

– Sí, debes tener razón...

Telémaco comprende, de manera muy sutil, que algo sucede allí que está más allá de su comprensión racional.

Imponente, Richard ordena:

– Telémaco suspenda el orden de visitas programadas, porque pretendo hablar con mi padre, sin prisas. Tenemos asuntos pendientes y hoy tengo la intención de completarlos. ¡Entonces seguirás con tu trabajo!

Luego mide a Daghor de arriba a abajo, haciéndole comprender que su intención probablemente será abortada.

Mientras observa a su hermano alejarse, concluye con una sonrisa burlona:

– "¡Si no tuviera la intención de exterminarlo, lo harías tú! ¡Sabía que te encontraría hoy, hermano mío! ¡Somos similares en todo! ¡Los dos nacimos bajo el mismo maldito estigma...!"

Audaz e irrespetuoso, Richard entra en la oficina de su padre sin previo aviso, con un estrépito que lo sorprende.

Telémaco decide hablar con Marani:

– ¡Señora, permítame!

– ¡Por supuesto, entra, amigo! ¿Lo que quieras?

– ¡Señora mía, hoy mi corazón está sumido en las sombras! Algo me susurra al oído que hechos inesperados cambiarán la vida en el palacio, ¡sacudiéndolo hasta los cimientos! ¡Mi viejo corazón parece querer escapar de mi pecho!

Temblando, Mirtes le pregunta:

– ¿Por qué dices eso, Telémaco?

– ¡No lo sé con certeza! ¡Un peligro desconocido parece amenazarnos a todos! ¡Ayer tuve muy malos sueños!

– ¡Los sueños son solo sueños!

– El mío no, y la señora Marani lo sabe...

Ella asiente en silencio. Espera, y continúa:

– En el salón, tenemos una personalidad muy exótica, esperando una entrevista con nuestro Maharajá. Cuando llegó esta criatura siniestra, sentí escalofríos y vi sombras que se extendían en todas direcciones, mientras voces extrañas, apagadas, que estaban lejos de lo humano, se sumaban a ruidos extraños...

– De hecho, es muy extraño, Telémaco. Pero, ¿cuántas veces hemos recibido gente rara? ¡Muchos! Descansa, viejo, y cumple tus obligaciones. Hoy, nuestro Maharajá se ve muy cansado.

Rascándose la cabeza, Telémaco asiente:

– Sí, yo también lo he visto. ¡Sí, debo estar envejeciendo, como dijo el Maharajá! ¡Perdóname, señora!

– ¡Todos envejecemos, amigo y colaborador incansable! ¡No hay nada de qué disculparse, sino estar agradecidos, siempre! ¡Has sido nuestro ángel de la guarda, Telémaco!

– ¡Gracias, mi Marani! En todos estos años, he aprendido a amarlos de verdad, ¡como si fueran mis familiares! Pasan los años, señora, y hoy se cierra la rueda de la vida, ¡para este humilde servidor tuyo! Nacemos, vivimos y morimos, ¡no hay escapatoria!

– Felices los que sabiamente aprovechan los años que la divinidad les concede para vivir en este mundo; y en ese sentido tú, mi buen amigo, ¡eres el mejor ejemplo! Pero dime, ¿hay algo más?

La Pulsera de Cleopatra

— Sí. Le pido que le aconseje a su marido que reduzca el contenido de la obra, sobre todo hoy cuando preveo algo que no puedo identificar... Sobre todo, me gustaría bloquear el acceso a la persona del Maharajá, esta extraña figura que le dije. Con Richard, ya se indispuso, aunque el culpable fue el propio Richard.

— Dime lo que sucedió.

— Richard supuso que escuchó, del extraño, algo que le disgustó mucho, y lo enfrentó, exigiendo explicaciones que no llegaron, porque el otro lo negó todo. Richard casi sacó su arma...

— ¿Dónde está ahora?

— En la oficina de su padre.

— ¡Espero que no vuelva a estar en desacuerdo! ¡Ve allí, yo iré de inmediato! ¡Richard me pone en alerta cada vez que se acerca a su padre!

— ¡Sí, señora, y que Brahma nos proteja!

Telémaco se fue, como pudo. Los años ya le pesaban. Sus movimientos ya no son tan ágiles como antes...

Mientras se aleja, Mirtes va al altar de las deidades védicas y allí se inclina con reverencia, suplicando:

— ¡Poderosos espíritus de esta tierra! Padre, Creador, misericordia para nosotros que tenemos la espada de Damocles sobre nuestras cabezas! ¡Danos fuerza para enfrentar las tormentas de la vida! ¡Bendiciones y protección para todos nosotros!

Se levanta, enciende velas votivas y se dirige a la oficina de su marido. Ante la entrada intempestiva de Richard, el Maharajá interrumpe lo que está haciendo y, molesto, aguarda su pronunciamiento.

Antes de acercarse a su padre, inquieto, camina de un lado a otro, preparándose para decir lo que se propone decir. Pasan unos minutos, pesados, para los dos. De repente, se detiene frente al escritorio, en el que despacha su padre, respira hondo, cruza los brazos sobre el pecho y dice, enseguida:

— ¡Vine a darte un ultimátum!

Asombrado, el padre espera que continúe su discurso.

— ¡No me mires así! ¡No estoy fanfarroneando!

— ¡No dije que lo fuera! ¿Cuál es tu ultimátum para mí? ¿De qué estás hablando, hijo tonto? ¡Explícate mejor, ya que estoy demasiado ocupado para tu puerilidad!

— ¡No me subestimes, padre! ¡Este ha sido tu gran error! ¡Tengo la intención y puedo ascender al trono! ¡Ya estás cansado! ¡Dentro de poco serás un anciano senil! Es la ley de la vida; ¡el palo verde reemplaza al seco, que solo servirá para el fuego! ¡Nuestra gente necesita floración y fructificación, abundante y rica! ¡Tengo derecho a gobernar! Ahora es mi turno, ¡date cuenta de ello y sal de allí, de una vez por todas!

Hamendra se cruza de brazos, respira hondo y pregunta, disgustada:

— ¿Hasta dónde están tus peroratas, Richard? ¿Desde cuándo me das órdenes, a tu padre, el Maharajá? ¿Has perdido la cabeza por casualidad, estúpido?

Está enojado con el hijo que tan irrespetuosamente lo desafía. Rojizo, poseído, pregunta:

— ¿Qué es lo que realmente quieres? ¿Sacarme de aquí o matarme para siempre?

Resoplando como un toro enojado, Richard responde categóricamente:

— ¡Una y otra a la vez!

Depende de tu actitud y comprensión. ¡Pasaré por encima de tu cadáver si es necesario! ¡De todos modos, tomaré posesión de este trono que parece haber nacido pegado a tu cuerpo!

¡Suéltelo, Maharajá! ¡Tu tiempo ha pasado y el mío apenas comienza! ¡No tendré piedad, ni me detendré ante nuestros lazos de sangre!

– ¡Pensé que ignorabas eso, hijo desnaturalizado! ¿Alguna vez has sido mi hijo? Entre nosotros nunca hubo vínculo alguno, excepto el que nos ha dado la naturaleza, ¡sin saber por qué!

– Yo también me siento así. ¡Pero escucha, no he venido a discutir, sino a ratificar lo que llevo pidiendo desde hace mucho tiempo! El tiempo pasa y necesito dedicarme, de una vez por todas, a nuestra gente, ¡con el derecho que me asiste!

– ¿Nuestra gente, Richard? ¿De qué estás hablando?

– ¡No me confundas con palabras! ¡No necesito muchos para demostrarte que, en este campo, sabes tanto como cualquier paria!

– ¡Te dije que no vine a hablar! ¡No uses sofismas y contéstame! Finalmente, ve y descansa en algún lugar mientras aun estés vivo y ¡puedes hacerlo!

– En verdad, me das dos opciones: ¡exilio o muerte! ¡Eso, si tuvieras la autoridad, o el derecho, para hacerlo! ¡Desprecio tus ideas y tu existencia que solo me trajo percances de todo tipo, y anhelo, antes de morir, verte lejos de esas personas de las que hablas y de las que desconoces por completo!

– ¡Vivo mezclado con eso! Salgo de esa cúpula de cristal, en la que vives, y socializo con todos, ¡aquí y allá!

– ¡Vives mezclado con lo peor, viviendo con la escoria, inmerso en los vicios, la deshonestidad, la rapacidad y la violencia!

Al acercarse, Richard apenas pudo resistir el impulso de embestir a su padre como una bestia salvaje. Entre dientes, habla silbando:

– ¡Cállate! ¡No te doy el derecho!

La Pulsera de Cleopatra

– ¡Derecho que no tienes y me ha concedido la vida, sin él! ¡Cállate y respétame! De lo contrario, te echaré de aquí, de una vez por todas, porque he criado y alimentado, en mi casa, que nunca se pareció a la tuya, ¡una serpiente venenosa! Si no fuera por tu madre, ¡ya estarías comiendo con los cerdos que tanto amas!

Richard ataca a su padre, pero el guardia, atento, hace movimientos de defensa. Hamendra ni siquiera se inmuta. Él lo mira fijamente, desafiando su descarada arbitrariedad y falta de respeto.

– ¡Sal de aquí! ¡Ya me has tomado demasiado tiempo! – Ordena el Maharajá, indicando la salida.

Con extrema dificultad para hablar, tal es su enojo, afirma Richard, implacablemente:

– ¡Sigues debatiendo conmigo, en lugar de escuchar mis justas peticiones! ¡Soy joven, fuerte y el único heredero capaz de sucederte!

– ¡¿Capaz...?!

Poseído, violeta, grita:

– ¡Voy a demostrar lo competente que soy, ya verás!

– ¡Te equivocas, nadie puede ver lo que no existe! ¡Date por vencido! Nunca me pasará a mí, incluso si muero. ¡No tienes las cosas!

– Ahora, tú eres el que me da solo dos opciones: ¡o te privo de tu reinado, o te mato, en última instancia!

– ¡Muy directo por cierto!

– ¡Tú, padre mío, no me dejas otra alternativa! Los medios no importan y, sí, ¡los fines sí!

– ¡Muy práctico!

– ¡Vamos, padre mío, renuncia!

– ¡Nunca! ¡Y serías el último de los mortales a los que entregaría el poder! Además del desastre que sería, ¡lo perderías en el primer enfrentamiento con alguien tan ambicioso como tú!

– Cuando esté en tu lugar, ¡ay de quien se atreva a amenazarme! ¡Pasaré, como un elefante enojado, por encima de los que se atreven a desafiarme!

Hablando más bajo, como hablando solo, agrega:

– ¡Después de todo, este es el ejemplo que he tenido en toda mi vida! ¿Así es como se hace? ¡Así es como lo haré!

– ¿Es solo lo que ves? ¡Nunca te preparaste para reinar, Richard! Perezoso e inútil, encaprichado y frívolo, ¡has estado viviendo la buena vida, sin preocuparte por nada! Este reinado, nuestra familia lo ha preservado, ¡durante muchas, muchas décadas!

– ¡Conservado para mí! Tu hijo mayor se ha convertido en un verdadero inglés; tu hija sigue los mismos ideales; ¡solo yo me quedé para ordenar lo que me corresponde por derecho!

– ¡Le entregaría el trono a cualquier desgraciado de las miserables calles de Bangkok, antes que a ti!

Hamendra, exaltado, se levantó, sin apoyar más el debate. Poseído, Richard da un paso hacia él y lo suspende por su ropa, casi golpeándolo.

El guardia del gabinete se mueve, pero antes que pueda actuar, Richard oye una voz conocida:

– ¡Libera a tu padre, hijo antinatural!

Es Mirtes quien irrumpe por las puertas y lo sorprende atacando a su padre. Arrogante, se vuelve hacia ella:

– ¿Cómo te atreves a interrumpirnos?

– ¿Cómo te atreves a hablarme así? ¡Deja a tu padre en paz y lárgate de aquí!

La Pulsera de Cleopatra

— Si eres tú quien pretende sucederle en el trono, ¡serás tú a quien debo enfrentar! Eso, todavía no lo había pensado...

— ¡Nunca debiste haber nacido en un palacio, hijo mío, sino en la miseria, donde te perderías todo! ¡Quizás de esa manera aprendería a trabajar y a ser más digna!

— ¡Bueno, es solo moralismo! ¡Despierta; sin embargo, porque tu tiempo se acabó! ¡Es necesario renovarse para progresar!

— ¿Dónde aprendiste esto? ¿En alguna serie? ¡Su desprecio por la cultura y la política es notorio! ¡Los errores de tu padre y el mío, con respecto a tu educación, son flagrantes! ¡Te lo concedemos todo! Muy mimado, ocioso, indignado y bien servido, ¡te has convertido en este monstruo cruel y desalmado!

— ¡Así que me menosprecias, madre mía!

— Nadie necesita hacer esto, ¡lo haces tú mismo! ¡Tu peor enemigo eres tú mismo!

Por momentos fugaces reflexiona sobre lo que escucha de su madre; siempre tan sensata... Ella le dio la vida... Es dedicada, siempre, incluso hasta la abnegación... Intenta educarlo desde temprana edad; sin embargo, él reacciona, se escapa de su influencia y busca socios, aventuras, la calle...

De repente, recupera el ánimo y, dirigiéndose a su padre, vuelve a la carga:

— ¡Se acabó el tiempo! ¡Y el mío recién está comenzando! Te sacaré de ahí, de una forma u otra, ¡espera!

Apartándose de su madre, sin mirarla, se va, tan prematuro como llegó. Como un tifón, atraviesa la sala empujando a los que le impiden el paso. Tiene prisa por salir... Daghor, que lo ve sin aliento, sonríe sombríamente.

Cuando su hijo se va, Mirtes atrae a su esposo hacia su pecho amoroso:

La Pulsera de Cleopatra

– ¡Amado mío! ¡La mayor razón de mi vida! ¡Nos estamos hundiendo en un mar agitado y furioso! ¡Confiemos, a pesar de todo, en nuestros protectores espirituales!

– Estoy muy, muy cansado, Mirtes, no estoy de humor para continuar; sin embargo, debo... Me he sentido, desde hace un tiempo, rodeado y perseguido por fantasmas... Veo a mi padre y él no parece un vencedor, como siempre pensé... ¡Ni siquiera lo veo feliz! Sorprendo a mis antepasados, todos reunidos y agitados. Delante de todos, como en una extraña procesión, nuestro hijo Richard, Mirtes; sin embargo, no tiene los rasgos de ahora, sino otros, en los que reconozco a un feroz enemigo de épocas vírgenes... Con porte atlético y belleza admirable, como el más joven, me enfrenta con una mirada intensa, llena de odio, mucho odio... A mí me aparece como una figura infernal. Todo esto me molesta...

Acurrucado contra el pecho de la mujer, parece un niño indefenso y asustado.

– ¿Por qué no me lo dijiste antes?

– Para no preocuparte, querida.

– ¡No lo hagas; todo lo que te concierne me interesa y, tarde o temprano, lo haces! Tu fragilidad física es patente, amado mío, deja todo como está y vete a descansar, ¡te lo ruego! ¡Tus mayordomos sabrán cómo comportarse!

Levanta la cabeza, le acaricia el rostro y responde, profundamente entristecido:

– ¡La muerte no me encontrará trabajando de ninguna manera; en el ejercicio de mis deberes como soberano!

Mirtes siente un extraño escalofrío recorriendo su cuerpo. Besándolo, pregunta:

– ¡Por todo lo que amas, piensa en ti!

La Pulsera de Cleopatra

Con una sonrisa que parece más un rictus de dolor, responde, casi en voz baja:

— ¡Eso es lo que he estado haciendo toda mi vida...!

Mirtes guarda silencio. No se puede negar. También es cómplice de todo.

— ¡Sorprendo al hijo ingrato, Mirtes, el ángel vengador! Incluso si no es mi verdugo final, ¡me habrá destruido día a día, aniquilándome física y moralmente! ¡En él, un terrible espejo de mí mismo!

En este punto, se desahoga con lágrimas inconsolables.

Mirtes lo abraza más, como lo haría con un hijito muy querido:

— Cálmate, Hamendra, sobre todo ¡siempre te amaré!

— Sí, te tengo... Nuestro amor es tan grande y verdadero... Si fuera un paria, ¿me amarías?

El momento no contiene una sinceridad contundente, por lo que se arma de entusiasmo y responde:

— ¡Nunca lo dudes!

¿Cómo decirle que no? ¿Que los principios que la guiaron, durante toda su vida, son los mismos que los de él?

Alcanzando sus reflejos naturales, le pregunta:

— ¡Nunca olvides lo mucho que te amo! ¡Te estoy inmensamente agradecido por tanta felicidad y dedicación! ¡Nunca podré agradecerte lo que te mereces!

En un transporte de sentimientos, difícil de traducir, su voz salió temblorosa, casi llorando.

El corazón de Mirtes se hundió... Sintió un dolor casi físico:

— ¿Nos despedimos? ¡Eso me asusta, Hamendra!

— Perdóname, hoy estoy muy pesimista...

Mirando a la mujer, pensativo, hace un esfuerzo por sonreír:

– Descansa este corazón, mi vida, mi amor... Estaré bien, ya verás... Espera la conclusión de mi turno para darme todas las caricias que necesito...

Se abrazan con fuerza, ambos queriendo llorar y estar abrazados. Separándose, con el alma en suspenso, Mirtes se marcha y reanuda sus actividades.

Cuando la ve irse, Telémaco observa los pliegues de su frente y algunas lágrimas que, a pesar de sus esfuerzos, caen sobre su hermosa y lujosa ropa. Concluye muy inquieto:

– "Este día no terminará bien... Se acercan cambios grandes y trágicos... Yo, sin embargo, no podré verlos... ¿Qué tengo? ¿Por qué estos pensamientos oscuros? A pesar de todo, siento que estoy flotando... Tengo dos lados; uno de miedo, y otro de éxtasis... no me entiendo, pero me entrego al cielo..."

Pasa por los pasillos, manejando todo de manera muy competente. Pasan las horas y el Maharajá sigue despachando, diligentemente.

A menudo, este tiempo se prolonga hasta la noche y llega al amanecer. Aun así, Telémaco lo apoya, solícito y competente, como siempre. Sin embargo, en un movimiento más fuerte, siente que sus piernas se debilitan y sus ojos se oscurecen. Se apoya contra la pared y, tanteando, busca un asiento. Se desliza en él y pierde su condición de razonamiento. Cae suavemente, acostado, y allí permanece ignorado por todos. Está en un lugar al que van pocos, casi escondido. En el salón, siguiendo el orden preestablecido, se convoca a Daghor. Mientras tanto, el Maharajá se aprieta el pecho en el sufrimiento que es visible en la expresión de su rostro contraído. Ha estado sintiendo ese dolor agudo y opresivo desde hace algún tiempo. Se recompone y espera la entrada del extraño personaje que tanto incomodaba a Telémaco. Daghor entra,

La Pulsera de Cleopatra

examinando todos los ángulos de la enorme sala, todo orientado a los deberes del soberano. Hamendra observa su figura alta y elegante. Su corazón late más rápido con cada paso que reverbera en el suelo. Disimulando su malestar, analiza detenidamente a este hombre que le resulta extrañamente familiar...

Se endereza en su asiento y sostiene la enigmática e intensa mirada que cae sobre su persona. En este mismo momento, lamenta no haber terminado antes su trabajo de entrevistas... El dolor aumenta, pero, estoico, soporta el terrible malestar.

Es llamado a la realidad por la voz que estalla en sus oídos:

– ¡Por fin! ¡Me parece que me ha costado mucho llegar tan lejos! ¡No, no te arrepientas de esta reunión, que ya es tarde y de la que no pudiste escapar indefinidamente!

Profundamente sorprendido, Hamendra pregunta enojado:

– ¿Qué estás diciendo? ¡Explícate mejor!

– ¡Estoy hablando de este encuentro que la vida nos debe!

– ¡Sigo sin entender! Di de una vez, a qué viniste, ¡porque tengo mucho que hacer! ¡No te tomes más tiempo del necesario!

– ¡A partir de este momento, yo doy las órdenes y decido qué hacer con "tu tiempo"!

– ¿Es una locura, por casualidad? ¿Por qué me hablas así porque ni siquiera te conozco?

– ¡Estás completamente equivocado, y me conoces muy bien!

– ¡Un minuto más de acertijos, querido señor, y lo echaré de aquí, porque eso es lo que se merece!

– ¡Patadas que he recibido a lo largo de mi existencia! ¡Hoy vengo a cobrarte lo que realmente me debes!

– ¡¿Qué te debo...?!

Hamendra empieza a levantarse, pero con un agarre más fuerte que los demás, el dolor le impide hacerlo. Daghor se enfrenta a él, disfrutando de su evidente perturbación.

– Dime a qué viniste, de lo contrario, además de los castigos que recibirás, ¡irás a la cárcel! ¡Mi tiempo es precioso!

Mientras habla, luchando por mantener su fuerza, Hamendra estudia sus rasgos y su mirada ardiente. De repente, se enciende una luz en su cerebro y piensa que está loco... ¿Es posible? ¿Después de tantos años? ¡Se enfrenta al hijo rechazado que, un día, prometió matarlo! ¡¿De qué abismo infernal había salido...?! Sorprendiendo sus perplejidades naturales, Daghor respira hondo y declara, con los brazos cruzados sobre el pecho:

– ¡Veo que me has reconocido! ¡Soy yo quien viene a reclamar todo lo que le ha sido negado a lo largo de su existencia!

El Maharajá decide fanfarronear:

– ¿De qué estás hablando? ¿Nos hemos visto antes?

– ¡Sí, solo una vez, frente a la casa donde vivía como hijo adoptivo de Boris Sarasate y su esposa, Marfa!

Hamendra lo sabe, lo recuerda muy bien... Nunca, nunca, olvidó ese encuentro...

– ¡Infelices que estaban! – continúa Daghor – ¡Nunca me dijeron tu nombre! En caso que no lo sepas, ¡ya están muertos!

Ignorando la información, Hamendra decide "armonizar" el extraño e indeseable diálogo:

– Como debes concluir, nada de esto me interesa. Sin embargo, para no perderse el viaje, habla, desahógate, ¿qué esperas de mí?

– ¡Mis intenciones superan todo lo que puedas imaginar!

Hamendra se estremece. Daghor dijo esas palabras con un acento terrible en la voz.

La Pulsera de Cleopatra

Desafortunadamente, lo entendió. La prudencia le aconseja que interrumpa la entrevista y lo detenga rápidamente por el delito de lesa majestad... Al tratar de alcanzar la campana de oro que está a su lado, siente que se le congelan las manos y que todo su cuerpo se vuelve pesado e insensible. Tendrá que escucharlo y someterse a sus ataques, verbales, por ahora, pero impredecibles, más tarde...

Como en una terrible pesadilla, escucha sus reproches:

– Abre bien los oídos: vengo a exigir, con dureza, la paternidad negada; ¡el cuidado que necesitaba y nunca tuve! ¡El amor! ¡Oh, burla y ceguera, pensar que se puede vivir sin amor! Y, más que eso, los recursos para mi supervivencia y lo superfluo, a lo que tengo tanto derecho como tus otros hijos... ¡hermanos míos...!

Las dos últimas palabras sonaron cavernosas...

Controlándose, finalmente, Daghor comenta irónicamente:

– ¡Hoy conocí al que se me parece y que nació bajo el mismo maldito estigma! ¡Los dos somos almas negras! ¡Llevamos en nuestro bagaje espiritual, grandes exigencias para tu persona!

Sorprendentemente, Hamendra es capaz de expresarse a pesar de sentirse físicamente paralizado. Él sospecha, con razón, que de alguna manera se las arregla para someterlo. Después de todo, ¿no es un hechicero de renombre?

Rebelde, declara:

– ¡Infelices que sean, ambos! ¡Furias infernales que han caído sobre mi casa!

– ¡De tu palacio, Maharajá, no desprecies lo que disfrutas tan bien...!

– ¡Lo que pides me asombra, como me parece muy bien! ¡Pocas personas cuentan con tanto poder y riqueza!

– Oh, ¿te diste cuenta? Es cierto, a pesar de tu paternal indiferencia e insensibilidad, ¡vencí!

– ¿Y por qué estás aquí y no cuidas tus intereses?

Daghor estalla en una risa sonora y lúgubre, mientras razona, entiende:

– "Está aterrorizado, ya ha concluido lo que, de hecho, mi intención es... ¡Tiembla, padre desnaturalizado!"

Frotándose la barba bien arreglada y disfrutando maliciosamente del miedo que el Maharajá no puede disimular; aclara:

– ¡El pequeño "aviso", que ya te di, habla por mí! ¡Alimenté, a lo largo de mi vida, minuto a minuto, mi deseo de venganza! Pues bien, ¡ha llegado el día!

– ¿De dónde sacaste tanto poder? ¡Suéltame, no tienes ese derecho!

Mientras habla, Hamendra lucha por mover el cuello y llamar al guardia. Entendiendo su intención, Daghor fija sus ojos negros en él y le aconseja:

– ¡Mira! ¡Mira cómo están!

Hamendra se siente libre. Se vuelve hacia los guardias y los sorprende, extáticos como muñecos de cera.

Perplejo, intenta salir de la oficina, pero Daghor, deleitado en su inútil desesperación, advierte:

– Si pretendes salir por la puerta principal, o cualquier otra, ríndete, ¡no se abrirán y ningún sonido llegará al exterior! ¿Quieres intentarlo?

Con un gesto indicativo, desafía a su padre. Hamendra no lo piensa dos veces. Corre hacia la puerta que, como dijo, no se abre. Concluye que será inútil probar las demás.

– ¡El que conociste hoy y al que me cuesta llamar mi hijo debería haber muerto! Ambos ensayaron, pero, lamentablemente, ¡no llevaron a cabo la acción! Y en cuanto a ti, bastardo, ¡nunca debiste haber venido aquí! ¡Tu poder muere ante todo lo que represento! ¡Terminarás tus días en una prisión infectada, lejos de todo lo que pareces haber adquirido en el transcurso de una vida misteriosa! Fuiste muy atrevido, y un poco ingenuo, imaginar que pudieras alcanzarme con una supuesta venganza, ¡idiota!

Decide y hace sonar la campana antes mencionada, que no emite ningún sonido. Rápidamente, se dirige a la otra salida, notando que la puerta parece haber sido erigida junto con la pared. A su alrededor, todo está inmerso en un extraño silencio... Continuando, intenta alcanzar y utilizar las otras salidas, sin éxito.

Daghor, con los brazos cruzados sobre el pecho, se ríe de su desesperación. Aturdido, Hamendra, que cree está viviendo una terrible pesadilla, concluye que Daghor tiene un pacto con el diablo. Boris le había dicho cosas increíbles, pero puso sus narraciones bajo sospecha. Él, como su esposa, Marfa, eran muy supersticiosos.

Presa del pánico, quiere saber:

– ¿Qué quieres?

– ¿Has olvidado lo que te dije ese día?

– ¡Eras solo un niño!

– ¡Ni tanto! ¡Creo que nunca lo fui!

– ¿Y cómo piensas cumplir tu promesa, o más bien tu amenaza? ¿Te convertirás en un parricida? ¿No temes a los poderes divinos?

Riendo, Daghor responde:

– ¿De qué poderes estás hablando? Por casualidad, ¿alguna vez te has sometido a ellos? Si lo hicieras, ¡no me habrías abandonado como lo hiciste y no sería tan malo!

– ¿Pretendes matarme con tus propias manos, o evocar tus poderes infernales contra mi persona?

La Pulsera de Cleopatra

– ¡No, no necesitaré tocarlo! ¡Sería muy vergonzoso para nosotros si lo hiciera! ¡Mi voluntad será suficiente y todo se hará!

El Maharajá intenta huir, pero el hijo aborta su intención, rodeándolo; trata de gritar, pero la voz se le agota en la garganta. Se refugia en su escritorio, sentado en la silla, porque todo en él tiembla y se niega a seguir con sus funciones físicas habituales... En patente desesperación, piensa en tantas cosas... La vida se le escapa... es su fin, no hay duda... El destino se tomará con fuerza todos tus errores... El dolor que lo acompañara, durante mucho tiempo, se intensifica, quitando la condición de defensa, de expresarse, de respirar... Todavía ve a Daghor que, frente a él, observa sus reacciones. Le falta aliento y se produce una implosión insoportable dentro de su corazón... Ojos aturdidos, intenta desesperadamente gritar, pedir ayuda, pero a su alrededor se instala una noche cerrada, sin luz, silenciosa, inescrutable... Se sienta y rueda. En un abismo sin fin... En un golpe sordo, parece haber llegado a algún lugar que no conoce, completamente... A su alrededor, el caos... Otros seres se retuercen, en medio del dolor que otros aun más espantoso infligirles... Allí, en medio de las sombras, estalla el fuego, que enciende sin quemar todo lo que lo rodea; se escuchan gritos y aullidos de dolor; las sombras pasan rápidamente, en rostros de terror; los pantanos oscuros y fétidos muestran extrañas criaturas que se sumergen y emergen, ininterrumpidamente...

– ¡Por todos los dioses! ¿Dónde estoy? ¿Qué es este lugar? Si estoy soñando, despiértame, ¡por el amor de todo lo que te es más querido!

Un silencio aterrador parece ser su respuesta, y se oye una risa siniestra... Se agarra la cabeza con ambas manos y estalla en un llanto inconsolable, vergonzoso, sin respuesta y sin consuelo... De repente, en medio de todo, sorprende la presencia de Dhara y su viejo amigo Guillermo, rodeados por una cohorte de espíritus luminosos. ¿De dónde vienen? ¿Cómo llegaron allí...? Aturdido, los mira, pensando que está alucinando.

Su dolor parece disminuir. Un rayo de luz bálsamo para su dolor y desesperación inauditos. Se ve a sí mismo en su estudio, donde Daghor, de pie, disfruta de su fallecimiento. Éste, exaltado, sorprende la llegada de Dhara y Guillermo, y grita, rebelde:

– ¿Qué hacen aquí? ¿Quién los convocó? ¡Un paso atrás! ¡Finalmente, consumí mi venganza!

Dhara se acerca y aclara:

– ¡Tus actos de parricidio, hijo mío, fueron abortados, porque tu padre entró en agonía, antes que tus actos deletéreos! ¡Tu momento sería ahora!
¡Su tiempo se acabó! ¡Déjenlo!

Pensativo, sin pronunciar palabra, Hamendra se lamenta a Dhara:

– ¡Tu hijo ha venido a destruirme!

Mirándolo profundamente entristecida, ella respondió:

– Independientemente de su presencia y las adiciones que trajo a tu ya precaria situación, Hamendra, ¡hoy fue el día de tu regreso a la patria espiritual!

– ¡Infeliz de lo que soy! ¡Aun queda mucho por hacer!

– ¡Te equivocas, no hay nada más que hacer! ¡Ahora tendrás que rendir cuentas a Aquel que nos juzga con verdadera justicia!

– ¿Volveré "allí"?

– Sí, tendrás que cumplir tu destino, que tú mismo diseñaste... Hay muchos otros que se parecían a ti y que te precedieron, muchos de ellos, por su crueldad, te cobrarán, duro, Hamendra...

"¡La siembra es libre, pero la cosecha es obligatoria...!" ¡Así vuelve el hombre al lugar del crimen!

La Pulsera de Cleopatra

Dirigiéndose a Daghor, Guillermo aconseja:

– ¡En cuanto a ti, reflexiona! ¡Escucha a la que te dio la vida y que te ama, sobre todas las circunstancias, y cambia tu camino!

Identificando a Hamendra entre ellos, mientras su cuerpo se desploma sobre la silla, echando espuma de odio, Daghor les acusa, disgustado:

– ¿Con qué derecho se reclaman defensores de un maldito ser como este?

– ¡Contén tu rebelión, hombre temerario y arbitrario! ¿Quién eres tú para juzgar a alguien? ¡No ignoras que su vida, buena o mala, es el resultado de su libre albedrío! ¡Maldito el que haga esto! ¡Hijo rebelde del Creador, esparciste espinas que tuviste que pisar! ¡En una decisión desafortunada, te hiciste rico y poderoso a expensas de la maldad! ¡Creaste infiernos en la vida de muchos!

Riendo, rencoroso y sarcástico, Daghor replica:

– ¡Si yo creé los infiernos de los que hablas, fue porque se lo merecían! ¡Soy un mero instrumento de justicia!

– ¿Y quién te autorizó a serlo? ¿Quién eres, para presumir ser cobrador de deudas espirituales de esto o aquello, cuando tú mismo tienes las tuyas, y escabrosas? ¡Ubícate, espíritu descarriado! ¡Ve hacia tu interior en lugar de cuidar la vida de otras personas! ¡Mira el abismo que llevas dentro de tu propio corazón y sé consciente de la gran posibilidad de privarte, compulsivamente, de la facultad de discernimiento en las próximas oportunidades de vida!

Guillermo le habla con autoridad y fuerza. Se estremece con cada palabra que sale de la boca de ese espíritu que trae la fuerza de la verdad. Poseído, se precipita furiosamente sobre la barrera vibratoria que se ha creado alrededor del Maharajá, pero se siente rechazado. Se hacen oír algunos ruidos, extraños, como el choque de elementos físicos entre sí. Siente escalofríos, se debilita, pierde gradualmente su fuerza.

– ¡Ríndete, hijo mío, y vuelve al camino del Bien! – Insiste Dhara, con cariño.

Con voz ronca, entre escalofríos, pregunta:

– ¿Volver? ¡¿Cómo, si nunca he estado en él?!

– ¡Reflexiona, hijo mío! ¡No culpes a tu padre por tus desgracias! ¡Él pagará lo que debe, no solo con respecto a nosotros, sino también con respecto al poder que representó ante el mundo! ¡No aumentes la carga de demandas que él, a su vez, enfrentará ante Dios!

¡Pide perdón al cielo y encontrarás la ayuda que necesitas para tu redención! La evolución espiritual es fatal. ¡El mal, en el que todavía te complaces, es fugaz! ¡Un ser inteligente como tú puede juzgar su propia situación!

Guillermo, Dhara y los demás espíritus lo dirigen con energías distintas a las que vive inmerso y se siente muy mal. Se debilita aun más. Necesita huir... Silencio, se concentra, se cubre con la funda de su lujoso atuendo y, en un ruido seco, desaparece dejando un olor desagradable en el aire.

Se materializa afuera, convoca, gritando, un vehículo de alquiler, al que ingresa y se instala, mientras grita ordenando:

– ¡Vamos! ¡Quiero la velocidad de los vientos en los cascos de los caballos! ¡Rápido, rápido...!

En unos minutos el vehículo desaparece.

En la oficina del Maharajá se hizo un extraño silencio. En los pensamientos, la certeza que ese momento dramático habrá sido de gran valor para el hijo de Dhara. Mirando los restos mismos, Hamendra le habla a Guillermo:

La Pulsera de Cleopatra

– ¡Siempre pensé que cuando nos volviéramos a encontrar, solo uno de nosotros sobreviviría!

– ¡Y eso pasó, querido! – le responde Guillermo con una sonrisa triste.

– Ahora, ¿no estamos todos muertos?

– ¡No, yo! Vivo en el Himalaya, donde he vivido durante muchos años. Hoy, Hamendra, soy monje. Con voluntad poderosa, concentración espiritual y conocimiento científico, a veces me transporto a distancia.

– Ya veo... Viniste a ayudarme...

– ¡Sí, vinimos!

– Les pido que apoyen a Mirtes, ella sufrirá mucho con mi partida...

– Descansa, estará debidamente apoyada.

– El dolor que me constriñó y mató todavía me maltrata... ¿Cómo puede ser eso...?

– Cálmate, olvídate de ella y te dejará... Al menos por el momento.

– ¿Regresará tan pronto como me dejen? – Pregunta aterrorizado.

– Prepárate para ello y para muchos otros, en función de tu nueva situación.

– ¡Por Brahma! ¡Morir es peor que vivir!

– Depende de las elecciones, Hamendra. Somos, en la muerte, lo que fuimos en vida; ¡ni más ni menos! ¡Llevamos con nosotros nuestras virtudes y nuestros vicios dondequiera que podamos ir!

– ¡Observación triste y tardía! ¡Te agradezco todo en nombre de Brahma! ¡Regresa al Nirvana, porque allí nunca iré!

La Pulsera de Cleopatra

– ¡Estás equivocado! ¡Sí, algún día, te limpiarás de tus errores! En cuanto a nosotros, ¡no te equivoques que todavía no tenemos acceso a ese ansiado lugar de felicidad y dicha! Si ya hemos reflexionado sobre todo lo que nos rodea y nos cuidamos de elegir, correctamente, entre el bien y el mal, ¡es porque esto lo hemos aprendido por las malas! Un día, que dependerá de ambos, tú y este hijo tuyo, que se fue de aquí tan desorientado, ¡aprenderán a amarse de verdad!

– Afirmación que debo respetar, pero que no puedo imaginar...

– No te preocupes por eso por ahora. ¡Dios tiene formas inimaginables de estimular a sus hijos al verdadero progreso!

– ¿Nos volveremos a ver?

– Ciertamente, y volveremos a abrir la vieja amistad; sin embargo, espero, ¡en mejores condiciones de entendimiento! ¡El tiempo apremia, y todos debemos tomar los caminos que no son propios! ¡Adiós, Hamendra! ¡Que el Buda y el Dios Todopoderoso se apiaden de ti!

Guillermo se va, seguido de otros espíritus.

– Ahora, mi amor, ven conmigo, ven... Estaré contigo hasta que seas convocado para el ajuste de cuentas necesario – Dhara invita y completa el desprendimiento de las ataduras que aun lo sujetan al cuerpo, sosteniéndolo.

Confundido, ahora liberado, Hamendra ve a Telémaco y quiere saber:

– ¿Qué está haciendo aquí? ¿Por dónde entraste, si todas las puertas están cerradas...?!

Sonriendo, iluminado, Telémaco le responde con reverencia:

La Pulsera de Cleopatra

– ¡Hamendra, amigo y compañero de tantos viajes, los dos estamos muertos para el mundo!

– ¿Cómo puede ser esto? ¡Tú estás vivo!

– No, mi señor, Maharajá Hamendra, morí y me uní a los que vinieron a ayudarte. Hoy también fue mi último día de vida. En el palacio, todo el mundo sigue ignorando mi partida. ¡Junto con Dhara, me esforzaré por ayudarte en tu nueva realidad!

Conmovido, Hamendra da un paso adelante y lo abraza, respetuoso y agradecido. Inmediatamente después, se da cuenta que están esperando sus últimos pronunciamientos. Se vuelve hacia Dhara y le confiesa:

– Estoy asustado, realmente asustado...

– Confianza. Dentro de las posibilidades, estaré cerca...

– Si no me merecía tanto amor en esta vida, me esforzaré en esta intención, en el futuro...

– ¡Que así sea...!

Mirando el rostro brillante y amoroso de quien lo amaba sobre todo, se duerme, dejándose llevar por los que se han quedado con Dhara. Maharajá Hamendra Sudre, de Bangkok, estará preparado para su juicio, privado e intransferible...

CAPÍTULO 20

Mientras tanto, se produce un extraño silencio en el palacio del Maharajá y todo vuelve a la normalidad: los guardias se despiertan sin darse cuenta que han estado dormidos. Se dan cuenta que el Maharajá está desplomado en su silla. Uno de ellos se encarga de llamar a Marani. Al observarlo más de cerca, concluyen que el soberano había entrado en el mundo de Brahma. Con el corazón acelerado, Mirtes respondió a la llamada. Luchando por ganar, lista, desde la distancia, casi corre a la oficina de su marido. De un vistazo lo comprende todo: su Hamendra se ha ido para siempre... Ella se acerca a él, solemne, en estado de shock. En su pecho estallaron sollozos desenfrenados. Ella toma sus manos fuertes y lo mira, embriagada... Ahí, no hay más vida... Ni siquiera puede despedirse... Lo llama en voz baja, como si quisiera despertarlo sin susto. Ella lo toma en sus brazos y lo abraza contra su corazón, con lágrimas convulsivas.

Por todos lados, todo el mundo está agitado, buscando un médico, para sus hijos, para Telémaco... Una mujer menuda y agregada del palacio entra corriendo y grita:

– ¡Señora, venga, por favor! ¡Telémaco fue encontrado muerto!

Aturdida, Mirtes no sabe qué hacer. Razona rápidamente, ordena que lleven al marido a sus habitaciones y llama al médico de la corte. Pronto, sigue a la niña y se enfrenta a Telémaco, caído sobre sí mismo, muerto... Cree que se ha vuelto loca. Contaba con su competencia habitual...

– "Pobre querido amigo, murió solo, ni siquiera tuvo ayuda, ¡nadie debió haberlo visto aquí...!"

Se arrodilla frente a su cadáver y exclama desolada:

– Tenías razón, amigo mío, este palacio nunca volverá a ser el mismo después de hoy... ¿Por qué no escuché tus advertencias? ¡Te pido, una vez más, que no abandones a tu señor! ¡Lo amabas como a un hijo, ahora llévalo por los difíciles caminos del último cruce! ¡Cuento contigo...!

Besa sus manos callosas y envejecidas, reverentes y agradecidas. Finalmente, entregándola a quienes se encargarán de los arreglos pertinentes, envía a buscar a sus hijos, especialmente a los más pequeños, que deben estar cerca del palacio, así como a familiares y amigos; las distintas autoridades políticas y religiosas. Realizar las distintas actividades relacionadas con el caso en sí, como si estuviera soñando... ¿Cómo seguir viviendo? ¿Sin el amor, el compañerismo, el cariño y la solicitud de Hamendra...? Estará muy, muy sola... Entonces oye el rugido, que se vuelve insoportable. Enjambres de personas, parientes más cercanos, comensales, meros conocidos, miembros de las distintas embajadas, representantes de grupos étnicos y sociales llegan en masa y se reparten por todos los espacios disponibles.

Identifica el ruido de pasos familiares... Se vuelve y ve llegar a Richard Arjuna, inoportuno, pálido y muy agitado. Mira a su madre, en silencio, sigue adelante y ve lo que se está extendiendo como un reguero de pólvora. Al notar la muerte de su padre, asume las actitudes imponentes de un legítimo sucesor. Una sonrisa de victoria en los labios; en los ojos y la postura, el orgullo, la ambición desmesurada, la arrogancia. Eche un vistazo al trono. Ella se acerca con pasos lentos, lo acaricia con reverencia y suspira.

Irrespetuoso e irreverente, se sienta en él, su alma convulsionada por la emoción y la anticipación:

– ¡Por fin, poder y gloria! ¡Ahora tomaré posesión de lo que en realidad y por derecho me pertenece! Gobernaré con Dios, con Brahma... ¡O... sin ellos...!

Explota en una risa estruendosa que escandaliza a los que están allí. Con indiferencia, se levanta, despacio, muy despacio, y se dirige al interior del palacio. Es necesario planificar el evento, organizar sus trajes, los rituales de consagración, el protocolo y las ceremonias palaciegas, las fiestas para el pueblo y otras cosas.

~ o0o ~

Mientras tanto, el universo de Daghor está en crisis. Conociendo las leyes que gobiernan el destino de las criaturas, adivina lo que vendrá. Profundamente frustrado, por no haber logrado, como él quería, vengarse de su padre, regresa a Bucovina. Ahora, después del agotador viaje, se sacude en el balanceo del vehículo que lo lleva rápidamente a casa. Sin embargo, mucho antes que llegue el vehículo, se lo ve, como por encanto, en la cima de su siniestra montaña. Finalmente estacionando el carruaje, el cochero se encoge de hombros y decide hacerse cargo de los animales que tienen hambre, sed y dan resoplidos. Si su pasajero ya se bajó del vehículo sin que él supiera cómo, no importa, ya que ya recibió el pago del viaje. Mientras tanto, Daghor habla consigo mismo, consternado. Todavía no ha digerido todo lo que vivió en el palacio de su padre. Maldice, recita fórmulas, hace gestos amenazantes, domina los elementos... Cuelga los brazos, y se oye un extraño rugido; los deja y el silencio es aterrador. Agitado, camina en varias direcciones al mismo tiempo.

Se acerca peligrosamente al gran abismo que rodea su castillo y, como un personaje de la tragedia griega, grita:

– ¡Furias! ¡Poderes infernales! ¡Los invoco!

La Pulsera de Cleopatra

¡Siento que se me acaba el tiempo! ¡Seré perseguido y castigado! ¡Serán tan crueles conmigo como yo lo he sido con tantos! Veo mi final ahora. ¡Y qué espantoso espectáculo! ¡Ojalá no tuviera ese poder! ¡Sufro doblemente! ¡Finalmente, todo se extinguirá en un caos total! ¡Oh, todos los que habéis vivido conmigo y para mí, perdónenme esta hora! Líbrenme de este abismo que se abre a mis pies. ¡Es un fregadero enorme, oscuro y fétido!

¡Aun me queda mucho por hacer!

Hace una pausa y, respirando profundamente, mira a su alrededor, devastado.

Momentos después, se reanuda el trágico monólogo:

– Bueno, ¿de qué me quejo, no sabía que sería así? ¡Fue mi elección! ¡En eso, esos espíritus tienen razón! ¡Usé mi facultad de discernimiento y me entregué a lo que encontraba mejor y más placentero! Ahora, todo se desmorona... ¡Un día se acabó todo! ¡Nada permanece para siempre, nada! Damos, tontos que somos, nuestro cuerpo y nuestra alma, en nombre de lo que queremos, como si fuéramos eternos, en un viaje que, tarde o temprano, ¡boom! ¡Termina! ¡Todo cae en el olvido! Como Boris y Marfa... Bueno, ¡qué referencia inútil...!

¡No sirve de nada intentar justificarme! Tuve acceso a la ciencia... obtuve conocimientos valiosos... ¿De qué me sirvieron? Actuar en el mal; para transgredir las mismas leyes que pensé que usaba correctamente, ¡en detrimento de los espíritus necios! ¿Quién fue más tonto que yo? ¡Dime, representantes de todos los males que asolan la Tierra!

Balanceándose peligrosamente en las colinas, grita con voz hueca:

– ¡Seré exterminado y purgado de este mundo! ¿Cuándo disparé la verdadera flecha desde el arco de la venganza, desde los señores de las sombras? ¡Como si no lo supiera! ¡Cuando me enamoré de Vicky y descubrí que realmente la amaba! ¡Este sentimiento, abrumador, me ataca y me enfada completamente!

Levanté el velo para que todos los que me espiaban, detrás de las cortinas del tiempo, me pesaran y midieran a lo largo de los siglos. ¡Superé todas las medidas...! ¡La justicia se cumplirá, punto por punto, a pesar de mi voluntad! De repente, sus aterradoras visiones se repiten.

Se tapa los ojos con el brazo, como si así pudiera evitarlas:

– ¡No, no! ¡Lo que veo puede asombrar a cualquiera! Desafié, imprudente y loco, a las grandes potencias, ¡y caí en desgracia! ¡Tiemblo de pavor...! ¿Por qué tengo que ser mortal y perecedero como los demás...?

Agotado, física y moralmente, se derrumba sentado en la roca. Se pasa los dedos afilados por el pelo y concluye, desolado:

– ¡Se acabó...!

Se abstrae y se remonta al pasado. Se revisa, muchacho, irascible, infeliz; rostro sucio, ropas andrajosas, hambre insoportable, frío doloroso, cuerpo magullado por golpes, despreciado, olvidado en sus más elementales necesidades humanas, y lamentos...

– ¡Oh, pasé de una desgracia a otra!

Persiguiendo sus ojos y oídos, mira a lo lejos y ve un rastro de seres luminosos que se dirigen hacia el castillo. A continuación, se escucha una voz vibrante y armoniosa:

– ¡Tus decisiones determinaron, una vez más, espíritu rebelde, los aciertos y derrotas de tu existencia, así como el trágico epílogo que ya puedes vislumbrar! Si los desafíos son casi siempre los mismos, ¡es porque aun no se ha aprendido la lección! ¡Cuando el dolor continúa, es porque la enfermedad aun no se ha curado!

La Pulsera de Cleopatra

Cubriéndose los oídos para no oír, se mueve lentamente, algo desequilibrado, superando los altibajos, de un pie y del otro, como un pájaro con el ala rota, mientras exclama desesperado:

– ¡Ay, convulsiona el alma...!

La voz continúa:

– ¡Por encima de las miserias de los mortales, está presente la misericordia divina! ¡Así que mira!

Devastado, sumiso, Daghor ve imágenes que se transforman en vívidas escenas de otros tiempos. Se ve a sí mismo en una existencia anterior, sufriendo e infeliz. A su lado, hermosa y buena, una niña que comparte con él la escasa comida obtenida a través de la limosna. ¿Pedir? ¡No! ¡Se moriría de hambre sin pestañear! Roba, mata, si es necesario, pero nunca, nunca, ¡ruegues la piedad de los demás!

Sin embargo... ¿Quién es esta niña que puede aliviar su temperamento...? Ella le sonríe, lo abraza y lo alimenta, sonrisa abierta, cariñosa... De repente, reconoce:

– ¡Mi Vicky, tú! ¡Somos hermanos! Y esta, ¿quién es? ¡Nuestra madre, Dhara...! ¡Ella, una vez más! ¡Nuestra madre amorosa y sufriente!

Daghor finalmente entiende por qué Dhara defiende a Vicky. Mira fijamente el abismo que tiene bajo sus pies y piensa en tirarse allí...

Terminar todo, para bien... Sin embargo, el instinto de supervivencia lo frena y, más que nada, la certeza que está complicando, aun más, su situación espiritual con un acto execrable... La voz se quedó muda. Ella estabiliza sus ojos y distingue la alfombra luminosa que se extiende y se acerca.

Involucrado en su drama personal, concluye:

La Pulsera de Cleopatra

– ¡Frente a mi abominable padre, decidí mi última pesadilla...! ¡Un alto precio por algo que ni siquiera pude lograr!

Poseído, se quita la capa y el sombrero y los arroja al vacío del abismo. Abre la hermosa camisa de seda y encaje, obra de un artesano exquisito, y desafía:

– ¡Ven! Mientras enfrenté y sometí a las hordas de espíritus oscuros, ¡me someteré a mi propio juicio! ¡Ni siquiera pediré misericordia!

Los vientos que rugen allí casi siempre lo sacuden con furia.

De repente, se estremece al pensar:

– "¡Sí! ¡Lo haré mejor que eso! ¡He aquí, espíritus, mis adversarios y mis perseguidores! ¡Comenzaré su trabajo!"

Se sienta, se concentra poderosamente y permanece así durante unos minutos. De su aura, chispas, rojizas y negras, comienzan a extenderse y toman la dirección del castillo en el que, tan cerca, aun no ha entrado. En el interior, Vicky, la Sra. Albaan y Buffone, presas del pánico, escuchan ruidos muy extraños, como si un tifón barriera el interior del castillo, mientras los sonidos de objetos y muebles rompiéndose llegan a sus oídos.

La Sra. Albaan declara:

– ¡El señor de este castillo ha regresado y está trabajando!

Vicky, atenta, aconseja:

– ¡Cuidemos de no dejarnos arrastrar! ¡Oremos con todo el fervor de nuestro corazón! Dios nos proporcionará todo lo que necesitamos, ¡especialmente nuestra supervivencia!

Mientras tanto, buscando apoyo mutuo, en flagrante estupor, los terribles seres son arrastrados... Luchan y gritan furiosamente, sin; sin embargo, obstaculizan la fuerza que los lleva, hacia los abismos, en montones. Levantando los brazos y dirigiéndolos hacia el castillo, Daghor los ahuyenta a todos. Unos minutos más y todo se queda en silencio.

Con orgullo, proclama:

– ¡Lo hice, lo deshago! Baja los brazos y relaja los nervios. Piensa en la visión reciente:

– Vicky, mi hermana, muy bien, cuidándome...

¡Murió tan pronto, pobrecita! Y volvió como Ingrid, hoy Vicky, por mi determinación... Oh, ¿cómo puedo ver tantas cosas e ignorar las que son más importantes...?

Pero, mira, aquí estoy metido en los recuerdos mientras se acaba el tiempo, ¡exigiendo una atención extra...!

Sin embargo, ¿cómo no hacerlo, si pronto habré dejado de existir...?! Como el último de los condenados, ¡cuánto me gustaría poder confesarme a un corazón amigo...!

Por fin, el precipicio entra en el castillo. Busca a Vicky y no la ve. Pero siente sus vibraciones. En una búsqueda rápida, los descubre donde los aprisionó Luigi y los libera, en silencio. No reacciona ni hace preguntas. Ahora nada más importa.

– ¡Dentro de unas horas serás completamente libre! Esta vez, algún día, será solo un recordatorio de todo lo que vivió a mi lado – declara, incómodo y algo avergonzado.

Mira a Vicky con una ternura y gratitud que sería difícil imaginar en un ser como él. Le gustaría pedirle perdón, pero no se atreve... Albaan está celosa, pero se controla. Suben los escalones que conducen a los pasillos del castillo, inquietos. Se sorprenden por la nueva postura de Daghor y registran una gran tristeza además de su extremo desaliento físico. Daghor se aleja y, después de lo que pareció un tiempo interminable, reaparece vestido con ropa de viaje y con una pequeña maleta.

La Pulsera de Cleopatra

Antes de irse, se dirigió a los tres, cortés y con imparcialidad:

– ¡No temáis a nada! Los próximos eventos favorecerán a los tres ya cada uno. Sé cuándo someterme al destino; ¡Este destino que yo mismo forjé! ¡Dile a los que vengan a buscarme que sabrán de mí!

Volteándose hacia Vicky, advierte:

– Quédate aquí para que te encuentren. ¡Por fin, rescatarán a quien lleva tres años llorando inconsolable!

¡Vuelve a tu casa y sé muy feliz con los tuyos! ¡Te ganaste la riqueza y la comodidad que tienes ahora y que, en el pasado, nos negaron! ¡Gracias por tu comprensión y solidaridad en todo momento! Hoy, víctima mía, secuestrada por mí y alejada de los tuyos, ¡nunca me has condenado! ¡Siempre me dirigiste, pensamientos de comprensión y perdón, incondicionales! Este comportamiento me anima a una transformación que todavía no sé cómo ni cuándo sucederá. ¡Lo que hagas, en el futuro, será un himno de alabanza a la belleza de tu alma! ¡En un futuro mejor, me esforzaré por ser digno de tu amor! ¡Disculpa la osadía! ¡Te pido que ores al cielo por mí, porque tan pronto como regreses a los tuyos, seré condenado a una muerte horrible a manos de aquellos que cruelmente vengarán los males que les he causado! ¡Es justo...!

Tomando sus manos, la mira a los ojos, silenciosamente, memorizando su amado semblante... Finalmente, con un profundo suspiro, le dice:

– ¡Vete en paz, antigua reina de Egipto, querida mujer de mi alma y cómplice de mis excesos!

¡Sé feliz, querida y buena hermana, que supiste aprovechar la oportunidad que te dio el cielo para redimirte y que, al encontrarme de nuevo, supiste apoyarme a través del ejercicio del amor y del perdón! – Llorando, Vicky estudia sus rasgos y observa su sinceridad.

En una emoción desenfrenada, en la que el pasado habla más fuerte que el presente, ella repite con amor la frase de Jesús:

– *"¡Solo el amor cubre la multitud de pecados!"*, ¡Daghor! ¡Que tus dolores, físicos y espirituales, sean balsámicos! Cuenta siempre con mis oraciones y este cariño ancestral, porque el verdadero amor supera las barreras del espacio y el tiempo, el dolor, la miseria y hasta la desesperación. ¡Que todo lo que ha vivido y vivirá, todavía, sirva de lección, ante el Eterno que nos creó para el progreso, incluso a través de altibajos, dolores y alegrías, éxitos y fracasos! Elegimos los caminos y las más variadas formas de crecimiento. Algunos continúan más pacíficamente a lo largo de su vida, habiendo sido más prudentes y sumisos a la gran ley; otros, como tú, se caen y se levantan una y otra vez, lastimándose a sí mismos y a los demás. Pero un día, tarde o temprano, se pondrán en pie, con la certeza que el uso del libre albedrío es sagrado y está condicionado, sobre todo, a Aquel que en última instancia nos juzga.

Finalmente, querido mío, te agradezco la preciosa oportunidad que tuve de estar cerca de ti y poder inspirarte, o, mejor dicho, recordarte este amor que nos ha acompañado durante tantos siglos. ¡Que el cielo bendiga este amor y muchos otros amores! ¡Entonces el mundo gira y ejecuta fielmente las órdenes del Gran Arquitecto del Universo! ¡Sigue en paz y lleva mi perdón, cariño y mucha comprensión a tu espíritu rebelde y obstinado, que un día será tan luminoso como los ángeles del cielo! ¡Este es nuestro verdadero destino! ¡Que tus plumas te sean ligeras, Daghor!

Mientras hablaba, Daghor captó una hermosa luz a su alrededor. Bajó la cabeza y escuchó hasta el final, en una oración silenciosa de desesperada súplica. Mientras sus últimas palabras de cariño, perdón y ayuda moral sonaron en el ambiente, él se inclina, besa sus manos, amorosamente, sosteniéndolas entre las suyas por un tiempo que pareció atemporal, y augura:

– ¡Sé que nos volveremos a encontrar en otras ocasiones y, en cada una de estas, espero estar más alerta para merecerte!

¡Los aguijones de mi alma imperfecta y recalcitrante; todavía se enredan en mis pies! Necesito siempre, y por eso mismo, el amor verdadero, la abnegación, pero ¿cómo lograr lo que rechazo desde la primera ola de vida...?! Un día seré mejor, ¡creo en ello! ¡Te agradezco por todo!

Él le libera las manos, agacha la cabeza y exclama para sí mismo:

– Que los poderes celestiales, en un estallido de infinita misericordia, me concedan el valor que necesitaré...

Albaan se inquieta, inquieta y muy incómoda con todo lo que oye y mira. Daghor se vuelve hacia ella y le habla, melancólica:

– ¡Nos unimos en el mal, endureciendo nuestros corazones, por la ambición y la falta de sentido común! Te deseo suerte en el futuro.

Comienza tu redención a partir de ahora, ya que sobrevivirás y regresarás al nido. Aun tendrás la oportunidad de cerrar los ojos a tu querida madrecita, después de disfrutar de sus afectos maternales. ¡Que todo lo vivido te sirva de lección y, en el futuro, seas más prudente, no aceptando los amores de la primera persona que se te aparece con promesas vacías y peligrosas! ¡El mal siempre será malvado, Albaan, nunca justificado por alegaciones o sofismas! ¡El mal que existe en nosotros destruye a otros y luego nos destruye a nosotros mismos!

– ¿Dónde vas a ir? – Pregunta, con un gran nudo en la garganta –. Amo a este hombre tan extraño y oscuro...

– No lo sé, seguro... Lucharé con todas mis fuerzas para sobrevivir... – Con un escalofrío, concluye:

La Pulsera de Cleopatra

– ¡Tengo que irme! ¡Adiós...!

Mirando a Vicky, con un intenso brillo en los ojos, se apresura a salir y, descendiendo por el empinado sendero, ordena a su cochero que acelere el vehículo al abordarlo, después de apreciar, una vez más, el lugar y su castillo... Enloquecido, el carruaje sigue la ruta elegida por su ocupante, el poderoso Barón Daghor Phanton, ex–Thilbor Sarasate, hijo del Maharajá de Bangkok, Hamendra Sudre, y la hermosa Dhara...

CAPÍTULO 21

A pesar de la ambición de Richard Arjuna, la junta directiva del reino se reúne y vota, unida y unánimemente, en Marani. Ella debe suceder a su esposo, no a su hijo menor, un joven imprudente y arrogante que no sabe nada de política y diplomacia. Los años de dedicación al reino y a su marido le otorgaron a Mirtes condiciones legales y legítimas para asumir la vacante del trono. Su brillante inteligencia es evidente, y el propio Maharajá nunca habría reinado tan bien si no hubiera sido por su desempeño competente. Otros herederos indirectos tuvieron que cumplir con la decisión incuestionable e irrevocable del citado concejo. Mirtes; sin embargo, sufre doblemente, por temer el peso de la corona sin la presencia de quien siempre condujo todo con mano de hierro, y por la certeza de la revuelta de su hijo como su adversario, oficial, inconformista. Richard, enloquecido por las intenciones que observa y las varias medidas que se están llevando a cabo, él se dirige a ella con amenazas y mucha falta de respeto, haciéndola llorar mucho. En medio de muchas payasadas, garantizó que no le permitirá ascender al trono, que, según él, le pertenece de hecho y de derecho, después de la muerte del padre.

Antes de la decisión oficial, Mirtes soñaba con Telémaco, y el sueño era tan real que parecía vivo. Tomando sus manos, con reverencia, le había dicho:

– ¡Ilustre y digna Marani, sigue el rumbo de tu destino, sin importar la voluntad arbitraria de tu hijo! Honra una vez más el amor que siempre dedicó al Maharajá, extendiéndolo a su pueblo, que sufre las injusticias de un sistema antiguo y cruel. ¡Dentro de sus posibilidades, señora, cambie este pasado con golpes de sabiduría y bondad!

En medio de muchas lágrimas, Mirtes le había respondido, agradecida pero muy angustiada:

– ¡Sin embargo, mi noble Telémaco, he estado conspirando con este régimen del que hablas!

– ¡Una razón más para modificarlo, señora! ¡Crea mejores leyes y alivia el dolor de la gente! ¡Tu inteligencia privilegiada estará dirigida por los dioses del progreso! ¡Cuente siempre con mi actuación a su lado! En los momentos más difíciles, ¡siempre estará apoyada!

Aunque intimidado por la luz que refleja su amigo, Mirtes se atreve:

– ¿Puedo, mi buen Telémaco, pedirte noticias de mi amado Hamendra?

– ¡Sí, señora! Se prepara para enfrentarse a la justa y poderosa corte de Brahma. Sufre, duro, el peso de su propia conciencia, pero tiene a su lado un espíritu que lo ama y protege, ten la seguridad.

Mirtes agradece al cielo la certeza que su amor no está abandonado, ni solo...

En cuanto a las instrucciones de Telémaco, ella argumenta:

– ¡Telémaco, podría renunciar, a favor de mi hijo! ¿Quizás nos sorprenderá siendo un buen gobernante? ¡Siempre estaré a tu lado, como lo hice con su padre!

– ¡Mirtes, Mirtes, querida hija! – Cuando Telémaco habla así, el corazón de Marani parece un panal. La dulce y buena voz de Telémaco suena dulcemente dentro de tu alma.

La Pulsera de Cleopatra

– ¡Usa más tu razón y tu corazón menos, ya que muchos destinos dependerán de tus acciones!

Con la cabeza gacha, quebrada, le responde ella convencida:

– Sí, tienes razón... ¡Mi hijo tendrá que conformarse, así debe ser! Y, si quiere, tendrá muchas asignaciones dentro del palacio, ¡a mi lado!

En silencio, Telémaco se inclina, le besa las manos y se despide, con una mirada de gran cariño y admiración. Se queda ahí, en un sueño, pensando... Momentos después se despierta consciente de sus obligaciones. Un nuevo tiempo, entonces, se instala en ese reinado, mejor y más justo, dentro de las posibilidades y particularidades de un pueblo tan ligado al sistema de castas y sus tradiciones milenarias... Un día, cabello blanco como la nieve, cuerpo curvado por el peso de los años, se prepara para entregar el poder a su mayordomo principal, un hombre fiel y bien preparado. Dado que es un pariente cercano de Hamendra, la sucesión se vuelve más viable. En ese momento, mientras reflexiona y recuerda tantas cosas, Mirtes piensa en su hijo sin sentido, que había perdido la vida en una pelea, la misma semana que ella fue entronizada en Bangkok.

Ese día, antes de partir, había amenazado:

– ¡Solo la muerte me impedirá ser el legítimo Maharajá! ¡No te atrevas a tomar lo que por derecho me pertenece!

Dicho eso, saldría apurado. En las calles, excesivamente arrogante e irascible, se metió en disturbios que degeneraron en riñas y violencia. Detenido junto a los demás, desafió a uno de los soldados y se arrojó sobre él, golpeándolo y pateándolo. El soldado, derrotado por Richard, avergonzado y en el desempeño de sus funciones, sacó una pistola y le disparó dos veces, golpeando su hermosa cabeza y pecho. Richard cayó en un charco de sangre, con los ojos muy abiertos, perplejo... Allí mismo, agonizó y murió...

La Pulsera de Cleopatra

La noticia se difundió por las calles, rincones, comercios, templos, casas de comercio; entre los desterrados, en medio de las fiestas; en pagodas y quioscos... ¡Se encontró con ancianos, jóvenes y niños, y llegó al palacio...!

Mientras viva, Mirtes nunca olvidará la voz del sirviente que le trajo la noticia:

– ¡Mi Marani! ¡Perdóname en el nombre de Brahma, porque te traigo terribles noticias!

Tu hijo Richard Arjuna, guapo como un dios y valiente como pocos, estaba con sus amigos en una calle lejana, ¡cuando se vio envuelto en una terrible pelea! Siendo amonestado y detenido por la policía que hacía su trabajo allí, agredió a uno de ellos, tirando de él por el uniforme e instándolo a luchar con él. Ambos rodaron por el suelo bajo la mirada escandalizada de los transeúntes. El otro se defendió con valentía, pero su hijo, mucho más fuerte y acostumbrado a pelear, lo dominó gradualmente, ¡arrojándolo de cara a un charco de barro!

Asqueado por la humillación que había sufrido, el soldado se levantó y, desenvainando su arma, ¡le voló los sesos y el corazón con certera puntería!

Rodando por el suelo y convulsionando, en medio de tanta sangre, ¡dejó esta vida para siempre! ¡Logramos traer su cuerpo aquí, señora! ¡Lo depositamos en el salón de recepciones...! Conducida al suelo, Mirtes había escuchado todo lo que el hombre había dicho en un solo aliento... ¿Estaba despierta o en una terrible pesadilla? ¡Necesitaba desesperadamente despertar! ¡Pero no, era verdad! Otros llegaron, en profusión, confirmando todo, ¡en un estruendo infernal!

– ¿Qué le pasó a ese soldado? – Quería saber.

La Pulsera de Cleopatra

— Fue masacrado, allí mismo, por los amigos de su hijo. Siguió una gran pelea, ¡que terminó solo con la llegada de refuerzos policiales!

Lo había escuchado todo como si estuviera escuchando la declamación de un poema épico... ¡No, su hijo no podría haber perdido la vida de manera tan estúpida! ¡Sin embargo, sabía que el muchacho había cosechado lo que sembró...! Tras el funeral de su marido y su hijo menor, sus dos mayores amores, ascendió al trono, aclamada por su pueblo, que veía con buenos ojos esta ascensión real, en la forma habitual. La esperanza que siempre lleva en su corazón... En el momento de su consagración, Mirtes sorprendió a Telémaco, sonriendo, aprobando su decisión y coraje... Respiró hondo, le devolvió la sonrisa en la misma medida y se entregó, conformada y consciente, a la pesada y difícil tarea de gobernar en otro tiempo y bajo nuevas condiciones...

~ o0o ~

Danilo le pide al Barón Mateus que convoque a una reunión con las personas involucradas en la intención de rescatar a su hija Ingrid. Rápido y ansioso, lo hace. El día señalado, horas antes, Danilo está presente y solicita una entrevista con Astrid. En el jardín de invierno, la espera inquieto. Conmovido, la ve llegar entre sedas y encajes, bella y perfumada.

Se saludan y se sientan en un banco de piedra junto a un frondoso árbol.

Él toma sus manos y declara:

— ¡Voy, Astrid, a pedirte otra oportunidad! Ya no puedo vivir sin ti. Los días son monótonos... Casi no puedo trabajar y mis pensamientos se niegan a responderme racionalmente, ¡me he convertido en un soñador incorregible! Desde el momento en que la vi, todo cambió. ¡Escucha las súplicas de mi corazón comprometido, te lo ruego!

La Pulsera de Cleopatra

Embelesada, enamorada, Astrid respira hondo, lo mira con extrema dulzura y confiesa:

— A mí me pasa lo mismo: ¡mis días transcurren sin color, sin brillos y sin luz! Tu ausencia me duele tanto como la de mi querida hermana. Bien sabes que los celos y el despecho hablaron por mí, Danilo, perdóname...

Acercándose, los labios muy cerca de los de ella, respirando caliente y jadeando, con el corazón en la boca, le pregunta:

— ¿Confiesas que correspondes a mi amor, Astrid?

— ¡Sí, sí! ¡Te amo, Danilo! ¡No puedo vivir sin ti!

Como si un poderoso imán los atrajera, se abrazan, fuertes, entre besos y caricias. Una vez más, el Barón Mateus, que vino a hablar con ellos, se retira satisfecho y emocionado.

Tras la explosión de emociones, Astrid quiere saber:

— Dime, por favor, ¿tenemos esperanzas de rescatar a mi hermana? La veo muy angustiada pero confiada. Me hace entender que muy pronto volveremos a estar juntos.

Danilo sonríe y comenta:

— Desde hace un tiempo, Astrid, he estado pensando en aprovecharme de ti en el trabajo de intercambio entre el mundo físico y el espiritual. ¿Qué me dices?

Con los ojos brillantes de emoción, Astrid responde rápidamente: '¡Estaba esperando ansiosamente que me preguntaras esto!

Atrayéndola hacia él, cariñosamente, sugiere:

— ¡Podríamos abreviar nuestro compromiso! Quiero casarme pronto, ¿qué dices?

Astutamente, con una sonrisa en los labios, desafía:

– Bueno, pero solo nos estamos reconciliando, ¡ni siquiera hemos reanudado el compromiso todavía!

Apretándolo contra su corazón, responde:

– ¡No seas mala, hermosa! ¡Bien sabes que, incluso separados unos de otros, nos mantuvimos fieles! ¡Nuestro compromiso nunca se rompió realmente!

Apoyando su hermosa cabeza en su hombro, ella acepta:

– Sí, tienes razón. Nunca dejé de pensar en ti ni un solo minuto, aunque estaba muy enojada...

– En cuanto rescatemos a tu hermana nos casaremos, ¿de acuerdo?

– ¡Sí! ¡Tu profecía se cumplirá tan pronto como mi hermana regrese con nosotros!

– ¿Profecía?

– ¡Sí, Danilo, profetizaste que todos seríamos muy felices!

Abriendo la mano, muestra el mismo anillo que le había regalado a su padre, para que regrese a Danilo, y declara:

– ¡Vuelve a ponerme este anillo en el dedo, por favor!

– ¡Me niego a hacer eso, querida señora! – Responde divertido.

– ¡Oh, sí, tienes razón! Me lo quité yo misma, ¡debo ponérmelo yo misma!

– ¡Así debería ser!

Ceremoniosamente, se pone el anillo en el dedo y se lo muestra a Danilo con una brillante sonrisa.

Fascinado, la agarra y la besa. Y así permanecen, abrazados, en silencio, hasta que Danilo vuelve a hablar:

– ¿Qué tal si viajamos a Italia, después de nuestras nupcias? Tengo muchas propiedades allá, trabajo, como aquí, en ciertos meses del año, y tengo, mi amor, un regalo en casa que me alegra mucho el corazón...

– ¿Dónde? ¿Dónde? ¡Dime, ardo de curiosidad!

– ¡En Venecia!

– ¡Maravilla de maravillas! Amo Italia y Venecia vive en mi corazón; ¡con sus canales, sus góndolas y sus apasionados cantantes!

– ¡Así que se decidió de esa manera! – confirma, encantado con tu entusiasmo.

– ¡Muy bien, señor científico! ¡Ahora conozcamos a los que ya empiezan a llegar! – Invita ella, tirando de él de la mano.

Allí, amigos y, entre ellos Débora, detectives, policías y sirvientes, todos convocados por el dueño de la casa. Habrá un primer encuentro con los vinculados a la ley y un segundo, general.

Iniciando el primero, tras comprobar las distintas presencias, habló el Barón Mateus:

– ¡Queridos señores, recomiendo al Conde Danilo de Abruzzos que organice y dirija los diversos asuntos de este encuentro, que tiene como objetivo rescatar a mi hija menor, Ingrid!

Tomando asiento a la mesa, y convocando a otros para que lo apoyaran, Danilo habló:

– ¡Gracias de antemano por su buena recepción! Planificaremos conjuntamente la mejor manera de traer de vuelta a Ingrid.

Algo irónico, comenta un policía:

– ¡Habla como si estuviera al alcance de tus manos!

– ¡Perdón por la afirmación, pero no es tan irresponsable como pueda parecer! En una acción bien planeada y consentida por Dios, ¡sé que sucederá!

El mismo policía refuerza:

La Pulsera de Cleopatra

– ¿Qué te hace pensar así?

Dirigiéndose a él, con inigualable gentileza, Danilo le responde:

– Bueno, así como tú, la ley, no siempre declara los detalles de sus investigaciones, yo tampoco lo haré, ¡porque uso recursos diferentes que aquí no se entenderían!

– ¿Pretendes convencernos solo con algunas especulaciones? – Él insiste.

– No, absolutamente, no es solo especulación, ¡te doy mi palabra de honor!

El Barón advierte que el policía está tratando de desacreditar a Danilo, en nombre de su vanidad profesional, e interviene:

– ¡Te pido que no interfieras! ¡Ratifico las declaraciones del Conde Danilo y las apruebo todas! ¡En estos meses he seguido su dedicación y compromiso, admirable! ¡Dios mío, él puede, junto con los demás que están aquí, el éxito que anhelamos, y finalmente la tenemos, de regreso a nuestro hogar, lo que siempre ha sido la alegría de nuestro hogar y de nuestras vidas!

¡El Conde Danilo es digno de todo crédito y muy conocido en los círculos científicos y sociales de nuestro país! – Sentada cerca, Astrid aprueba las declaraciones de su padre. Mientras lo hace, sonríe feliz y sostiene su anillo de compromiso en su dedo. El padre le da otra sonrisa, en la misma medida de su alegría, ojos brillantes.

Agradeciendo al Barón con un movimiento de cabeza, y sin perderse un solo gesto de ambos, Danilo sonríe y continúa:

– Tengo a salvo las coordenadas exactas de dónde está Ingrid.

– ¿Y cómo las conseguiste? – El mismo policía quiere saber.

La Pulsera de Cleopatra

– ¡Puedo decirte que son de una fuente limpia! ¡Disculpe y confíe en mi palabra!

– ¡Parece que he venido aquí para escuchar fanfarronadas, milord! Entonces, y teniendo muchos otros compromisos, ¡me despido! – Dicho esto, se puso el sombrero y salió apresuradamente.

En silencio, Danilo espera. Aquellos que piensen como él seguramente aprovecharán la oportunidad para irse. Sin embargo, todos los demás permanecen. Íntimamente, Danilo agradece al cielo por ese alejamiento de alguien que ciertamente sería completamente dañino.

Hablando de nuevo, declara:

– ¡Las coordenadas que tengo son dignas de crédito!

Exponiéndolas en detalle, Danilo escucha las distintas valoraciones, coincidiendo con algunas e ignorando otras porque parecen absurdas. En unos pocos cuartos de hora, todos hablan y se organizan según las circunstancias. Después de la primera parte, Danilo habla a solas con el Barón y algunos de los policías más cercanos. Pasando a otra habitación, toman té y galletas, en animadas conversaciones sobre las intenciones que los animan. Media hora después, llama a la segunda reunión.

Débora está muy ansiosa. Se siente culpable por la desaparición de su sobrina. No tendrá paz hasta el día en que ella regrese a casa. Justo al principio, antes que nadie pueda hablar, se dirige a Danilo:

– Querido Danilo: ¿dónde está Ingrid? ¿Cómo la vamos a traer de vuelta y por qué solo podemos hacerlo ahora?

Sonriente, comprensivo y cortés, Danilo aconseja:

– ¡Cálmate, mi querida señora!

La Pulsera de Cleopatra

¡Cada cosa a su tiempo! ¡Desglosaremos los diversos temas en un orden preestablecido! ¡Gracias por tu amorosa presencia! ¡Sabemos cuánto amas esta casa y sus familiares! ¡Mucho amor y mucho coraje es lo que necesitamos en esta empresa!

Dirigiéndose a todos, Danilo declara:

– ¡Quienes pretendan participar en el rescate, prepárense para viajar! ¡Ingrid vive actualmente en un país lejano!

– ¿Qué país es ese? – Débora quiere saber.

– ¡Moldavia, más concretamente, Bucovina!

– ¡Oh Dios mío! ¡Esa maldita tierra...! – Exclama, estremeciéndose.

Una vez más, comprensivo y providencial, Danilo aclara:

– ¡Ninguna tierra está maldita! Serán, quizás, malditos los que allí transgredan las leyes de Dios, y esta abominable acción la vemos en todos los lugares, especialmente en este en el que nos encontramos. Un país es dignificado por quienes lo honran y muy perjudicado por quienes lo deshonran. Debo decirles que conozco bien ese lugar y que he tenido la oportunidad de admirarlo en sus más bellos y atractivos rasgos. Las leyendas que corren allí se dejan al folklore, ¡creado por mentes fantasiosas! ¡La historia de ese pueblo es muy antigua y está hecha de gran valentía! ¡No se deje llevar por los rumores!

Débora asiente y guarda silencio. ¿Cómo juzgar lo que nunca ha visto de cerca? Le gusta cada vez más Danilo. Con el tiempo, se ha ganado a todos, incluida ella, que le da la bienvenida a su matrimonio con Astrid. Sonríe y hace un gesto con la mano, dejando lo dicho por lo no dicho.

Entendiendo, Danilo le sonríe agradecido y prosigue:

– Es justo aclarar que los que forman parte de la caravana lo harán por su cuenta. Los recursos de la familia se han pulido durante mucho tiempo, por las más diversas inversiones, realizadas debido a la búsqueda constante de nuestra querida Ingrid. Por lo tanto, deberán satisfacer sus necesidades mientras permanezcan en tránsito.

Es preferible un grupo pequeño de personas. Aquellos que vayan de buena gana, y sin más asignación directa, permanecerán distantes, en las operaciones iniciales. El grupo directivo será: el Barón Mateus, yo mismo, las distintas autoridades judiciales y algunos de nuestros detectives más cercanos que, a lo largo de las investigaciones, se han ganado nuestra confianza y amistad.

– ¿Por qué no evitó que el oficial se fuera durante la primera reunión? – Pregunta alguien.

– ¡Digamos por intuición! ¡Necesitamos buena voluntad, sobre todo, y amor por lo que hacemos! No parecía ser el caso de ese profesional…

– ¿Y por qué nos convocó a todos, si solo debe ir un pequeño grupo? – Otro quiso saber.

– ¡Con el fin de informarles sobre esta acción, previamente programada, en la que seguiremos los dictados de la ley! También aquí contamos con el respaldo del señor Barón Mateus de Monlevade y de Balantine, el padre de Ingrid, y el de su hermana, la señorita Astrid, quienes están más directamente interesados en esta empresa.

Un representante indiscutible de la ley, en Rusia, alzándose, declara:

– Bueno, dados los hechos y la planificación segura, ¡quiero confirmar mi presencia en este compromiso! Se lo advierto ahora: ¡solo aquellos que estén autorizados para ello tendrán acceso, en primera instancia, al lugar y a la víctima!

Frente a estas declaraciones, hay un revuelo en el medio ambiente.

La Pulsera de Cleopatra

Finalmente, pidiendo silencio, Danilo completa, dando por finalizado el encuentro:

– ¡Agradecemos a todos y que el cielo recompense a esta familia con la alegría del regreso de Ingrid!

El Barón los invita a la habitación contigua. Los sirvientes regresan a sus puestos y sirven un sabroso refrigerio, recién preparado por Débora y lleno de golosinas que deleitan el paladar.

Luego, despidiéndolos, con elegancia y refinada cortesía, el Barón se reúne, una vez más, con Danilo y con las autoridades que formarán parte del grupo de rescate:

– Tengo, en mis manos, los documentos necesarios – declara Danilo – inscritos en notaría y firmada por el Barón Mateus, presente aquí. Ya hemos llegado a un acuerdo con las autoridades de ese país. ¡Tendremos entrada libre y asistencia competente para procedimientos legales!

Con los arreglos terminados, Danilo se da la mano con respeto. Después que los demás se van, los cuatro se quedan.

Danilo respira hondo, los observa a todos y sugiere:

– ¡Ahora, exponga sus opiniones privadas, por favor!

– Como sabes, mi querido Danilo, confío plenamente en tus buenas intenciones y, más que eso, en tu competencia, pero debo decir que los medios utilizados por ti para obtener los puntos de referencia adecuados sobre el paradero de Ingrid son completamente para mí desconocidos. Sin embargo, ¡me siento confiado y feliz de imaginarme abrazando a mi querida hija nuevamente!

– ¡Quizás ha llegado el momento, querido Barón, de comprender mejor los diferentes recursos que utiliza la divinidad para defendernos y hacernos razonablemente felices, en este mundo tan difícil!

Astrid asiente en silencio, aprobando la declaración del novio.

– Tengo que decirte que, al principio, temía por la seguridad de todos, pero ya no es así – vuelve a hablar.

– ¿Por qué? – Astrid quiere saber.

– Siguiendo subjetivamente los éxitos, en el lugar donde está Ingrid, ¡ya sé que se han eliminado los peligros!

En suspenso, todos los que están allí esperan más explicaciones.

No se hace de rogar e informa:

– ¡Su secuestrador avanza a grandes zancadas hacia la terrible experiencia de la expiación a la que tenía derecho! ¡Él mismo, sorprendentemente, dejará el terreno preparado para nuestro éxito!

– ¡Ahora! ¿Y por qué lo haría? ¡Es difícil de creer, Danilo! – reclama Débora, interrogadora.

– ¡Por qué, señora, el hombre que hasta ayer era un demonio en forma de persona, se cayó del todo, por amor!

– ¡¿Por amor...?!

– ¡Sí, por el amor de tu sobrina, que sin querer cambió la existencia de este siniestro personaje!

– ¿Cómo puede ser esto? – insiste ella, muy curiosa.

– Bueno, primero debemos mencionar la filosofía de las múltiples existencias...

– ¡Cierto! ¡Continúe, se lo ruego!

– ¡Entre el que nos la quitó y su sobrina, hay vínculos viejos y comprometedores! Así que quedó fascinado cuando la vio, reconociéndola de inmediato. Para vengarse y recuperarla, haciéndose el amor, la secuestró.

La Pulsera de Cleopatra

En la relación cercana; sin embargo, además de volver a sentirse atraído por ella y enamorarse, de hecho, se instalan otros factores y otros recuerdos, culminando en su perplejidad al reconocerla en una experiencia filial y fraterna, muy emotiva para su corazón, antes tan endurecido. Confundido en medio de conflictos existenciales, abatido moralmente, se ablandó, ¡dando a luz! Debo decirles que, por razones más importantes, nunca logró profanarla, ni física ni moralmente, ¡aunque estaba inclinado a hacerlo! Ante esta declaración, el Barón se estremece y se lleva la mano al pecho. Contrólate y sigue escuchando.

– ¿Murió? – Débora quiere saber.

– ¡Todavía no, pero eso sucederá pronto! ¡Será una muerte terrible y sin gloria!

– ¿Él sabe? – Pregunta Astrid, apenas impresionada.

– Sí, haciendo uso de sus poderes, ¡casi siempre conoce el futuro! ¡Este don, adquirido a través del estudio y mucha práctica, es un arma de doble filo!

– ¡Oh, me encantaría verlo pagar por todo lo que le hizo a mi sobrina!

Tomando un profundo respiro, Danilo declara melancólico:

– No... No te gustaría, te lo aseguro. ¡Pobre e infeliz ser! Él sabe lo que le espera, lamentablemente. Se agitará como un pez fuera del agua...

– ¡Dios mío! Danilo, ¿cómo puedes saber tanto? – Astrid está sorprendida.

Mirándola, él responde categóricamente:

– Es parte de mi vida, Astrid. ¡Y todo conocimiento nos viene de Dios!

Los ojos de Astrid brillan con admiración, respeto y mucho amor. Débora explota, asustada y asombrada:

La Pulsera de Cleopatra

— ¡Es sorprendente cómo te comunicas con los planos invisibles, Danilo! Cuando todo esto pase, ¡te pediré más aclaraciones!

— ¡Estaré encantado de servirte! ¡Si lo deseas, puede unirse a las filas de aquellos que estudian los misterios de la vida y la muerte! Por curiosidad, les aconsejo que consulten dos pasajes muy interesantes y esclarecedores: En el Antiguo Testamento: I Samuel 28, *"Saúl consulta a la médium de Endor."* Y, en el Nuevo Testamento: Hechos, 2: del 1 al 18.

— ¡Genial, los conozco! ¡De ahora en adelante, los analizaré con un entendimiento más amplio! Débora exclama emocionada –. ¡Así es, mi señor!

Astrid no puede contenerse:

— Mi querida tía, vi a Ingrid un par de veces y hablamos...

— ¿Qué estás diciendo, Astrid? ¿Cómo puede ser esto?

— A pesar de la distancia, nos conocemos, nos atraemos e intercambiamos impresiones, ¡dado nuestro gran dolor y la necesidad de ayudarnos mutuamente! – aclara Astrid.

— ¡Cielos, qué interesante! Lo que veo y oigo sacude todas las viejas estructuras de mis creencias; mis conceptos del bien y del mal; de religiones y fe!

El Barón sonríe y encuentra a Débora, su cuñada, muy fascinante. ¿Cómo no se había dado cuenta antes?

— Después que todo haya terminado, debes pensarlo mejor... – Astrid, el nuevo interés de su padre no pasó desapercibido.

— ¿Dónde y cómo estará el secuestrador de Ingrid en este momento? – Ella pregunta.

— ¡Lo ignoramos! ¡Sin duda sufriendo! – Responde Danilo.

— No sé si lo siento...

La Pulsera de Cleopatra

– ¡Debes, querida, porque estos seres son dignos de mucha lástima! ¡Y no olvidemos que, una vez, todos éramos así, o similares! Nuestro pasado estaba muy atrasado espiritualmente.

– ¡Tengo mucho que aprender de ti, Danilo!

– ¡Tendré un placer inusual en instruirte, querida! – Débora y el Barón se ríen con simpatía.

Tomando la palabra, Danilo dice:

– ¡Prepara a los sirvientes y la casa, porque recibiremos a dos invitados!

– ¡Serán muy bienvenidos! – Dice el Barón.

CAPÍTULO 22

Unos días después, Ingrid da un paseo por el castillo, disfrutando de la magnífica vista que se despliega a sus pies, cuando ve, a lo lejos, un carruaje que le parece muy, muy familiar. Lívida y ansiosa, se detiene y espera... Minutos después, el mismo vehículo se dirige hacia la sinuosa carretera que conduce al castillo. Observa atentamente la llegada y la apertura de la puerta del carruaje. Primero desciende de ella el Conde Danilo, quien a su vez ayuda a bajar a su padre... Emite un grito que se escucha abajo, llevado por el viento. Luego alguien más... Bella y elegante, aparece Astrid – nadie ha podido convencerla que se quede en la posada –, levanta la vista y ve el querido perfil de su hermana. Ella se derrumba en lágrimas que hace que Danilo la ayude, sosteniéndola amorosamente.

Otros vehículos están llegando y, igualmente, deteniéndose, uno al lado del otro. De ellos provienen otras personas desconocidas para Ingrid. Ella asume con razón que son autoridades que acompañaron a su padre y a Danilo. Su amado padre, vacilante y emocionado, deseaba tener alas para alcanzarla más rápido. El segundo grupo detiene al primero y da un paso adelante, ordenándoles que esperen. Ingrid reconoce a otra persona que le es muy querida: su tía Débora. Siguiendo el ejemplo de Astrid, ella insistió y ahí está, acompañando el rescate de su querida sobrina. Realizado un registro y verificada la seguridad, el grupo familiar recibe la aprobación de las autoridades y llegan a la cima

La Pulsera de Cleopatra

de la roca. Emociones indescriptibles, lágrimas profusas, besos estrechos y largos, múltiples exclamaciones, en un maravilloso galimatías, marcan el reencuentro.

Tras las primeras indagatorias, las autoridades se enfrentan a la presencia de un hombre de mediana edad, que se ha quedado allí para vigilar. Las presentaciones están a cargo de Albaan (Olga) y Buffone. Todos hablan al mismo tiempo mientras recorren los distintos departamentos del castillo, curiosos y atemorizados. Antes de salir definitivamente de allí, lo que se hará con las autoridades locales que hicieron el acto y que sellarán legalmente la propiedad, Ingrid no puede contenerse y estalla en un grito muy fuerte. Allí había vivido extrañas experiencias...

Allí se había enterado de un mundo completamente ignorado antes; y se involucró, espiritualmente, con personas que se volvieron parte de su destino, aprendiendo a ser más equilibrado, más sereno y más confiado en la divina providencia. Allí se había encontrado con su pasado, que exigía varias costumbres; y allí, tocó el corazón de un hombre profundamente equivocado, atormentado y desilusionado con el mundo y consigo mismo... Se aleja, camina sin rumbo y se detiene ante el abismo que rodea ese castillo, en el que vivía, molesta, durante tanto tiempo. largo. Piense en Dagho... ¿Sigue vivo cuando fue sacrificado, como predigo ...?

Allí, en la cima de la roca, su lugar favorito, ella mira hacia el infinito y suplica por su captor una vez más. Nunca lo olvidará, incluso si vive cien años. Él será parte de sus oraciones, todos los días de su vida.

Recuerda ahora cómo empezó todo: las premoniciones de Astrid, su fascinación por la pulsera que habría pertenecido a la famosa Cleopatra, reina de Egipto... Su vanidad y reverencia, cuando lo apretó en su propio brazo... es de noche. Ni siquiera durmiendo se separó de una joya tan querida y apreciada... ¡¿Qué hechos, cuántas existencias, cuántas historias, habrá mirado este adorno, mudo e indiferente, el destino de quienes lo poseyeron...?! ¡Frágiles mortales que, como todo, pasan y se convierten en polvo, huellas o simples recuerdos, cuando no caen en el olvido total...!

Daghor la llamó, dulcemente, la antigua reina de Egipto... – . ¡¿Podría ser...?! ¡No! – exclama, alto y claro.

Respira hondo y decide:

– ¡Basta de misterios e incertidumbres! ¡He tenido mi parte en esta vida! ¿A quién le importa quién era yo en las otras? ¡Lo que soy importa, y lo seré de ahora en adelante y en las vidas venideras!

Mira el cielo muy azul y reflexiona sobre su propio éxtasis, conmovida. Acariciando la pulsera, confirma:

– Estarás conmigo, siempre, hasta el final de mis días, en esta existencia. Serás el recuerdo, siempre presente, de esta experiencia tan sorprendente como enriquecedora. Y sobre todo también representará la presencia de Daghor en mi vida. ¡Que la misericordia divina lo alcance, esté donde esté...!

¿Qué me importa cómo o por qué sucedió? ¡Fue mi Maktub en esta vida! ¡Soy un espíritu inmortal, deudor y en constante evolución! Sacudiendo su hermosa cabellera, ahora muy negra, baja, sonríe a los que están allí con agradable presteza y se prepara para acompañarlos de regreso a casa... Hecho eso, equipaje listo, descienden el peñasco, juntos y felices.

~ oOo ~

Volvamos ahora a los aciertos y fracasos de nuestro protagonista: Al salir de allí, días antes, después de las despedidas, consciente de los acontecimientos que se avecinaban, Daghor se subió a su vehículo negro y ordenó a su cochero, Creonte, que partiera sin rumbo fijo, le daría él las coordenadas en el camino.

La Pulsera de Cleopatra

Después de unas horas de correr, a una distancia considerable, se baja del vehículo y despide al cochero:

– ¡Yo me quedo aquí! ¡Vuelve a casa! ¡Cuando te necesite, te mandaré llamar!

– ¿Mi señor tardará mucho? – Quiere saber, desconfiado.

– ¡Algunos días! ¡Tengo citas en esta área! ¡Ahora ve!

Extrañando el comportamiento del patrón, el cochero obedece. Pero en el camino, una extraña sonrisa aparece en su siniestro semblante... Daghor camina unos metros más, sigue otras calles, termina en una de ellas y se queda en una posada. Paga generosamente y acomodándose de la mejor manera.

Al día siguiente, huirá a Rusia. Ya no por Smolenski, donde acabaría siendo reconocido, a pesar de su nueva identidad, sino por los Urales, donde pretende asentarse, salvar su pellejo y construir una nueva existencia. Para ello, utilizará una tercera identidad. Su sueño es tumultuoso, lleno de pesadillas, en las que corre, corre, siempre, sin descansar... Cuando se despierta por la mañana, está cansado y febril... Intenta levantarse, pero no puede. Su cabeza da vueltas y sus piernas se niegan a obedecer. Su condición empeora con cada nuevo momento. El posadero le trae sus comidas y se las lleva intactas. Solo los líquidos consume Daghor, sediento. Al día siguiente, superando las dificultades, decide poner a prueba su propia fuerza y se sorprende con algo mejor. Estima, en un alboroto, el tiempo que está perdiendo.

Necesita huir, pero sin fuerzas no llegará muy lejos... Le asalta una sospecha: puede que haya sido drogado por el dueño de la posada. ¿Cuál es su intención? Probablemente lo guarde allí, para disfrutar, en la medida de lo posible, de las tarifas diarias, muy caras, por cierto.

No pidió la presencia de un médico para no ser identificado. Y pasó otro día, sin poder escapar. Exasperado, blasfema. En las últimas horas de la noche, escucha murmullos extraños. Se levanta con dificultad y pilla al posadero hablando con un hombre. Se estremece. Cree reconocer un antiguo desafecto en él. A pesar de la capucha, sus modales, timbre de voz y porte grande son muy raros en un ser humano... Oculto, ve cuando el posadero recibe las monedas que el otro vierte en sus manos. Hablando en voz baja, ajustados, se separan. El incógnito va a una de las mesas y pide una botella del ron más caro. ¡No, no puede esperar más! En cualquier caso, debe marcharse antes que sea demasiado tarde. Se viste apresuradamente, improvisa una cuerda con las sucias sábanas de la cama, abre la ventana y desciende, silencioso y ágil. Se distancia, cauteloso, llega a un carruaje cercano y desata las correas que sujetan a uno de los caballos, un hermoso corcel, negro y fogoso. Lo toma de las riendas hasta que se aleja. Con la cabeza dando vueltas, en extrema debilidad, se monta y trata de mantenerse encima del animal, que relincha inquieto. Aprieta tus espuelas y desaparece en la noche oscura, sin Luna y sin estrellas...

¡Qué sorpresa se llevarán ustedes, bastardos, cuando exijan la sórdida habitación en la que he estado! Sí, esas bebidas eran tales que me dejaban sin aliento. ¡De esa manera fácilmente podría ser encarcelado y asesinado! ¡Ah, ébano, bestia insaciable! ¿Cómo supiste dónde buscarme?

En medio de una profusa sudoración, sintiéndose débil, reflexiona presa del pánico:

– "¡Mi tragedia privada se acerca, veloz como un rayo, así como, un día, la vida me brindó una nueva oportunidad!"

Lejano y haciendo uso de caminos que pocos conocen, se baja del animal y trata de recuperarse. Suelta al animal y busca pastos cercanos. Finalmente, logró llegar a donde quería, cerca de la estación. Oculto, decide esperar a que amanezca. Desde allí podrá viajar hacia las distintas conexiones que deberá realizar para regresar a Rusia. Ajeno a sí mismo y sus necesidades, ignora la

La Pulsera de Cleopatra

debilidad física y el agotamiento que siente. Se reclina en una pared oscura y espera, muy ansioso. A veces se despierta con algún ruido cerca y se vuelve a dormir, extremadamente cansado, hasta que los pájaros anuncian un nuevo día con sus cantos.

Daghor se pone de pie, arregla su ropa y su cabello. Había dormido sobre la maleta y está ahí, intacta. Respira aliviado y se dirige a la estación. Mientras lo hace, sus instintos le advierten que no llegará lejos, que el peligro que acecha su vida llegará en cualquier momento.

Cauteloso, mira a su alrededor. Se dirige a los responsables, contrata, paga y embarca en uno de los vehículos más caros y cómodos. Comienza el viaje y se siente más seguro. Se echa hacia atrás, débil y sintiéndose muy mal. Piensa en Vicky, ¿cómo ella estará? Se concentra y puede verla. Le envía pensamientos de gran amor, despidiéndose... ¡Nunca la volverá a ver...!

De repente, escucha su voz:

– ¡Ten ánimo! ¡Rezaré por ti! ¡Recibe mis deseos de paz y conforto! ¡Adiós...!

Mira, a través de las brumas, su cariñosa sonrisa. Su corazón se contrae con un dolor casi físico. En estas horas de testimonio, está solo, como cualquier otro. Todo lo que sabe y usa no vale nada para él... ¡Triste, abominable certeza! Siente la necesidad de poner fin a su propia vida para evitar el dolor que vendrá... ¿Debe continuar su viaje o cambiar el rumbo de sus intenciones? ¿Dónde estará el cobrador fatal? ¿De dónde vendrá? Acaricia la pistola atada a su cintura con una sonrisa sombría. ¡No, no tendrás el coraje! ¡Amo demasiado la vida! ¡Las cosas pueden cambiar de la noche a la mañana! Decide seguir los primeros planes. Ya escudriñó muy bien al cochero... ¿Es alguien contratado para perderlo? ¿Cómo saber? Sus poderes parecen haberse agotado, como arena fina entre sus dedos. No puede manipular fuerzas como antes. ¿No se había rebelado contra ellos antes de dejar su castillo? ¡Las mismas energías que trabajaron para ti ahora estarán a favor de aquellos que pedirán tu cabeza! En una descarada desesperación que raya en la locura, oye los cascos de los caballos en el camino, fuertes, levantando el polvo... Siente escalofríos y se estremece. No, no llegará a su destino; ¡nunca volverá a ver Rusia, ni en ningún otro lugar...!

– ¡Deténgase! – Ordena al cochero. Todavía no sabe qué hacer, pero necesita bajar, sentir el lugar, la carretera, el entorno...

Curiosamente, el hombre se detiene y quiere saber:

– ¿Qué pasa, mi señor? ¿Algún problema?

– ¡No! ¡Solo quiero estirar las piernas!

Gruñendo, el otro se encoge de hombros y va a buscar agua para los caballos. Dado que Daghor viaja solo, no tendrá que responder ante nadie más. Depende de él y de su voluntad... Paga, está bien servido. Daghor camina, respira hondo, se siente de un humor extraño. Desde el interior de los árboles, parecen venir sonidos extraños, casi inaudibles... ¿Se está volviendo loco? El cochero, después de dar agua a los animales, se encuentra en posición de espera, en posición de trabajo.

Daghor sube de nuevo, se sienta y le ordena que avance lo más rápido que pueda. Imprimiendo una velocidad inusual, el cochero casi vuela con el vehículo, obedeciendo. Si su pasajero tiene prisa, ¿por qué se detuvo y perdió el tiempo? – Suspira y continúa.

Unos cuartos de hora después, un grupo de jinetes los rodea y ordena al cochero, gritando, que se detenga. Esto, sin esperar un segundo pedido, detiene a los animales. Dentro del vehículo, Daghor se estremece. ¿Qué vendrá? ¿Quiénes son esos hombres? Saca el arma y adopta una posición defensiva. Todo sucede muy rápido: identifica a Elesván que se dirige, rápidamente, en su dirección. Apunta el arma, dispara, pero la bala se pierde, se clava en el techo del vehículo, porque su enemigo salta sobre él como un gato, desarmándolo, rápido y violento.

Lo arrastran desde el interior del vehículo y lo arrojan al suelo. Aferrado al maletín, mira fijamente a su oponente, sin saber qué hacer. Se levanta lentamente, mira a su alrededor y evalúa su situación. A poca distancia, cuatro caballeros más, armados y con el rostro sombrío. ¿Necesita escaparse... a pie? ¡Imposible, lo alcanzarían en unos minutos!

De repente, escucha la voz retumbante de su archienemigo:

– ¿Creías que escaparías, Daghor? ¿O prefieres que te llame Thilbor? ¡Tu escoges! Tenemos viejas cuentas que saldar, ¿recuerdas?

Imposible responder o intentar discutir. Con este gigante, las palabras no funcionan... Pero ¿en qué está pensando? ¿Quién tiene la culpa de cualquier otro ser en la faz de la Tierra? Elesván da un paso adelante e intenta arrebatarle la maleta. Enojado, Daghor reacciona, sin ella no llegará a ninguna parte... Ellos se defienden y lo golpean en la cara, lo que lo arroja, en medio del polvo del suelo. Daghor lucha por ponerse de pie. Enfermo y sin fuerzas, nunca podrá competir con un gigante como este. El otro, con una sonrisa en los labios, estudia sus facciones y el terror que lo invade, disfrutando de su desgracia.

– ¡De todas formas! ¡Aquí estamos! ¡Lejos de tu nido de buitres, estás indefenso como cualquier otro!

– ¿Qué quieres de mí? – Murmura Daghor, seguro que quiere verlo muerto, solo divirtiéndose primero. No se puede negar, dadas las premisas, está entrando en pánico. ¿Qué hora será? ¿De las manos de éste o de cualquier otro? ¿Cómo será...?

– ¿Qué quiero? ¡Sería mejor preguntar qué tengo! Bueno, ¡por fin te tengo en mis manos! ¡La desgracia de mi hija y de muchas otras hoy será vengada, ejemplarmente!

La Pulsera de Cleopatra

– ¿Quién me traicionó? – La voz de Daghor salió hueca, llena de odio.

– ¡No necesito decírtelo! Ya sospechas, ¿no?

– ¡Sí, Creonte, maldita sea...! – Maldice Daghor.

– ¡Justo como tú eres! ¡Volverás allí por fin! Sin duda, serás recibido por el mismísimo diablo, ¡siendo tú su más fiel servidor!

– Oye, escucha, además de lo que contiene este maletín, tengo muchos más en varios bancos de Europa. ¡Puedo darte todo a cambio de mi vida!

– Tu maleta ya está en mi poder. Es más, no me importa, porque lo que me impulsa a hacer esto es la venganza, acariciada durante años, en medio de las pesadillas que creaste para mi vida.

Daghor va hacia adentro. Tal vez puedas usar los poderes que tiene y desaparecer de allí. Se concentra mientras el otro lo mira. El cochero se da cuenta que hay hombres involucrado en dramas muy privados. Ha escuchado la palabra "hija" y se acuerda de la suya, que se quedó en casa cuidando de todo y de los hermanos menores... Si alguien le hiciera algún daño a su hija, él sería así, como los que parecen exigir algo... Espera los acontecimientos, sin interferir.

Desanimado, frustrado, porque le faltan fuerzas en todos los sentidos, Daghor respira fuerte, completamente aterrorizado. Mientras se adentra, vuelve a oír la voz de su oponente:

– ¡Bueno, no más peroratas! ¡Ven conmigo!

El acto continuo agarra a Daghor por la nuca, haciéndolo gemir y seguirlo sin reaccionar. Silba, y de entre los árboles sale un carruaje completamente negro con la propia cresta de Daghor. Su conductor no es otro que el propio Creonte que sonríe, burlón y malicioso. Daghor lo mira, tan cargado de odio que se estremece y se siente mareado. Aturdido, mira hacia otro lado. No dan algunas órdenes a los hombres que llegaron con él y se dispersan. Hace un gesto con la mano y despide al cochero y al vehículo. Subiendo al asiento, el cochero decide salir de allí lo más rápido posible. Grita y los caballos se alejan corriendo. En unos minutos, desaparece por el camino sinuoso... Daghor es empujado a su propio carruaje. A su lado, vigilante, Elesván, sonriente y satisfecho, con su presa...

Conducen hasta llegar a un pueblo de gente muy pobre y rústica. Allí reside su secuestrador, como un simple leñador. Él y la comunidad trabajan para una famosa empresa maderera. Se detienen y Elesván obliga a Daghor a bajar. Imponente y truculento, lo arrastra a una de las casitas y lo hace entrar.

En la humildad del entorno, parece haber una tristeza enorme y muy antigua. En la pared de la sala principal, Daghor reconoce el retrato de una bella joven rubia, como un ángel del cielo; cinta en el pelo, amplia y luminosa sonrisa... Ojos de brillo incomparable... No notaron su temblor nervioso y silenciosamente lo obligaron a detenerse frente al retrato. Daghor se siente muy mal. Intenta huir, pero no lo alcanza, como un gato lo hace con un ratón. La pequeña y humilde morada está llena de gente curiosa e igualmente enojada. Allí, entre otros, Daghor reconoce a viejos enemigos, indiscutidos coleccionistas de algunas de sus acciones más crueles. Confiado en el grupo que los rodea, Elesván lo libera. No hay escapatoria. Todos los lados están tomados.

Daghor tiembla de debilidad física, horror y ansiedad por lo que está por venir. Se acurruca, mira al suelo, desearía tener un agujero en el que esconderse...

Elesván cruza los brazos e invita:

– ¡Que vengan los cobradores! El hechicero aquí pagará a todos, ¡con ganancias increíbles! ¡Acércate!

La turba se acerca a Daghor. Algunos lo golpean en la cara, otros le rasgan la ropa con furia. Se defiende como puede, pero tantos lo atacan que pierde el equilibrio y cae al suelo, siendo pateado. Mientras lo tiran de su ropa, resbala. Vestido solo de una pieza, pequeña, pasa entre las piernas de sus verdugos. Sin saber dónde encuentra las fuerzas, sale por la puerta y corre hacia los árboles, aterrorizado.

Elesván se ríe a carcajadas, satisfecho con la degradante escena y ordena:

– ¡Vete, vete!

¡Le daremos un poco de tiempo de espera! ¡Esto será más emocionante! Luego, cuando haga sonar el silbato, ¡saldremos a cazar!

Todos guardan silencio y ven a Daghor correr con todas las fuerzas que le quedan. Algo lejos, busca un lugar, un refugio y se adentra en el bosque. He aquí, sorprendentemente, se escuchan truenos ensordecedores. ¡El día se anunciaba claro y límpido! ¡Nada que sugiriera el inminente aguacero ahora! Corriendo o haciendo una pausa para respirar, durmiendo inquieto o despierto, con los ojos muy abiertos por el terror, Daghor observa pasar las horas. Dando vueltas en círculos, ya no tiene idea de dónde está. He aquí, una terrible tormenta se precipita sobre la Tierra. Al principio, se siente mejor... El agua moja su cuerpo y, en cierto modo, le lava las heridas... Bebe con avidez el preciado líquido que cae en cascadas, saciando la sed que lo devora... Pero, al final Al mismo tiempo, las gotas gruesas y pesadas duelen las mismas heridas. Desesperado, sigue corriendo, huyendo, sin saber a dónde... A veces está tan cansado que gatea en lugar de caminar.

El barro es una constante. A veces, con fiebre, se duerme inesperadamente y luego se despierta asombrado.

Nadie reconocería, en este hombre de mejillas hundidas, manchado de barro, de ojos ojerosos, al rico y poderoso Sr. Barón

La Pulsera de Cleopatra

Daghor Phanton, o el no menos brillante sr. Thilbor Sarasate... Agachado, con los oídos abiertos, el corazón acelerado, maldiciendo a todo ya todos, espera... Unas horas más tarde, oye ruidos y descubre que su propio carruaje se acerca a toda velocidad. Su cochero lo guía a través de la tormenta telúrica, encabezando la búsqueda de muchas más personas que lo persiguen. A tu lado, Elesván. Se agacha más y se esconde, en silencio, sintiéndose perdido. Todo el mundo lo busca, se extiende por la región. En un soliloquio oscuro, discute consigo mismo (y con nosotros...) y con la furia de los elementos. Pasan los minutos... Acurrucado sobre sí mismo, como un feto en el vientre de su madre, le sorprende el acercamiento de algunas personas. ¡Había sido descubierto...!

De repente oye voces alteradas:

– ¡Mira, ahí está, el maldito! ¡Caigamos sobre él, no puede escapar!

Por todos lados, rostros, congestionados y mojados por la lluvia, fijan sus facciones y el horror con el que es invadido. A sus ojos, él distingue su propia muerte... Daghor reconoce a algunas personas, a las que dañó gravemente, deshonrando sus vidas... Decenas de manos caen sobre él, hiriéndolo por todos lados, con las armas que tienen: cuchillos, tacones de aguja, dagas, palos y piedras... Sangrando, ojos salvajes, rugidos salvajes, se retuerce, agonizante. Elesván disfruta de su agonía, riendo, bajo la lluvia torrencial que parece querer lavar todos los pecados del mundo...

Cuando finalmente decide exterminarlo, grita:

– ¡El golpe de gracia me pertenece!

¡Un paso atrás!

Luego se inclina sobre Daghor, que todavía vive y gime débilmente. Levanta su hacha y la baja con todas sus fuerzas desde su brazo, separando la cabeza de Daghor de su cuerpo, mientras grita enfáticamente:

– ¡Por mi amada Helga, hechicero desgraciado!

Cuando su cabeza se separa y cae a su lado, el cuerpo de Daghor se estremece y convulsiona durante unos minutos, luego se endereza y se calma definitivamente... Todos los demás caen sobre él y, en pocos minutos, los pedazos de su cuerpo se esparcen, en varios lugares, manchados de barro, y mojados por la lluvia implacable... Elesván le quita la cabeza y sale arrastrándola por el pelo largo y liso mientras él maldice salvajemente.

En la orilla de un río cercano, él mira el botín sangriento de su venganza y le habla, extasiado:

– ¡A estas aguas ella arrojó su juventud y sus sueños, por desesperación, Daghor! ¡En ese día espantoso, de dolor y duelo, prometí que un día te arrojaría a estas mismas aguas! ¡Que el fondo de ellos beba tu alma negra, llevándote a los abismos infernales!

Acto continuo, lanza su cabeza ensangrentada, con fuerza, en medio de las aguas. Simplemente se sientan allí, esperando, hasta que ven que se hunde. Por unos momentos, su cabello, negro y lacio, todavía flota sobre el agua, solo para ser arrastrado hasta el fondo. Luego se va, caminando pesadamente, los sollozos sacuden su gigantesco cuerpo. Unos metros más adelante, el gigante, criminal, que se considera vengado, suelta su cuerpo, se agacha y cae, flácido, sobre la tierra empapada de lluvia, bajo la furia de los elementos, y grita, llora, convulsionado, devastado, abatido, física y moralmente... Así permanece, por tiempo indefinido, hasta que, levantándose, avanza, hacia su vida...

La Pulsera de Cleopatra

Todavía temblando por los golpes que recibía su cuerpo, Daghor (o Thilbor) vio a su madre levantarlo mientras le decía:

– ¡Ven, infeliz fruto de mi vientre! ¡Ven conmigo!

¡A ti, a tu padre y a tu hermano los esperan en la corte del Eterno para dar cuenta de sus vidas! ¡Ven y recupérate un poco antes de presentarte!

Tomándolo en sus brazos, dormido, como si fuera un niño pequeño, lo llevó consigo, compadeciéndose y en medio de oraciones...

CAPÍTULO 23

Ahora sorprendemos a Dhara, sentada en el lugar de nacimiento de su hijo, en ese día de triste recuerdo. Allí recuerda… ¡Tantos sufrimientos… Tantas luchas y tantas dificultades…!

De repente, siente una presencia muy querida. Se vuelve y ve a Guillermo acercándose, una sonrisa radiante. Iluminado, invita:

– ¡Ven Dhara, por el merecido descanso!

– ¿Qué haces aquí, amigo? – Pregunta ella, secándose las abundantes lágrimas.

– ¡Vengo a decirte que soy, por fin, tan libre como tú! ¡Esta mañana me liberé del capullo! ¡La vitalidad que una vez fluyó por mis venas, haciendo funcionar los diversos órganos, se ha agotado por completo! Mis compañeros de fe y religiosidad dirán que morí mientras dormía. ¡Esa sagrada envoltura, que me sirvió durante largos años en la Tierra, será devuelta algún día a los elementos que la formaron! ¡Heme aquí, Dhara, en su totalidad!

– ¿Entonces estamos del mismo lado?

– Sí, y mientras estés sola, estaré a tu lado, siempre respetando tus deseos, naturalmente.

Apoyándose en su hombro, exclama, con la voz casi apagada:

– Gracias, mi querido Guillermo… ¡Estoy tan cansada y triste! ¡Hoy más que nunca necesito vuestra solidaridad!

– Ven conmigo. ¡Busquemos los lugares de descanso y recuperación a los que hicimos justicia! Abrazados, desaparecen en las brumas del amanecer...

~ oOo ~

Después de unos meses en Somalia, como resultado de una estafa, el conde Luigi Faredoh vio cómo su riqueza aumentaba dramáticamente.

Se enteró del asesinato de Daghor y regresó a Moldavia. Junto con el único sirviente que quedaba en el castillo, encargado de vigilancia y mantenimiento, se enteró. El pobre se estremeció ante la posibilidad que este oscuro y cruel señor regresara al castillo y se instalara allí... Y eso fue exactamente lo que sucedió. Luigi decidió hacer realidad sus sueños, ahora sin obstáculos. Con los recursos que había traído, lo negoció y lo adquirió, victorioso. Una vez allí, se instaló cómodo, con la intención de ser como el antiguo castellano, muy conocido por él. Ejerciendo las mismas prácticas y costumbres, volvió a atraer al castillo a las entidades oscuras que alguna vez habían sido expulsadas de allí. Sintiéndose realizado, copió, detalle a detalle, la vida de Daghor, disfrutando de esta "herencia", tan exótica y engañosa como muy satisfecho... Su reinado; sin embargo, duró muy poco. Un día, Luigi tropezó con la cima del acantilado y se lanzó al fondo del abismo con un grito aterrador que se perdió en el espacio. Su cuerpo nunca fue encontrado...

~ oOo ~

Buffone nunca dejó a Ingrid, su querida Vicky, siguiendo todos los compromisos de su vida, reverente, con patente adoración. Haciéndose presente y necesario, acompañó a Ingrid cuando se casó con un famoso arqueólogo que, como ella, dice que admira con reverencia la tierra de los faraones y las pirámides. La joven luego se fue a vivir a Alejandría, donde su esposo trabaja la mayor parte del tiempo. Ingrid, agradecida por los cuidados de Buffone, informa a los que la rodean que a veces, cuando ella lo mira, se transforma en un juglar apuesto y elegante, con el laúd al hombro, y otras veces sorprende la otra en forma física, no menos bella, haciendo poesía, vanidosa y lujosamente vestido. Aunque de vez en cuando todavía se llama Buffone, nombre con el que Daghor pensó que lo despreciaba, hoy es Archibald, muy contento de haber rescatado su verdadera identidad.

La madre de Olga se llenó de asombro cuando la volvió a ver cruzar los umbrales de la vieja y humilde casa donde nació, creció y había sido tan feliz, antes de partir para acompañar a Thilbor. Ella no podía creer lo que veía mientras abrazó y besó a la querida y esperada hija. Nunca dudó que Dios escucharía y respondería a sus súplicas. Aun sobrevivió dos años más, aprovechándose de los afectos de Olga que, redimida ante ella, le dedicó mucho amor. En un día de sol y belleza inigualables, cuando la Naturaleza parecía estar preparando el carro del triunfo para recibir el alma doliente y llena de fe de esta madre valiente, exhaló, gentilmente, en los brazos de Olga quien, besando su rostro y sus manos, le pronunció palabras de consuelo, le transmitió fuerza y le confesó con reverencia su inmenso amor y gratitud... Con una sonrisa luminosa, lentamente se desprendió de los lazos terrenales. Su querida hija, transformada ahora, sabría recorrer los caminos de la vida sin más errores. Estés donde estés, continuará amándola y protegiéndola, como hacen todas las madres, por la misericordia de Dios.

Sabia y bella, discreta y recatada, Olga se casó con un noble de la región de Kiev y estaba muy feliz con él. Sin embargo, ella y Buffone saben que están, por el momento, en un oasis del que tendrán que abandonar cuando llegue el momento de ajustar cuentas, ya sea en su vida actual o en el futuro. Las fallas instaladas en sus conciencias estarán presentes, en necesidad de corrección y reajuste, tarde o temprano.

~ oOo ~

Con el brillo de las estrellas en sus ojos, agradecida al cielo por el regreso de Ingrid, Astrid se casó con su gran amor, Danilo. Él, muy elegante, finalmente se unió a su mayor amor, feliz y agradecido con todos los poderes celestiales. A su regreso, después del éxito de la empresa que trajo de regreso a la hija menor de su suegro, dentro o fuera de Rusia, se volvió más famoso.

La noticia, en sus detalles, se difundió por todo el país, ya sea a través de publicaciones periódicas o por rumores. La noticia se difundió en grupos y aglomeraciones, en las clases privilegiadas o populares. Dondequiera que llegara Danilo, su fama lo precedía y lo acompañaba... Sonriente, discreto, como es su naturaleza, continúa su vida de sabio, hoy más feliz, en los brazos de su amada, cuyos ojos son del color del zafiro; azul, como el cielo y el mar de su patria. Al regreso de Ingrid, el Barón organizó una fiesta grandiosa, en la que las constelaciones de los cielos serían pequeñas para alegrarla y contarle su inmensa alegría por haber finalmente rescatado a su tan querida hija, quien trajo alegría a su hogar y, lo más importante, a su corazón de padre amoroso. En la misma fecha y justo antes de la fiesta, él y Débora se casaron, discretos y felices. Después de tanto sufrimiento y aventuras, el Barón decidió pensar en sí mismo. Solitario y necesitado, hasta entonces, miró a su cuñada, que siempre había estado a su lado, con otra mirada...

Cuando abrió su corazón, Débora, sonrojada como una niña, confesó su antigua fascinación por él. Después de enviudar, Mateus se había convertido en parte de sus sueños. Mateus reflexiona sobre el hecho que Débora nunca se casó, a pesar de haber estado muy buscada por su belleza, amabilidad e inteligencia, sumado a la notable elegancia que siempre la ha caracterizado.

Muy emocionada, aclaró:

– ¡Mateus, ya había perdido la esperanza! Siempre me conté con ser solícita con él, apoyándolo en el cuidado de las niñas. ¡Ahora, Dios mío, me hablas de matrimonio!

Atraídos el uno por el otro, se abrazaron y besaron felizmente. La sorpresa, en esa sociedad de entonces, no fue menos que la alegría de la familia al verlos felices, arrullados como dos tortolitos... Danilo y Astrid residen en Rusia, en el mismo palacio en el que siempre ha vivido, desde que llegó allí. Durante el duro invierno eslavo, viajan a Venecia, donde Danilo trabaja las horas requeridas y pasa su tiempo libre en la góndola con ella, besando y acariciando, escuchando, embelesados, la música apasionada en la voz de los tenores italianos... Reverente y feliz, la mima tanto como puede, dándole el más mínimo deseo.

Hoy Astrid participa, dedicada, en sus trabajos espiritistas, en los que ejerce sus dones desde el nacimiento, tal como lo hizo Ingrid, antes de trasladarse con su marido a Alejandría. Débora arrastró amorosamente a su marido, y ellos se involucraron profundamente en estudios metafísicos y profundos; ilustrándose en los diversos asuntos que hablan de los destinos de los hombres, mientras están vivos, y después que parten hacia la verdadera patria espiritual. Hassan se desempeña como asesor y guía, en estudios y prácticas, de los diferentes grupos. Cuando Danilo y Astrid viajan a Italia, Hassan va con ellos y allí continúa en las mismas actividades, mientras disfruta del clima del país. Además de ser el asistente más directo de Danilo, Hassan se convirtió en un querido amigo de la familia, siempre presente y solidario.

Iván se casó con Carlota y hoy ella lo trae con riendas cortas, "en el cabestro"; como ella dice.

La Pulsera de Cleopatra

Una metáfora extraña, para alguien que, como él, tiene la profesión de cochero... Sin otro recurso, Iván dejó las tardes, su *sbornia*[3] habitual, y formó una familia. Hoy es padre de dos hijos tan regordetes como su madre. A Danilo a menudo le divierte sorprenderlo, con evidente desesperación, por el control obstinado y vigilante que su esposa ejerce sobre él. Carlota conoce muy bien al hombre con el que se casó...

---

[3] N.T. Italiano por resaca

EPÍLOGO

Incluso hoy, la gente supersticiosa cuenta la historia del castillo y su castellano; hechicero, terrible, que había sido ejecutado, dentro de un bosque, que se había vuelto, por su culpa, ¡embrujado!

Algunos, más fantasiosos, narran que su cabeza, que había sido arrancada con un hacha, parece flotar sobre las aguas del río y, mojado, con el cabello escurrido, vuela entre los árboles, con los ojos enrojecidos, buscando los restos de su cuerpo. Para asustarlos aun más, dicen que sus rugidos son escuchados a grandes distancias por quienes se acercan a esos lugares.

El castillo vacío del Barón Daghor Pha–nton todavía está allí, bajo truenos y relámpagos, como si todas las tormentas se hubieran formado a partir de allí, en esa roca que se eleva sobre el nivel normal desde el ras del suelo, mirando a todos desde arriba...

La lúgubre edificación sigue desafiando el coraje de muchos, esperando que algún aventurero se proponga adquirirla, con todo lo que conlleva, ya sea material o espiritual...

Conociendo bien el corazón de los hombres, sabemos que este día no está lejano, porque llegará alguien fascinado por las historias de terror y, exacerbando su propia imaginación, se sentirá fuertemente atraído por el misterioso castillo.

Entusiasta y ávido de experiencias *sui generis*, emocionantes y aterradoras, esta persona hará mucho; ¡incluso si el precio es "demasiado alto"!

La Pulsera de Cleopatra
Y tú, mi querido lector, ¡¿te atreverías?!
¡Ah! ¡Ah! ¡Ah! ¡Ah!

ROCHESTER

La Pulsera de Cleopatra

Libros de Vera Kryzhanovskaia y JW Rochester

La Venganza del Judío
La Monja de los Casamientos
La Hija del Hechicero
La Flor del Pantano
La Ira Divina
La Leyenda del Castillo de Montignoso
La Muerte del Planeta
La Noche de San Bartolomé
La Venganza del Judío
Bienaventurados los pobres de espíritu
Cobra Capela
Dolores
Trilogía del Reino de las Sombras
De los Cielos a la Tierra

Episodios de la Vida de Tiberius
Hechizo Infernal
Herculanum
En la Frontera
Naema, la Bruja
En el Castillo de Escocia (Trilogia 2)
Nueva Era
El Elixir de la larga vida
El Faraón Mernephtah
Los Legisladores
Los Magos
El Terrible Fantasma
El Paraíso sin Adan
Romance de una Reina
Ustedes son Dioses

La Pulsera de Cleopatra
Libros de Eliana Machado Coelho y Schellida

Corazones sin Destino

El Brillo de la Verdad

El Derecho de Ser Feliz

El Retorno

En el Silencio de las Pasiones

Fuerza para Recomenzar

La Certeza de la Victoria

La Conquista de la Paz

Lecciones que la Vida Ofrece

Más Fuerte que Nunca

Sin Reglas para Amar

Un Diario en el Tiempo

Un Motivo para Vivir

¡Eliana Machado Coelho y Schellida, Romances que cautivan, enseñan, conmueven y pueden cambiar tu vida!

La Pulsera de Cleopatra
Libros de Elisa Masselli

Siempre existe una razón

Nada queda sin respuesta

La vida está hecha de decisiones

La Misión de cada uno

Es necesario algo más

El Pasado no importa

El Destino en sus manos

Dios estaba con él

Cuando el pasado no pasa

Apenas comenzando

La Pulsera de Cleopatra
Libros de Vera Lúcia Marinzeck de Carvalho y Patricia

Violetas en la Ventana
Viviendo en el Mundo de los Espíritus
La Casa del Escritor
El Vuelo de la Gaviota

Vera Lúcia Marinzeck de Carvalho y Antônio Carlos

Amad a los Enemigos
Esclavo Bernardino
la Roca de los Amantes
Rosa, la tercera víctima fatal
Cautivos y Libertos

La Pulsera de Cleopatra
Libros de Mónica de Castro y Leonel
A Pesar de Todo

Con el Amor no se Juega

De Frente con la Verdad

De Todo mi Ser

Deseo

El Precio de Ser Diferente

Gemelas

Giselle, La Amante del Inquisidor

Greta

Hasta que la Vida los Separe

Impulsos del Corazón

Jurema de la Selva

La Actriz

La Fuerza del Destino

Recuerdos que el Viento Trae

Secretos del Alma

Sintiendo en la Propia Piel

La Pulsera de Cleopatra
Grandes Éxitos de Zibia Gasparetto

Con más de 20 millones de títulos vendidos, la autora ha contribuido para el fortalecimiento de la literatura espiritualista en el mercado editorial y para la popularización de la espiritualidad. Conozca más éxitos de la escritora.

Romances Dictados por el Espíritu Lucius

La Fuerza de la Vida

La Verdad de cada uno

La vida sabe lo que hace

Ella confió en la vida

Entre el Amor y la Guerra

Esmeralda

Espinas del Tiempo

Lazos Eternos

Nada es por Casualidad

Nadie es de Nadie

El Abogado de Dios

El Mañana a Dios pertenece

El Amor Venció

Encuentro Inesperado

Al borde del destino

El Astuto

El Morro de las Ilusiones

¿Dónde está Teresa?

Por las puertas del Corazón

Cuando la Vida escoge

La Pulsera de Cleopatra
Cuando llega la Hora
Cuando es necesario volver
Abriéndose para la Vida
Sin miedo de vivir
Solo el amor lo consigue
Todos Somos Inocentes
Todo tiene su precio
Todo valió la pena
Un amor de verdad
Venciendo el pasado

www.ingramcontent.com/pod-product-compliance
Lightning Source LLC
LaVergne TN
LVHW041621060526
838200LV00040B/1370